Rupert Lay   Charakter ist kein Handicap

Rupert Lay

# Charakter ist kein Handicap

## Persönlichkeit als Chance

Urania

Zum gleichen Themenbereich bereits erscheinen:

Gabriele Reinert-Schneider
**Kämpfer kommen weiter!**
Auseinandersetzung als Chance
ISBN 3-332-00634-7

Vera F. Birkenbihl
**Rhetorik**
Redetraining für jeden Anlaß
ISBN 3-332-00603-7

Rüdiger Hinsch, Simone Wittmann
**Auf andere zugehen**
Kommunikationstraining
ISBN 3-332-00599-5

**Der Autor:**
Prof. Dr. Rupert Lay ist einer breiten Öffentlichkeit seit langem ein Begriff. Über 42 Bücher (seit 1978), Hunderte von Publikationen und zahlreiche Vorträge im In- und Ausland haben den promovierten Jesuiten, Philosophieprofessor und Psychotherapeuten ebenso berühmt gemacht wie seine weltweiten Schulungen für Manager (seit 1970) und seine Unternehmungsberatung (seit 1988). Sein Orden entzog dem kritischen Theologen die Professur. Die Frage nach dem Verhältnis zwischen den Werten, die heute Orientierung bieten, und den Anforderungen unserer Zeit steht seit jeher im Brennpunkt seiner Arbeit.
Dieses Buch erscheint mit kirchlicher Druckerlaubnis (de licentia superiorum).

Die Deutsche Bibliothek – CIP-Einheitsaufnahme
Ein Titeldatensatz für diese Publikation ist bei Der Deutschen Bibliothek erhältlich.

Umschlaggestaltung: Behrend & Buchholz, Hamburg
Titelfoto: Gaby Sommer, Köln
Lektorat: Dr. Marianne Jabs
Gestaltung und Satz: Typografik und Design – Ingeburg Zoschke
Printed in Slovakia
ISBN 3-332-01084-0

04 03 02 01 00  5 4 3 2 1

# Inhalt

# Einige Worte im Vorhinein

»Die Prinzen« sangen in ihrem 1995 erschienen Album »Schweine«:

*Du musst ein Schwein sein in dieser Welt.*
*Schwein sein.*
*Du musst gemein sein in dieser Welt.*
*Du musst ein Schwein sein.*

**Muss man ein Schwein sein?** Dieses Buch will und kann nicht den gelegentlichen Wahrheitsgehalt dieses Textes widerlegen. Denn ganz offensichtlich haben Menschen mit den Eigenheiten der hier beleidigend angesprochenen Lebewesen manches gemeinsam. Doch wollen wir nicht über die Charakterlosigkeit der Schweine handeln. Wir könnten den Tieren Unrecht tun. Aber sie haben nun mal den Ruf ... Den menschlichen Schweinen, den Charakterlosen fällt sicherlich mancher Erfolg in den Schoß, vor allem dann, wenn sich ihre Charakterlosigkeit noch mit sozialer und formaler Intelligenz verbindet. Ich kenne eine Reihe von Personen (meist Politiker oder Manager), die – wenigstens vorübergehend – als »Schweine« ausgesprochen erfolgreich waren (und sind). Sie wissen sich nur einem verpflichtet, dem Erfolg, und sind bereit, um seinetwillen Hunderte von Menschen ins Abseits der Armut oder der Arbeitslosigkeit zu scheuchen. Den Besitz von (moralischem) Charakter halten sie für ein Zeichen karriereschädigender Schwäche.

Es dürfte allgemein bekannt sein, dass *Handicap* nicht nur ein Wort aus der Sprache der Golfer ist, sondern in der Sprache der Nicht-Golfer vor allem eine Art von körperlicher und geistiger Behinderung bezeichnet. Hier stellt sich die Frage, über welche Art der Behinderung wir handeln wollen. Geht es hier um geistige oder körperliche Behinderung? Deckt das Wort vom Handicap nur solche Behinderungen ab, oder gibt es noch sehr viel radikalere, die Wurzeln der Persönlichkeit erreichende oder von ihnen ausgehende Formen der Behinderung? Wir behaupten, dass solche radikalen Formen von Behinderungen möglich sind. Für sie

gibt es leider keine geschützten Bereiche (wie etwa Behindertenwerk-
stätten) oder gar behinderten-gerechte Toiletten. Es geht uns hier um
die ärgste aller denkbaren Behinderungen, die unendlich viel mehr Be-
rücksichtigung verlangt als etwa Schwachsinn oder Blindheit. Es geht
um die charakterliche Behinderung.

Jetzt bindet sich der Titel dieses Buches auf sich selbst zurück: Es wäre
zu lesen: »Charakter ist (k)eine charakterliche Behinderung«. Das
scheint jedoch paradox zu sein. Also muss es sich beim Charakter, sollte es denn so etwas geben, um eine anders geartete Behinderung handeln, die auf jeden Fall die Eigenschaft hat, den beruflichen, den unternehmerischen, den politischen, den zwischenmenschlichen ... Erfolg in
Frage zu stellen.

## Was ist das: Erfolg?

**Erfolg und Zufall**

Ist ein Mensch erfolgreich, wenn er über Ansehen, Macht, Einfluss,
Geld verfügt, dabei aber seine physische, psychische oder soziale Gesundheit und/oder seine Familie zugrunde richtet? *Erfolg* bezeichnet im
allgemeinen Sprachgebrauch das positive Ergebnis eines Bemühens
oder auch das Eintreten einer beabsichtigten oder auch zufälligen Wirkung. Aber wer bestimmt schon, was ein *positives Ergebnis* ist; wer,
was das *Eintreten einer beabsichtigten oder zufälligen Wirkung*? Dass
Erfolg nicht selten von Zufall oder doch wenigstens von einer Reihe zu-
fälliger, das heißt nicht bewusst und gewollt eingesetzter Strategien abhängt, ist offensichtlich. Viele erfolgreiche Menschen verdanken ihren
Erfolg irgendwelchen Zufälligkeiten. Und man kann noch nicht einmal
sagen, ob auf dem Weg zum Erfolg Charakter eine positive oder negati-
ve Rolle spielte. Sowohl Charakter als auch Charakterlosigkeit können
zum Erfolg beitragen. Da die meisten Menschen sich in irgendeiner
Weise für charaktervoll halten (wobei nicht geleugnet werden soll, dass
auch einige sich offen eingestehen, Charakterschweine zu sein), müssen
wir uns zunächst einmal fragen, was denn eigentlich »Charakter« in
unseren Überlegungen bedeuten soll.

## Was  bedeutet das Wort »Charakter«?

**Charakter ist ein
kommunikatives
Ereignis**

*Charakter* bezeichnet in unserer Umgangssprache die sehr individuelle
Gesamtheit angeborener oder erworbener sittlicher Eigenschaften eines
Menschen, insoweit sie in der Einheitlichkeit oder Stetigkeit seines Verhaltens und Handelns, seines Wertens oder Verurteilens, seiner dominanten und  dauerhaften  Werteinstellungen, Erwartungen, Interessen

und Bedürfnisse zum Ausdruck kommt. Da alle diese charakterbilden-
den Elemente moralisch oder sittlich gewertet werden können und oft
auch – meist von anderen – gewertet werden, bezeichnet *Charakter*
auch eine moralische oder sittliche Wertung. So spricht man Menschen
einen guten oder schlechten Charakter zu. *Charakter* kann aber auch
als psychische Qualität verstanden werden: So spricht man von einem
»komplizierten Charakter«, einem »schwierigen Charakter«, einem
»verlässlichen Charakter« …

*Charakter* ist ein kommunikatives Ereignis. Kaum ein Mensch spricht
sich selbst einen bestimmten Charakter zu. Er wird ihm vielmehr von
anderen zugesprochen. Diese Zusprache betrifft nun keineswegs einen
realen Menschen, sondern das Bild, das sich andere Menschen aufgrund bestimmter Verhaltens-, Ausdrucks-, Wert-Merkmale von ihm
machen. Man nennt solche Bilder auch *Konstrukte*, um deutlich zu machen, dass es sich nicht um Abbilder realer Menschen handelt, sondern
um Bilder, die unsere Großhirnrinde aufgrund von abgespeicherten Erfahrungen der menschlichen Stammesentwicklung oder der persönlichen Individualentwicklung mit Hilfe ihrer Eigendynamik erzeugt.
Ein Mensch hat also nicht einen »guten« oder »schwierigen« Charakter, sondern nur das Konstrukt, das er durch sein Verhalten in unserem
Erkennen erzeugte.
Wie alle Wertworte unserer Sprache, so hat auch das Wort *Charakter*
eine lange Geschichte. Es lohnt sich, ihr nachzugehen, um das Mühen
um das zu verstehen, was wir heute mit diesem Wort bezeichnen. Die
meisten Worte, die durch viele Jahrhunderte unübersetzt vom griechischen Originalwort in nahezu alle indoeuropäischen Sprachen übergin-
gen, bezeichnen etwas sehr Wichtiges. »Charakter« benennt das, was
einen Menschen in irgendeiner Weise prägt, ihn »charakterisiert«. Das
ist zunächst einmal in keiner Weise moralisierend gemeint.
Doch schon im dritten vorchristlichen Jahrhundert wendet der Aristo-
telesschüler Theophrast (372–287 v. Chr.) den Begriff ins Moralische.
So unterscheidet er tugendhafte von lasterhaften Charakteren. Er wurde zum Vater der ethischen Sicht des Wortes Charakter.

**Das Brandmal des
Wildwest-Rinds**

Die lateinische Hochsprache vermeidet aus mir nicht nachvollzieh-
baren Gründen das Wort Charakter. Es blieb jedoch in Anlehnung an
die ursprüngliche griechische Bedeutung (»Charakter« = das Einge-
prägte) in der lateinischen Volkssprache erhalten. Es bezeichnet hier ein
*Werkzeug zum Einprägen* etwa eines Brandmals (wie wir es von Wild-
west-Rindern kennen). Später – etwa bei dem römischen Dichter Varro
(* 82 v. Chr.) – bedeutet es auch *das Unterscheidungsmerkmal* oder *die
schriftstellerische Eigenheit*. Augustinus (354–430) greift das Wort aus

der Umgangssprache auf und wendet es ins Religiöse. Er bezeichnet mit Charakter ein *unauslöschliches Merkmal*. So wird der Seele des Täuflings durch die Taufe ein *unauslöschliches Merkmal* eingeprägt.

**Unauslöschliches Merkmal?** Thomas von Aquin beruft sich im 13. Jahrhundert auf Augustinus und verwendet das Wort in ganz ähnlicher Weise: Durch einige Sakramente (Taufe, Firmung, Priesterweihe) werden die Gläubigen mit einem unauslöschbaren Mal gekennzeichnet. Das gesamte Mittelalter übersetzt das Wort *Charakter* weder ins Lateinische noch ins Mittelhochdeutsche und verwendet es in der Bedeutung eines Zeichens für einen schwer zu erfassenden Zusammenhang im religiösen wie im profanen Sinn (Zauberzeichen, Schriftzeichen).

Gottfried Wilhelm Leibniz (1646–1716) geht noch darüber hinaus. Er definiert Charakter als »gewisse Dinge, durch welche die Beziehungen anderer Gegenstände ausgedrückt werden und deren Handhabung leichter ist als die jener Gegenstände selbst«. Wir würden heute hier eher den Terminus *Metapher* verwenden. *Charakter* geht noch über das Symbol- oder Zeichenhafte hinaus. Bis hin zu Immanuel Kant (1724–1804) wird das Wort zumeist verstanden als symbolhaftes Zeichen für einen sprachlich schwer zu erfassenden Zusammenhang. Im ethischen Bereich spricht Kant nicht von Charakter, sondern von Tugenden und Pflichten.

Die Sprache der Gegenwart nähert sich dem Verstehen des Charakters, wie er von Theophrast beschrieben wurde, wieder an.

## Verhalten und Charakter

Mit aller Sorgfalt gilt es jedoch zu unterscheiden zwischen Verhaltensweisen und Charaktereigenschaften.

Sind Tapferkeit, Gehorsam, Pünktlichkeit etc. Verhaltensweisen oder Charaktereigenschaften? Sicherlich können sie beides sein. Da wir aber über Charakter handeln, sollten wir sorgfältig zwischen beiden unterscheiden. Zunächst einmal gilt es festzuhalten, dass Merkmale wie Treue, Würde, Freiheit, Gehorsam usw. interaktionelle Größen sind. Ein Mensch ist an sich nicht treu, tapfer, frei und all das, sondern alles dieses ereignet sich zwischen Menschen und unter bestimmten Bedingungen. Bedeutet das, dass sie alle »nur« Verhaltensweisen sind? Sicherlich nicht, denn Verhaltensweisen werden dem Verhalten eines Menschen zugeschrieben, während interaktionelle Merkmale als Subjekt eben nicht Personen, sondern Interaktionen haben. Dieser Interaktionismus wird nicht selten übersehen, wenn man Treue, Tapferkeit, Gehorsam in das Spannungsfeld zwischen Verhaltensweisen und Charaktermerkmalen einspannt. Aber diese Differenzierung ist in einem nicht-interaktionistischen Weltbild wichtig, weil sie uns hilft, eine undifferenzierte Sicht menschlichen Verhaltens und menschlicher Persönlichkeitsmerkmale zu überwinden.

**Unsere Bilder von uns und der Welt**

So schreibt Eckart Klobe für ein nicht-interaktionistisches Weltbild sehr zutreffend: »So wie es optische Darstellungen gibt, die Kippbilder genannt werden, weil ihre Interpretation durch den Betrachter von einer Bedeutung zu einer anderen gekippt werden kann, so kann auch das Verständnis gewisser Wörter von einer Bedeutung auf eine andere kippen. Derartige Wörter mit kippfähigen Bedeutungen sind prinzipiell geeignet, zu einem kippfähigen Verständnis des Gesprochenen, also auch zu kippfähigen Denkprozessen ... beizutragen. Die Verwendung dieser kippfähigen Worte zur Beurteilung verschafft ihnen zudem noch die Möglichkeit, bei der Weltsicht, bei der Sichtweise auf die Mitmenschen und bei der individuellen Selbstreflexion ganz merkwürdige Blüten zu treiben, solange der feine Unterschied nicht beachtet wird. «

Was ist nun der Unterschied zwischen einer Verhaltensweise und einer Charaktereigenschaft? Verfügt etwa jeder, der sich in einer bestimmten Situation tapfer verhält, auch über das Charaktermerkmal *Tapferkeit*? Offensichtlich nicht. Ist es denkbar, dass ein Mensch, der das Charaktermerkmal *tapfer* besitzt, sich stets und unter aller Umständen auch tapfer verhält? Wiederum offensichtlich nicht. Und weil das so ist, neigen wir dazu, in unseren Konstruktbildungen von uns selbst, von anderen, von Beziehungen zwischen Menschen beides entweder zu verwechseln oder es einmal so und ein anderes Mal anders zu sehen (wie bei einem Kippbild). Ein Verhaltensmerkmal hat zum Subjekt ein Verhalten, das Subjekt einer Charaktereigenschaft dagegen ist eine Person. Natürlich ist die Person keine gegebene Größe, sondern ein Konstrukt: Das Bild, das wir von uns selbst haben, bestimmt nicht allein unser Verhalten, sondern auch unsere Eigenschaften.

Jedes interaktionistische Weltbild wird ganz wesentlich bestimmt vom Selbstkonstrukt, vom Konstrukt anderer Personen – vor allen von denen, die tatsächliche oder potentielle Interaktionspartner sind – und dem Konstrukt von zwischenpersonalen Beziehungen allgemein. Wie wird man in einem solchen Weltbild Charakter und Charakterlosigkeit bestimmen?

## Moral und Ethik

Dass Charakterlosigkeit in aller Regel auf eine defizitäre Moral oder Ethik zurückgeführt werden kann, wird im Folgenden offensichtlich werden. *Moral* bezeichnet einen Katalog von Normen, die in einem bestimmten Sozialgebilde (zumeist um dessen Bestand zu sichern oder seinen eigenen Nutzen zu mehren) bewusst oder unbewusst entwickelt wurden. Moral ist also stets ein systemspezifischer Normenkatalog. Wir unterscheiden zwei Typen der Moral: eine endogene und eine exogene.

*Endogen* (griechisch) bedeutet *von innen kommend*. Ich spreche im Folgenden von dem *inneren Moralgesetz*. Natürlich stammen auch diese Normen von außen. Das Kind wird nicht mit ihnen geboren, sondern übernimmt sie von seiner Umgebung und »verinnerlicht« sie so, dass es sie später kaum in Frage stellen kann.

Die *exogene* Moral, die im Folgenden als das *äußere Moralgesetz* bezeichnet wird, fasst die Normen zusammen, die erkennbar von außen stammen, also die Gesetze, Arbeitsvorschriften, aber auch ungeschriebene Regeln des Zusammenlebens.

### Das innere Moralgesetz

**Tief sitzende Regeln** Viele Normen endogener Moral sind allen oder doch allen nicht-faschistoiden Systemen gemeinsam. Da wir Menschen selten in einer robinsonschen Einsamkeit leben (sieht man einmal von autistisch gestörten Menschen ab), sind wir alle auch Teile von sozialen Systemen. Manche Normen dienen dem Erhalt jedes sozialen Systems. Wenn wir schon als Kind in ein solches System (meist vom Typ *Familie, Kindergarten, Grundschule*) hinein sozialisiert wurden, haben wir dessen Normen internalisiert und so eine endogene Moral entwickelt.

Das innere Moralgesetz bestraft das Übertreten seiner Normen endogen (also aus dem Innen des Menschen kommend). Solche endogenen Strafen können sein:
– Ängste (früher besonders die »Angst, in die Hölle zu kommen«)
– Schuldgefühle
– Schamgefühle oder
– Gefühle geminderten Selbstwerts oder verringerter Selbstachtung.

Menschen verhalten sich also in einem bestimmten sozialen System sozialverträglich, wenn sie die Regeln dieser endogenen Normen beachten. Im Folgenden werden wir die meisten Formen der Charakterlosigkeit auf solches *systemisches Versagen* zurückführen. Das soll nicht heißen, dass nicht auch sittliches Versagen vorliegt.

### Das äußere Moralgesetz

**Nur nicht erwischen lassen?**

Das überkommene Moralsystem Europas ist bis heute weitgehend vom Christentum geprägt und sollte den Bestand des sozialen Systems *Abendland* sichern. Es war nicht imstande, entscheidende Fragen der Nachneuzeit zu lösen. Deshalb wandten sich viele Menschen von der alten endogenen Moral ab. Die nicht beantworteten Fragen betrafen vor allem:
- die Überbevölkerung mancher Weltregionen
- die Umweltproblematik und
- die Autodynamik des technischen Fortschritts und das sozialverträgliche Verhalten sozialer Systeme.

An die Stelle des inneren Moralgesetzes trat für viele Menschen ein äußeres, das eigentlich nichts mit »Moral« im klassischen Wortverständnis zu tun hat, sondern auf den Erfordernissen einer optimalen Lebensökonomie beruht. Wer das äußere Moralgesetz übertrat, musste mit sozialen Strafen rechnen, z. B. mit mangelnder sozialer Geborgenheit, Sicherheit, Anerkennung … Menschen verhalten sich sozialverträglich, um solche »Strafen« zu vermeiden. Das Problem dieses äußeren Moralgesetzes liegt auf der Hand: »Man darf alles tun, wenn es nur nicht herauskommt«, denn dann kann man ja auch nicht bestraft werden.

## Die Sittlichkeit

**»Liebe das Leben!«**

Jede Gesellschaft und jeder Einzelne legt ständig sittliche Maßstäbe an, wenn er Dinge und Verhaltensweisen als »sehr gut«, »weniger gut« oder »schlecht« klassifiziert. Der Maßstab der Sittlichkeit ist das, was die Philosophen *höchstes ethisches Gut* nennen. Die Ethik ist eine philosophische Disziplin, deren wichtigste Aufgabe eben das Herausarbeiten dieses höchsten Gutes ist, vom dem her sich Sittlichkeit bestimmt. Wir entscheiden uns für die Liebe zum Leben, die Biophilie, als höchstes ethisches Gut. Von diesem Gut aus kann die sittliche Qualität einer Handlung bestimmt werden. Als Handlungsleitsatz (Biophilie-Maxime) ließe sich also formulieren:

Handle stets so, dass durch dein Handeln fremdes und eigenes personales Leben eher gemehrt als gemindert wird.

*Personales Leben* bezeichnet dabei alle Dimensionen des menschlichen Lebens, das physische, das emotionale, das soziale, das geistige, das intellektuelle, das fachliche, das kognitive, das sittliche, das religiöse ... Leben.

Diese Maxime ist formal. Das heißt: Sie muss in jeder sozialen Situation vom Handelnden neu ausgelegt werden. Sie ist außerdem transsystemisch. Das heißt: Sie wird nicht von einem sozialen System entwickelt und gilt nicht ausschließlich innerhalb eines sozialen Systems, sondern immer und unter allen Umständen.

## *Bestandsaufnahme*

Woher stammen die Grundzüge meines inneren Moralgesetzes (s. S. 14)?

Familie

Schule

Kirche

Andere Quellen

Welche Grundzüge scheinen mir heute fragwürdig?

Welche schaden mir?

Wie kann ich hier etwas ändern?

Was gewinne oder verliere ich, wenn ich etwas ändere?

Wie kann ich vorgehen?

Woher stammen die Grundzüge meines äußeren Moralgesetzes (s. S. 15)?

Familie/Partnerschaft

Beruf

Freundeskreis

Andere Quellen

Welche Grundzüge scheinen mir heute fragwürdig?

Welche schaden mir?

Wie kann ich hier etwas ändern?

Was gewinne oder verliere ich, wenn ich etwas ändere?

Wie kann ich vorgehen?

Wie würde ich allein für mich das höchste ethische Gut (s. S. 15) definieren?

Wie weit ist mein Leben danach ausgerichtet?

Will ich etwas ändern?

Was kann ich dabei gewinnen oder verlieren?

Wo könnte ich anfangen?

# I. DIE CHARAKTERLOSIGKEIT

**Leben aus
zweiter Hand**

Was ist typisch für alle Menschen, die ihr Menschsein charakterlos leben oder gar leben wollen? Sie alle *werden* gelebt, leben ein Leben aus zweiter Hand. Ein Mensch, der nicht lebt, sondern gelebt wird, ist »das ärmste aller Schweine«. Er wird zu einem Sklaven, zu einem Menschen, der nicht mehr in der Lage ist, selbstverantwortet sein Leben zu gestalten – und somit unfrei.

Nicht Charakter ist eine Form der Behinderung, sondern die Charakterlosigkeit. Diese Behinderung fordert für sich Anerkennung und Akzeptation. Man kann die Menschen, die auf diese Weise behindert sind, (leider) nicht in behütete Areale einsperren, denn sie suchen und brauchen eine Form der Öffentlichkeit, von der her sie sich selbst definieren. Auch das ist ein »Leben aus zweiter Hand«. Sie benötigen Anerkennung und/oder repressive Macht[1]. Es ist oft frappierend, die extreme Sozialverwiesenheit dieser armen Menschen zu sehen, die meist unendlich einsam sind.

Charakterlosigkeit kann mancherlei Gründe haben. Hier sind vor allem zu nennen:

- das Fehlen oder Nicht-Beachten des inneren Moralgesetzes (s. S. 22–70)
- das Fehlen oder Nicht-Beachten des äußeren Moralgesetzes (s. S. 74–83)
- das Fehlen oder Nicht-Beachten einer sittlichen Moral (s. S. 86–102).

---

1  Wir verwenden hier ein Handlungs-Umwelt-Modell der Macht. Michel Foucault betont den strikt relationalen Charakter der Machtverhältnisse. Macht ist keine Institution, nicht eine Struktur, nicht die »Mächtigkeit einiger Mächtiger« sondern eine komplexe strategische Situation, die immer dann erzeugt wird, wenn sich soziale Systeme ausbilden. Macht kann konstruktiv wie repressiv sein, je nach der Art der Systeme oder Interaktionen im Innen oder Außen solcher Systeme. (vgl. Wolfgang Detel, Macht, Moral, Wissen. Frankfurt (stw 1362) 1998, 26) Ausgenommen sind hier allein soziale Systeme des Typs »Team«, die strukturell die Ausbildung von Macht ausschließen.

# 1. Wenn das innere Moralgesetz versagt

**Sozialverträg-
lichkeit ist der
Maßstab**

Das Fehlen oder Nicht-Beachten einer endogenen Moral erkennt man am Fehlen jeder sozialen Tugend. Was ist unter *sozialen Tugenden* zu verstehen? Immanuel Kant hat sie definiert: »Nun ist das Vermögen und der überlegte Vorsatz, einem starken, aber ungerechten Gegner Widerstand zu tun, die Tapferkeit und in Ansehung des Gegners der sittlichen Gesinnung in uns Tugend.« (AA VI, 380) Er bestimmt sie als »moralische Tapferkeit«, da ihr ein starker, aber ungerechter Gegner entgegensteht. Sie beruht ausschließlich auf freiem Zwang, den ein Mensch sich selbst auferlegt. Und der Beachtung moralischer Normen stehen mächtige und einflussreiche Feinde gegenüber.

Das Wort *Tugend* ist heute in Verruf geraten. Als Grund dieser negativen Besetzung des Wortes möchte ich den Untergang der Neuzeit mit ihren Wertvorstellungen annehmen. Ein weiterer Grund mag sein, dass sich vor allem die Moraltheologie des Wortes bemächtigte und die verbreitete Abneigung gegen sie sich auch auf ihre Terminologie ausdehnte. Die Ethik spricht heute lieber von *moralischen Werten*[2] und bezeichnet damit Normen und deren Ergebnisse.

Wir reduzieren hier die *endogene Moral* auf den für unser Vorhaben wichtigen Aspekt der Sozialverträglichkeit. Die Sozialverträglichkeit bezieht sich stets auf bestimmte soziale Gebilde wie Partnerschaft, Familie, Unternehmen, Parteien, Staat … Dabei wird stets vorausgesetzt, dass diese Gebilde sich nicht selbstzwecklich (= faschistoid)[3] verhalten.

2   »Moralische Werte« sind zu unterscheiden von »Werten« schlechthin. Diese bezeichnen das kollektiv (innerhalb eines sozialen Systems) Wünschbare. So gibt es politische, soziale, ökonomische, kulturelle Werte. Damit sie sozialverträglich realisiert werden, sollten die Handlungen oder Sachverhalte, die sie erzeugen, von moralischen Werten geleitet sein. Diese übernehmen also die Aufgabe von »Metawerten«.

3   Selbstzwecklich verhält sich strukturell vorgegeben oder durch das Verhalten der in ihm Lebenden ein Sozialgebilde genau dann, wenn es nur den Selbsterhalt und – wenn dieser dadurch nicht gefährdet wird – die Expansion anstrebt. Es sucht also ausschließlich seinen Nutzen und nicht primär den Nutzen der Menschen innerhalb und außerhalb des Sozialgebildes.

Wer sich in einem Sozialgebilde sozialverträglich verhält, degeneriert leicht zum Systemagenten. Oder er entwickelt eine andere Form der Charakterlosigkeit, die ich Ihnen nun als Abfolge von Typen vorstellen will. Nicht selten sind diese Typen politisch, ökonomisch und auch privat durchaus erfolgreich. Jedem Merkmal fehlender oder mangelnder wie auch vorhandener Charakterstärke werde ich das eine oder andere Fallbeispiel folgen lassen. Keines dieser Beispiele ist konstruiert, allen liegen persönliche Erfahrungen zugrunde.

## Der Systemagent

**Der Mensch: ein Mittel zum Zweck**

Die Versuchung, zum Systemagenten zu verkommen, ist vor allem in faschistoiden Sozialgebilden groß. Systemagenten können – wenn die Ziele des sozialen Systems, dessen Agenten sie sind, anders nicht durchzusetzen oder zu erreichen sind – Menschen zu reinen Mitteln ihrer Ziele degradieren. Sie verstoßen so gegen den praktischen Imperativ Kants: »Handle so, dass du die Menschheit sowohl in deiner Person als in der Person eines jeden anderen jederzeit zugleich als Zweck, niemals als bloßes Mittel brauchst.« (AA IV, 429) Der Systemagent »verzwecklicht« nicht nur andere Menschen, sondern auch sich selbst und verstößt damit gegen die grundlegende Norm jeder Moral.

Systemagenten zu sich selbst zu bringen ist eine der schwierigsten Aufgaben jedes Coachings. Sie bauen mächtige Panzer um sich auf. Einen der mächtigsten bezeichnen sie mit dem Wort »Pflicht«[4]. »Ich habe nur meine Pflicht getan« war die Entschuldigung von Hitlers Schergen und ist noch die Entschuldigung so manches politischen und ökonomischen Systemagenten, dem am Wohlergehen seines Systems nahezu alles gelegen ist, kaum aber an dem der Menschen innerhalb und außerhalb des Systems.

In den letzten Jahren kam eine neue Version des Systemagenten auf den Markt. Es sind jene Manager, denen der *Shareholder Value* über alles geht – wobei sie den Shareholder Value fälschlich auf den Bilanzgewinn (und nicht auf den Unternehmenswert) beziehen. Ihre »Verpflichtung« gilt der Produktionsbedingung *Kapital* und erst sekundär und mittelbar in dem Ausmaß, wie diese dem Kapital nützen, den Produktionsfakto-

---

4  »Pflicht« bezeichnet nach Kant den »Begriff einer Nötigung der freien Willkür durchs Gesetz; dieser Zwang mag nun ein äußerer oder ein Selbstzwang sein.« (AA VI, 379) In unserem Kontext kann Pflicht nur ein Selbstzwang sein. Dieser Selbstzwang ist entweder moralischer Natur (wenn er dem praktischem Imperativ gehorcht), oder er ist zwangsneurotischer Art. Ein Systemagent kann sich nur auf eine neurotische Variante von Pflicht berufen, sofern er denn ein solches Berufen nicht nur als faule Entschuldigung gebraucht.

ren wie *Arbeit, Umwelt, Mobilität* (geistige wie lokale), *Kreativität, Betriebsklima, Unternehmenskultur …*

Vermutlich seit dem Aufkommen politischer Herrschaft begegnen wir einem anderen Typ des Systemagenten. Er will mit allen Mitteln an die Macht kommen oder sie sich erhalten. Dazu waren Mittel wie physischer, psychischer oder sozialer Mord, Verleumdung, üble Nachrede, Verbannung möglicher Wettbewerber um die Macht, Unterdrücken von Kritik keineswegs zu schäbig. Die »Untertanen« galt es nur ruhig zu halten, sie waren keineswegs primärer Zweck oder gar das Ziel politischen Agierens. Der *Faschist* ist ein besonders problematisches Exemplar eines Systemagenten.

Ein anderer Typ des Systemagenten ist der *Marxist*. Marxisten folgen in ihrer Staatstheorie Jean-Jacques Rousseau (1712–1778), für den der Staat die Aufgabe hatte, das Gemeinwohl zu mehren. Damit stehen die Marxisten im Widerspruch zu der Staatstheorie John Lockes (1632–1704), nach dessen liberaler Theorie der Staat ausschließlich die Funktion hat, Schaden vom Gemeinwohl derart abzuhalten, dass der abgewendete Schaden nicht unverhältnismäßig in die Freiheitsrechte der Mitglieder des Staatsvolkes eingreife.[5] Systemagenten neigen in ihren Allmachtsvorstellungen dazu, Marxisten zu sein. Sie wissen besser, was den Menschen nutzt, als diese selbst. Das ist der am weitesten verbreitete Typ politischer Arroganz, die sich mit dem Mäntelchen der Wohlfahrt kleidet. Menschen leben nicht mehr ihr eigenes Leben, sondern werden gelebt, von den Zwängen, politisch etwas zum vermeintlichen Nutzen der Menschen zu verändern.

### Fallbeispiele

**Frisiertes Betriebsergebnis** ✳ Herr A ist Finanzvorstand eines großen deutschen Unternehmens. Er ist stolz auf sein Unternehmen und identifiziert sich mit ihm. Alles, was dem Unternehmen schaden könnte, sei es ein Rufschaden oder ein finanzieller Schaden, versucht er zu vermeiden. Dabei ist ihm jedes Mittel recht. Er erzwingt eine Öffentlichkeitsarbeit, die das Unternehmen in glänzendem Licht erstrahlen lässt. Alles das hält er für seine Pflicht. Als sich jedoch das Betriebsergebnis schon im zweiten Jahr verschlechtert, dringt er darauf, Kosten (und hier denkt er ganz in der Weise eines Systemagenten vor allem an Arbeitskosten) zu senken und

---

5 Die liberale Staatsidee ist einer marxistischen unbedingt vorzuziehen, da der Begriff »Gemeinwohl« nur ideologisch bestimmt werden kann. Ein Christ wird darunter etwas anderes verstehen als ein Marxist, ein Liberaler etwas anderes als ein Muslim … Dagegen besteht weitgehend Konsens über den Sachverhalt »Schaden vom Gemeinwohl wenden«.

nicht etwa die Kosten-Leistungsrechnung durch Leistungsverbesserung zu optimieren. Nahezu 20 % der Mitarbeiter werden auf sein Betreiben hin (natürlich »sozialverträglich«!) entlassen. Diese Entlassungen waren keineswegs notwendig, um den Unternehmensbestand zu sichern, sondern um das Betriebsergebnis (und vor allem den Bilanzgewinn) zu steigern. Faktorverantwortung ist einem solchen Systemagenten ein Fremdwort. Er kennt meist nur die Verantwortung vor dem Faktor »Kapital«, den es möglichst gut zu bedienen gilt.

**Wahnwelt eines Politikers**

✳ Ein Politiker scheute nicht vor groben Lügen über die zukünftige Entwicklung der BRD zurück – allein zu dem Zweck, sein Ansehen in der Bevölkerung zu mehren und wieder gewählt zu werden. Die Lügen waren so tragisch-komisch, dass man mit einigem Recht vermuten konnte, der betreffende Politiker habe um sich herum eine Wahnwelt aufgebaut. Es ist keineswegs selten, dass Systemagenten, auf ihr System fixiert, die Außenwelt total, bis ins Paranoide verstellt wahrnehmen.

**Sozial-versicherung**

✳ Ein Politiker, lange Jahre Minister in verschiedenen Ressorts, wollte mit nahezu allen Mitteln eine neue Sozialversicherung einführen. Das von ihm offen zugegebene Ziel war es nicht etwa, schweren Schaden vom Gemeinwohl zu wenden, sondern das Wohl der Menschen zu mehren, ob sie wollten oder nicht. Er war so zum Gefangenen des Bösen geworden. Dessen Willen galt es zu erfüllen. Und er hatte Erfolg, denn nicht wenige seiner Kabinettskollegen waren (und sind) Marxisten. Allmachtsvorstellungen treten offensichtlich gehäuft in sozialen Systemen bei Machthabern auf, die ihren Willen ihrer inneren Umwelt (= den Menschen, die in ihnen leben) aufzwingen können. Dass es sich hierbei um einen Fall von Systemagententum handelt, dürfte offensichtlich sein. *Marxisten* bevölkern alle Parteien von der CDU bis zur PDS.

## Der Egoist

**Mein Ich, das ist die Welt**

Ein Egoist[6] sucht seinen eigenen Nutzen mit möglichst geringem Aufwand zu erzielen. Der Vorteil anderer interessiert ihn nur, insoweit er auch ihm nützt. »Was bringt es mir?« ist die zentrale Frage, die ein Egoist vor jeder nicht zur Routine gewordenen Handlung oder Unterlassung stellt. Mitunter argumentieren Egoisten so: Wenn jeder seinen

---

6  Man kann andererseits den Mangel an Egoismus bei solchen Menschen beklagen, die irritiert sich selbst vergessen. Sie werden gelebt, geschoben, getreten ... Sie wollen nichts anderes, als möglichst in Ruhe gelassen zu werden. Sie haben nicht einmal die physische, die psychische oder die soziale Kraft, ihren eigenen Nutzen zu bestimmen, geschweige denn, ihn zu suchen und anzustreben.

eigenen Nutzen anstrebt, so erreicht er den optimalen Nutzen aller. Es wäre also anzustreben, dass alle Menschen Egoisten seien. Spieltheoretisch ließe sich von diesem Ansatz her sogar eine eigene Tugendlehre entwickeln.

Dem Egoisten fehlt der Sinn dafür, dass wir Menschen existentiell soziale Wesen sind und diese Sozialität sich auch auf den Nutzen anderer unmittelbar ausrichten lassen muss. Sicherlich spielt menschliches Leben im Spannungsfeld zwischen Egoismus und Altruismus. Einseitige Fixierungen sind aber vom Übel.

Das soll nun keineswegs heißen, dass Egoisten erfolglos seien. Es gibt sie in Wirtschaft und Politik, in Familien und Parteien, in Kirchen und Gewerkschaften. Erfolgreiche Egoisten sind selten bescheiden – mitunter leiden sie an einer Großtuerei, die an eine narzisstische Neurose denken lässt. Diese ihre Großtuerei erschöpft sich nicht in Erzählungen von eigenen Erfolgen, sondern entwickelt zudem Techniken der Selbstdarstellung, die anderen aufs Erste imponieren. Da ihre Selbstliebe keine Grenzen kennt, ist jede Beleidigung des EGO – sei es durch Kritik, sei es durch Misserfolg, sei es durch Krankheit – eine existentiell erfahrene Kränkung. Sie gilt es um nahezu jeden Preis zu vermeiden. Ist Vermeidung nicht möglich, so wird die Realität verleugnet oder auf andere Weise abgewehrt.

Die Liebe zur Selbstrepräsentation einerseits und der angstbesetzte Rückzug auf sich selbst andererseits, wenn das EGO beleidigt wurde, machen die neurotischen Züge des Egoismus deutlich. Nicht wenige Egoisten sind entweder depressiv, oder sie ähneln armen kleinen Würstchen im Zustand der Dauererektion. Das Sich-unter-allen-Umständen-für-wichtig-Halten macht einen Egoisten nicht selten erfolgreich. Andere Menschen halten ihn, zureichende Ich-Schwäche vorausgesetzt, eben auch für wichtig.

Egoisten gibt es in nahezu allen Bereichen. Besonders aber häufen sie sich in Berufen, in denen eine gewisse Selbstdarstellung nützlich, oft gar notwendig ist: Managementtrainer, Unternehmenssanierer, Schauspieler, Politiker sind nicht selten Egoisten. Nicht nur, weil sie zu einer egomanen Selbstdarstellung neigen, sondern auch aus strukturellen Gründen. Es ist nicht leicht nachzuvollziehen, warum Politiker, vor allem, wenn sie als Kollektiv tätig werden, der wahnhaft verstellten Meinung sind, sie wüssten besser, was den Menschen nütze, als diese selbst. Die weitaus meisten Gesetze setzen diesen Größenwahn voraus, in dem die Politiker glauben, in Gestalt von Übervätern den unmündigen Untertanen verordnen zu müssen, was diesen Not tut. Wir haben solche pathologischen Vorstellungswelten schon an einem Beispiel des Systemagententums vorgestellt (s. S. 23–25).

**Egoismus und Kapitalismus**

Doch sollte man auch das Thema des politischen Egoismus in eine strukturelle wirtschaftliche Überlegung einbinden: Es gibt Volkswirtschaften, die vom Egoismus ihrer Bürger leben. Hierzu zählen alle kapitalistisch orientierten Volkswirtschaften.[7] Im Gegensatz zu solidarisch orientierten Wirtschafts- und Gesellschaftssystemen denkt der Kapitalismus wesentlich egoistisch. Adam Smith (1723–1790), einer der Theoretiker der kapitalistischen Wirtschaftsordnung, entwarf das (kapitalistische) Modell einer Wirtschaftsordnung, die sich ohne staatliche Eingriffe optimal entfaltet, wenn nur jeder Bürger seinen persönlichen Nutzen zu optimieren versucht und damit auch das Gemeinwohl optimiert. Der Kapitalismus gilt zu Unrecht als bloße Wirtschaftstheorie. Er ist längst die heute in den meisten europäischen Staaten geltende Gesellschaftstheorie.

## Fallbeispiele

**Manische Überzeugungskraft**

✳ Ein bekannter Management- und Unternehmensberater ist so sehr von sich selbst und seiner Wichtigkeit überzeugt, dass er nahezu ausschließlich über seine (in der Tat erheblichen) Erfolge berichtet. Gelegentliche Misserfolge können ihn so erschüttern, dass er in physische Krankheiten flieht. Es gelingt ihm, seinen Klienten mit seiner »Überzeugungskraft« ein Pseudowissen einzureden, das diese dann auch fasziniert zu objektivieren versuchen. Schaut man näher hin, bemerkt man bald, dass diese »Überzeugungskraft« eine Kombination von infantiler Aggressivität und einem ebenso infantilen Narzissmus (mit ausgebilde-

---

7 »Kapital« (d. h. anlagewilliges Geld) ist nur eine der Produktionsbedingungen, nicht aber ein Produktionsfaktor, dessen Aktivität innerlich in das Produkt eingeht. Produktionsfaktoren sind neben Arbeit auch innovatives und kreatives Denken sowie eine Unternehmenskultur, die sorglichst die innere und äußere Beziehungsarbeit pflegt. Wir sprechen von kapitalorientierten Unternehmen, die im Gegensatz zu arbeitsorientierten stehen. In solchen arbeitsorientierten, »laboristischen« Systemen bestimmt der Faktor »Arbeit« die im Unternehmen wesentlichen Abläufe. Der Betriebsrat vertritt das Unternehmen nach innen und außen. Das Management wird von ihm angestellt. Ob ein laboristisches Unternehmen in Form einer Produktionsgenossenschaft oder einer Kapitalgesellschaft aufgebaut wird, ist zweitrangig. Es arbeitet insoweit hoch effizient, als es keine effizientere Aufsicht über die betrieblichen Abläufe gibt als Geld im Konsuminteresse. Dabei ist keineswegs ausgeschlossen, dass ein Laborismus einen entwickelten Kapitalismus voraussetzt. Der Kapitalismus übernimmt – um in der Gedankenwelt des Schneidergesellen Wilhelm Weitling (1808-1871), eines zeitweiligen Weggefährten von Karl Marx zu bleiben – die Rolle der Diktatur, die jedem Laborismus vorausgehen muss. Dass beide an eine »Diktatur des Proletariats« dachten und nicht schon die »Diktatur des Kapitals« als Vorläufer einer laboristischen Gesellschafts- und Wirtschaftsordnung sahen, ist aus dem revolutionären Zeitgeist der Zeit erklärlich.

ter Ich-Schwäche) zugrunde liegt. Die negativen Seiten dieser Infantilismen werden durch scheinbare »Größe« kompensiert.

**Super-Hausfrau** ✳ Eine allgemein anerkannte Hausfrau ist von ihrer Tüchtigkeit voll überzeugt. Sie prahlt mit ihren sozialen Kontakten und Beziehungen, mit ihren pädagogischen Fähigkeiten, mit ihren Kochkünsten (letzeres zu Recht), mit ihren Möglichkeiten, andere zu überzeugen, mit ihrer Hilfsbereitschaft. Sie ist in ihrer Wahrnehmung großartig und nahezu heiligmäßig. Dass sie mit ihrer Dominanz ihren Partner zu einem unterworfenen Wesen machte und alle ihre Kinder partnerschaftsunfähig blieben, merkt sie nicht einmal. Ihr übergroßes EGO wehrt solche Einsichten beharrlich ab.

**Aktiengewinn und Gewissen** ✳ Einer meiner Kollegen besitzt seit einiger Zeit Aktien. Er freut sich wie ein Schneekönig, wenn er feststellt, dass seine Papiere ihren Kurswert um 10 % mehren konnten. Er war stolz auf »seine« Unternehmen, denen es gelang, durch Kosteneinsparungen den Unternehmenswert (den er allerdings recht vordergründig mit den meisten Anhängern eines Shareholder-Value-Geredes am Bilanzgewinn auszumachen suchte) zu steigern und so den Wert seiner Aktien steigen zu lassen. Auf meine Frage, auf welche Weise seine Unternehmen ihre Kostenpositionen abbauten, erwiderte er: »Natürlich durch Entlassungen überflüssiger Arbeitskräfte!« Meine Frage, ob die Entlassungen sich rechtfertigen ließen, um den Unternehmensbestand zu sichern, beantwortete er mit einem Lachen, das mir noch heute in den Ohren klingt: »Aber nein! Es kommt darauf an, Lohnkosten in den Bilanzgewinn einzustellen und so die Rendite auf die Aktien zu erhöhen!« Er hielt es für durchaus moralisch, das Profitprinzip über das Solidaritätsprinzip zu stellen. Wo kämen wir denn hin, wenn Mitleid die höchste moralische Instanz wäre? Jeder ist sich doch selbst der Nächste. Ich erspare mir einen Kommentar, als ich erkannte, dass mein Freund Opfer des Zeitgeistes geworden war. Wenn der kollektive Wahn, in dem der Zeitgeist wurzelt, nicht so verbreitet wäre, dann wäre er therapiebedürftig. Um nicht allzu sehr zu vereinsamen, fand ich mich damit ab, dass manche meiner Freunde zu Opfern des strukturellen kollektiven Egoismus unserer Tage geworden waren.

## Der Feigling

**Allgegenwärtig** Auch Feiglinge haben nicht selten in Ökonomie und Politik, in Kirchen und Unternehmen reichen Erfolg. Ich kenne eine Reihe von Betrieben, in denen nur Feiglinge reale Aufstiegschancen haben. Wen wollen wir hier einen Feigling nennen? Feiglinge sind Menschen, denen die »Tugend« der Tapferkeit fehlt. Das haben sie gemeinsam mit vielen Systemagenten, Angsthasen, Wadenbeißern, Liebedienern, Speichelleckern und Exhibitionisten.

Feiglinge sind vor allem aber
– Menschen, die sekundäre Tugenden realisieren und sich selbst dabei vergessen
– Menschen, die davonlaufen und sich vor Verantwortung drücken
– Menschen mit der Angst, sich falsch zu entscheiden
– Menschen, die sich von Drohungen bestimmen lassen
– Menschen, die sich von »Autoritäten« einschüchtern oder manipulieren lassen
– Menschen, die den Lebensmut verloren haben.

### Menschen, die sekundäre Tugenden realisieren und sich selbst dabei vergessen

**Die ordentlichen Bürger**

Sekundäre Tugenden sind zu unterscheiden von den primären Tugenden, über die wir an anderer Stelle (s. S. 109 ff.) zu reden haben, wenn es uns um die »Tugend« der Tapferkeit geht. Hier sollen diese primären Tugenden daher nicht ausgeführt, sondern nur aufgezählt werden. Zu ihnen gehören seit der griechischen Antike:
Zivilcourage (s. S. 109)
Konfliktfähigkeit (s. S. 111) und
Epikie oder der konstruktive Ungehorsam (s. S. 114).
Beginnen wir mit jenen Menschen, denen die primären Tugenden fehlen. Sie haben sie entweder nie gelernt oder – durch böse Erfahrung eines »Besseren« belehrt – wieder verlernt. Menschen ohne primäre Tugenden verfügen nicht selten über eine Fülle sekundärer Tugenden wie Gehorsam, Pünktlichkeit, Fleiß, Ordnungsliebe, Sauberkeit … Alle diese Tugenden sind an sich wertlos. Das ist leicht daran zu erkennen, dass sich gerade faschistoide oder faschistische politische, ökonomische, soziale, ekklesiale, familiäre Systeme der Pflege dieser Tugenden befleißigen und ihnen Eigenwert zusprechen. Dem Nationalsozialismus wäre es unmöglich gewesen, gerade die »ordentlichen« Bürger ideologisch für sich zu gewinnen, wenn sie nicht die sekundären Tugenden gepredigt und beobachtet hätten. Das soll nun keineswegs heißen, dass sekundäre Tugenden stets gering zu schätzen sind. Sie haben einen hohen Wert, wenn ihr Vorzeichen durch den Besitz primärer Tugenden bestimmt wird. Die Ausübung sekundärer Tugenden, die nicht von primären reguliert werden, ist ein Zeichen von Charakterlosigkeit.

### Fallbeispiele

**Pubertärer Scherz**

❋   Ein Lehrer achtete außerordentlich auf Pünktlichkeit, Sauberkeit und Ordnung nicht nur bei sich selbst, sondern auch bei seinen Schülern. Anlässlich einer Klassenkonferenz wurde ein Schüler heftig angegriffen, weil er seine Klassenlehrerin – eine Blondine – mit wenig anständigen Blondinenwitzen karikiert hatte. Diese – im übrigen recht gut gelungenen – Zeichnungen machten in der Klasse die Runde, und so konnte es nicht ausbleiben, dass auch die Lehrerin die anstößigen Bilder zu Gesicht bekam. Anstatt nun über solche pubertären Scherze zu lächeln, sann sie auf Rache. Es kam zu einer Klassenkonferenz, auf der sie durchsetzen konnte, dass der Schüler ein »consilium abeundi« erhielt (d. h. einen dringlichen Rat, bei nächster Gelegenheit die Schule zu verlassen). Der erwähnte Lehrer kannte die pubertären Schwierigkeiten seines Schülers, nahm ihn aber vor der Konferenz nicht in Schutz, obwohl eine solche Intervention mit großer Wahrscheinlichkeit die drastische Bestrafung des Schülers vermieden hätte und nahezu alle Teilnehmer der Konferenz sich beim Anschauen der Bilder kaum ihr offenes Lachens unterdrücken konnten. Die Solidarisierung der Konferenz mit der Lehrerin wäre umgehend zerbrochen, wenn auch nur einer der Lehrer den Mut gehabt hätte, solche Zeichnungen eines pubertierenden Jungen als das Normalste auf der Welt hinzustellen. So gefährdete der Mangel an Zivilcourage das Verbleiben des Schülers.

**Übersteigertes Harmonie-bedürfnis**

❋   Eine angestellte Unternehmerin liebte Harmonie über alles und war deshalb nur begrenzt konfliktfähig. Obwohl ein Mitarbeiter ständig den Betriebsfrieden durch abfällige und destruktive Bemerkungen gefährdete – zumindest aber einige Mitarbeiter demotivierte –, sah sie sich nicht in der Lage, mit ihm ein Konfliktgespräch zu führen oder ihn gar abzumahnen. Sie ängstigte sich vor der eigenen wie der fremden Aggressivität. Sie entschuldigte sich mit der Ausrede, der problematische Mitarbeiter sei ansonsten recht fleißig und verlässlich und verfüge zudem noch über eine große »Hausmacht«. Erst nachdem die Gesellschafter von diesem Missstand erfuhren, forderten sie die Managerin auf, ernsthafte Schritte zu unternehmen. Da sie sich dazu nicht in der Lage sah, kündigte sie ihr Vertragsverhältnis auf. Ihr Nachfolger übersandte dem problematischen Mitarbeiter auf der Stelle eine Abmahnung, die alsbald zu einer Kündigung führte.

**Sinnloser Gehorsam**

❋   Es gibt Autofahrer, die mitten in der Nacht auf verkehrsarmen Kreuzungen vor roten Ampeln anhalten. Sinnvoll wäre es (den Anordnungen des § 1 der StVO folgend), die Ampel als ein vorfahrtnehmendes Schild zu interpretieren und vorsichtig in die Kreuzung einzufahren, sodass mit Sicherheit kein anderer Verkehrsteilnehmer auch nur belästigt würde. Statt dessen stehen die Autos da und verpesten die Umwelt. Das aber kann nicht Intention eines »vernünftigen Normengebers« gewesen sein. Dass manche Normengeber alles andere als vernünftig sind, ist kein moralischer oder juristischer, sondern ein typisch deutscher psychopathologischer Sachverhalt. Eine Autofahrer, der auch nur ein wenig mit der Tugend der Epikie (s. S. 114) vertraut ist, wäre wie beschrieben in die Kreuzung eingefahren, ohne die rote Ampel als absolutes Stoppsignal  misszuverstehen.

### Menschen, die davonlaufen und sich vor Verantwortung drücken

**Allen Menschen recht getan ist eine Kunst, die keiner kann**

Man kann auf mancherlei Weisen vor sich selbst davonlaufen, um sich vor Verantwortung zu drücken. Die einen übernehmen keine Verantwortung für ihr eigenes Fehlverhalten, sondern suchen sie andern anzulasten. Die anderen scheuen jede Art der Verantwortung, weil sie mit psychischem und/oder sozialem Aufwand verbunden ist. Wieder andere scheuen sich vor Entscheidungen jeder Art, da sie ja Fehlentscheidungen sein könnten, für die sie sich verantworten müssten.

Wir unterscheiden zwei Formen der Verantwortung. Da ist zum einen die Verantwortung vor dem eigenen Gewissen (interne Verantwortung), zum anderen die Verantwortung vor einem oder mehreren Menschen (externe Verantwortung). Hier meinen wir allein die externe Verantwortung, die weniger dem moralischen als dem sozialen Gewissen verpflichtet ist.

Menschen verhalten sich sozialverträglich, um nicht sozial bestraft zu werden. Und diese Form des Bemühens, soziale Strafen zu vermeiden, kann durchaus in Feigheit gründen. Dass Menschen, die sich ausschließlich um sozialverträgliches Verhalten mühen, von denen gelebt werden, die über die Sozialverträglichkeit befinden und sozialunverträgliches Verhalten bestrafen können, ist offensichtlich. Sie führen ein Leben aus zweiter Hand. Sie leben nicht, sondern werden gelebt. Da jedes Sozialgebilde andere Vorstellungen von Sozialverträglichkeit entwickelt, müssen solche Menschen wohl oder übel über recht viele Normenkataloge verfügen, deren Anforderungen nicht miteinander übereinstimmen. Einer dieser Normenkataloge gilt in der Familie, der andere im Unternehmen, ein dritter im Freundeskreis … Dass sich diese Menschen kaum mehr von ihrem Gewissen und ihrer Moral her definieren können, ist offensichtlich, denn sie verfügen über vielfache Moralgesetze. Ihre Selbstdefinition – wenn überhaupt vorhanden – ist in aller Regel sehr labil, weil sie nicht von Werten getragen ist.

Entscheidungsträgheit beruht meist auf dem Versuch, Mühsal, Anstrengungen und Überwindung von Trägheit zu vermeiden, die mit Entscheidungen und ihrer Ausführung verbunden sind. Solche Trägheit kann systemischer oder personaler Art sein. Entscheidungsträge (oder entscheidungsschwache) Personen sitzen aus, warten ab und reagieren allenfalls, wenn das unvermeidbar scheint. Sie verspüren nicht einmal den geringsten Antrieb zu agieren.

Personale Entscheidungsträgheit kann mancherlei Gründe haben. Dazu gehören Faulheit oder Niedergeschlagenheit, Angst vor einem Zuviel an Arbeit wie die Sorge, sich durch Agieren Feinde zu schaffen.

Systemische Trägheit ist dann, wenn ein soziales System eine bestimmte kritische Größe erreicht hat, eher die Regel als die Ausnahme. Die Menge der Selbstverständlichkeiten nimmt mit der Zeit und der Größe zu. Das Handeln gegen das Selbstverständliche gilt nicht nur als überflüssig, sondern wird oft genug auch als Störgröße gesehen. Wie kann das, was einmal gut, richtig, erfolgreich war, nun plötzlich schlecht, falsch, erfolglos werden? Routine erspart finanziellen, psychischen, sozialen Aufwand – warum sollte man von ihr lassen?

### Fallbeispiel

**Nur ein Kratzer**  ✳ Ein Autofahrer kratzte beim Ausparken einen anderen Wagen an. Er stieg zwar aus, um den Schaden zu betrachten. Sehr viel genauer aber überzeugte er sich, dass keine Zeugen sichtbar waren. Nachdem er sich dessen vergewissert hatte, stieg er eilends in sein Fahrzeug und entschwand. Er wartete mehrere Tage voller Angst auf einen Polizeibesuch wegen der eventuell zu identifizierenden Lacksplitter. Dann fiel ihm eine Reihe von plausiblen Erklärungen seines Fehlverhaltens ein: Der Fahrer des anderen Wagens habe die Schuld, denn er sei zu nah aufgeparkt. Man hatte es eilig, um nicht einen wichtigen Termin zu verpassen. Man habe nur der Verkehrssitte gehorcht, schließlich sei das eigene Auto auch schon verschiedentlich angekratzt worden … Da zudem das endogene Gewissen nur schwach ausgebildet war und soziale Strafen (wie etwa eine Anzeige wegen Fahrerflucht) nicht mehr zu erwarten standen, schien bald die ganze Angelegenheit so nebensächlich zu sein, dass man sie getrost vergessen konnte.

### Menschen mit der Angst, sich falsch zu entscheiden

Solche Angst kann bis zu einer Art psychischer (und gelegentlich auch sozialer) Lähmung führen. Nun darf die Sorge, eine Fehlentscheidung zu treffen, nicht gering geschätzt werden, denn nahezu alle Entscheidungen von einiger Erheblichkeit sind auch solche unter Unsicherheit. Niemals kann man alle Entscheidungsfolgen voraussehen. Doch manche Menschen lassen sich von dieser Tatsache lähmen.

### Fallbeispiele

**Lähmende Zweifel** ✳ Ein bislang sehr erfolgreicher und entscheidungsfreudiger Manager traf innerhalb kurzer Zeit einige weitreichende Fehlentscheidungen, die zum Entscheidungszeitpunkt durchaus vertretbar waren und vernünftig schienen. So kaufte er u. a. ein Unternehmen auf, das bislang als Zulieferer diente. Doch der Zukauf ließ das Interesse der bisherigen Unternehmensführung erlahmen, sodass das zugekaufte Unternehmen Verluste machte. Ein anderes Mal erteilte er einem seiner leitenden Angestellten Prokura, die dieser missbrauchte. So kam es denn dazu, dass unser Manager Zweifel an seiner Entscheidungskompetenz bekam und Entscheidungen mied. Ein Gespräch mit seinem Vorstand führte zu keinem Ergebnis. Nach etwa einem halben Jahr wurde er aus seiner Position entlassen und verließ bald das Unternehmen. Bis hierher zeugt die Geschichte nur von mangelnder Vorsicht. Mangelnde Tapferkeit wurde nur insoweit erheblich, als er nicht zu seinen Fehlentscheidungen stand und sie entweder zu korrigieren versuchte oder aber akzeptierte, dass er für die ihm anvertraute Position ungeeignet sei. In letzteren Fall lähmte ihn seine vermeintliche Selbstachtung und hinderte ihn daran, die notwendigen Konsequenzen zu ziehen.

**Folgenreiche Verantwortungs- scheu** ✳ Eine Mutter sorgte sich sehr um ihren Zehnjährigen. Einerseits war sie der Meinung, seine Begabungen reichten aus, ihn aufs Gymnasium zu schicken. Andererseits fürchtete sie, dass er durch schulischen Misserfolg so demotiviert würde, dass er sich selbst als »Versager« definierte. So stellte sie sich aus Sorge, eine Fehlentscheidung zu treffen, von jeder Entscheidung frei. Der Junge besuchte also die Hauptschule. Erst als ihr zwei Jahre später die Lehrer dringend empfahlen, ihren Sohn zum Gymnasium anzumelden, sah sie sich von der Verantwortung, eine Fehlentscheidung zu treffen, entlastet. Die Verantwortung trugen ja andere. Am Rande sei bemerkt, dass der Junge als einer der Besten seiner Klasse das Abitur bestand.

### Menschen, die sich von Drohungen bestimmen lassen

**Die Hölle, das sind die anderen**

Diese Form der mangelnden Tapferkeit ist recht verbreitet. Das ist nicht erstaunlich, wenn man bedenkt, dass Drohungen für viele Menschen das wesentliche Mittel sind, das sie zu sozial verträglichem Verhalten bewegt. Es gibt sehr verschiedene Arten, andere Menschen zu bedrohen.

Durch lange Jahrhunderte war die Drohung, in die Hölle zu kommen, für viele Menschen der wesentliche Grund, sich sozialverträglich zu verhalten (= die göttlichen Gebote zu achten). Menschen waren fremdbestimmt, weil andere ihnen (im realen oder vermeintlichen Auftrag des Göttlichen) geboten und verboten, was sie zu tun hätten. Diese Art der Bedrohung spielt zumindest in unserem Kulturkreis kaum mehr eine Rolle, obwohl das Übertreten vermeintlich göttlicher Gebote unbewusste Schuldgefühle aufkommen lassen kann, die Menschen den Mut nehmen, selbstverantwortet ihr Leben zu gestalten.

Die moderneren Formen der Bedrohung gehen heute von profanen sozialen Systemen aus. Da ist die Drohung mit dem Strafgesetz oder die mit dem Verlust des Arbeitsplatzes oder die mit der Ehescheidung. Solche offenen Drohungen werden meist nicht ausdrücklich formuliert, bestimmen aber das »Wohlverhalten« nicht weniger Menschen. Auch sie sind in wesentlichen Anteilen ihres Lebens fremdbestimmt.

Eine andere Form moderner Bedrohung erfolgt durch die Angst vor sozialen Strafen: Missachtung, Isolation, Entzug sozialer Sicherheit, Geborgenheit, Nestwärme. Wie das *innere Moralgesetz* mit der psychischen Strafe der Höllenangst arbeitete, so arbeitet das *äußere Moralgesetz* mit der Angst vor sozialen Strafen. Das soziale Gewissen ist heute sehr viel verbreiteter am Horizont des europäischen Denkens als das innere, weitgehend von christlichen Moralvorstellungen geprägte. In beiden Fällen werden Menschen fremdgesteuert. Die ausdrückliche psychische oder soziale Bedrohung ist ein nicht selten eingesetztes Mittel, um auf andere Menschen Zwang auszuüben. Drohungen sind stärker als Charakter. »Thus conscience does make cowards of us all!«[8]

Drohungen sollten durchaus ernst genommen – nicht aber automatisch als Bedrohungen verstanden werden. Ich-starke Menschen werden versuchen, Drohungen auf ihren rationalen Kern zurückzuführen. Sie werden sich ihnen in Tapferkeit stellen, wenn sie wirklich ernst gemeint sind. Oft sind Drohungen nicht ernst zu nehmen, weil sie als Instrument eingesetzt werden, die Selbstmotivation eines Menschen zu optimieren, ihn zu zwingen, sich systemkonform zu verhalten.

Ein drohender Mensch ist in aller Regel weitgehend konfliktunfähig.

---

8  William Shakespeare, Hamlet III, 1. »So macht Gewissen Feige aus uns allen!«

Begrenzte Konfliktfähigkeit aber ist entweder ein Zeichen eines unangemessenen Harmoniebedürfnisses, einer Charakterneurose oder ausgeprägter Ich-Schwäche. Nur ein Mensch, der unfähig ist, sinnvoll Konflikte auszutragen, wird zum Instrument der Drohung greifen. Die rechte Antwort auf eine Drohung besteht in der Überlegung, durch welches eigene Verhalten man selbst die Hilflosigkeit des Bedrohenden ausgelöst hat.

### Fallbeispiele

**Hölle, Gott und Liebe**

✳ Gelegentlich begegne ich in einem Altenpflegeheim Menschen, die Angst vor dem Tode haben, nicht weil damit ihr Leben endet, sondern weil sie fürchten, in die Hölle zu kommen. In einer nahezu diabolischen Weise wurden sie durch die Höllenangst in die Kirchen hinein sozialisiert. Dass der Kern der Jesusbotschaft darin besteht, den Menschen zu sagen, dass das Göttliche in uns und unter uns »liebt«, unabhängig von unserem Verhalten, hat man ihnen verschwiegen. Lesen Sie doch bitte einmal unter diesem Vorzeichen das Jesusgleichnis vom *verlorenen Sohn* (Lk 15, 11–32).

**Motivation und Leistung**

✳ Manche Chefs drohen mit Entlassung, ohne zuvor ein Konfliktgespräch geführt zu haben. Sie sind darauf aus, eine Entlassung in beiderseitigem Einverständnis durchaus gerechtfertigt erscheinen zu lassen. Eine solche Drohung hat meist den Zweck, den Mitarbeiter zu einem Mehr an »Leistung« zu motivieren.[9] Drohungen erzeugen bei ich-

---

9 Solche Vorgesetzte versuchen das zweite Maximum des »Führungsbusens« anzustreben. Der »Führungsbusen« stellt die Funktion von »Leistung« (= Beitrag zur betrieblichen Wertschöpfung«) und Unzufriedenheit dar. Das mag grafisch so dargestellt werden:

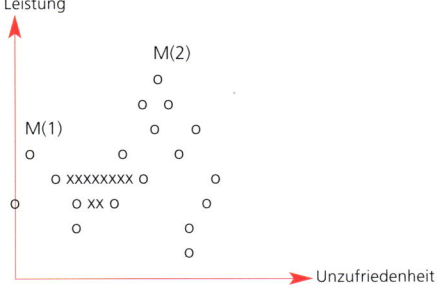

Viele Unternehmen befinden sich im Trog xxx. Manche Unternehmer versuchen, von eher ungeeigneten Unternehmensberatern angestiftet, ihre Mitarbeiter durch Angstmotivation auf M(2) zu bringen. Hier »leisten« sie zwar besonders viel, sind aber in Gefahr, entweder in den Trog zurückzufallen oder sich durch äußere oder innere Kündigung vom Unternehmen zu trennen. Ein kluger Unternehmer versucht, M(1) zu erreichen.

schwachen Menschen Ängste. Die Motivation über Ängste vernichtet jedoch alle Selbstmotivation und bringt den Mitarbeiter dazu, im Zustand innerer Kündigung oder der Angst vor Arbeitsplatzverlust erhebliche Interaktionskosten zu erzeugen (Kosten für Ausschussproduktion, Fehlzeiten, innere oder äußere Kündigung …).

**Bedrohung durch Jüngere**

✳ Es gibt jedoch auch Fälle, in denen sich Menschen unberechtigt bedroht fühlen. In meiner Tätigkeit als Couch begegnen mir nicht selten leitende Angestellte, die, meist in den frühen Fünfzigern, sich jüngeren Mitarbeitern unterlegen fühlen. Aus solchen Unterlegenheitsgefühlen erwächst die Angst vor der Entlassung. Es sei hier nicht geleugnet, dass diese Angst in unserem System des *Kults der Jugend* berechtigt sein kann. Doch hat solche Angst nicht selten die *self-fullfilling prophecy*, die sich selbst erfüllende Prophezeiung zur Folge. Die Angst verunsichert, mindert die Entscheidungsfreude, schwächt das Durchsetzungsvermögen, verunsichert die Mitarbeiter …, sodass es schließlich aufgrund dieser Defizite zur Entlassung kommt. Wie aber kann man vermeiden, dass solche Ängste entstehen? Zunächst einmal ist sicher eine geeignete Unternehmenskultur von Nöten, die vorhandenes Erfahrungswissen verwertet und deshalb schätzt. Dann aber ist ein zureichendes Selbstbewusstsein eine sichere Hilfe, die es vermeidet, dass die genannten Defizite realisiert werden. Endlich wird man sich davor hüten müssen, etwas für gut, richtig, nützlich zu halten, weil es einmal gut, richtig und nützlich war. Häufig werden ältere Mitarbeiter bevorzugt entlassen, weil man ihnen die für ihre Funktion notwendige Bereitschaft nicht zumutet, neu und anders zu denken als gewohnt.

## Menschen, die sich von »Autoritäten« einschüchtern oder manipulieren lassen

**Legitime und legale Autorität**

Man sollte legale von legitimer Autorität unterscheiden. Die legale wurzelt in menschlicher Setzung, die legitime in sittlicher Orientierung. Legitime Autoritäten kennen nur drei Quellen. Man unterscheidet die *göttliche Autorität* (die heute für menschliches Handeln und Entscheiden in Europa nahezu jede Bedeutung verloren hat), die *elterliche Autorität* (die meist in der Pubertät ihre Bedeutung verliert) und die *delegierte Autorität*, in der ein Mensch einem anderen – etwa durch sein Gefolgschafts-Verhalten in einem unausgesprochenen Vertrag – die Vollmacht erteilt, ihm Weisungen zu geben. Diese Autorität ist heute in der konkreten Lebenspraxis die einzig legitime.

Von dieser legitimen Autorität muss die legale genau unterschieden werden. Legal  heißt: im Recht, d. h. diese Autorität ist im Gesetzesrecht oder Vertragsrecht gegründet. Sie kommt etwa einem Staat als Gesetzgeber, als Rechtsprecher, als Normenverwalter zu. Sie kann aber auch über einen Dienstvertrag zustande kommen. Diese legale Autorität wird von vielen Menschen als Ursprung des eingeforderten Gehorsams verstanden – unabhängig von aller Legitimität. Dass der Nationalsozialismus in Deutschland so sehr wachsen konnte, verdankte er der Überzeugung vieler Deutscher, er vertrete eine legitime Autorität. Unter diesem Schein konnte er sich der legalen Autorität bemächtigen und unendliches Unheil stiften.

Wir sprechen hier nicht von der legitimen, sondern ausschließlich von der legalen Autorität.

Die Autoritätshörigkeit mancher Zeitgenossen kann mitunter groteske Formen annehmen. Nicht selten beginnen Menschen unter dem Anspruch von irgendwelchen Autoritäten, ihr eigenes Leben unter fremde Ansprüche zu stellen und ein Leben aus zweiter Hand zu leben. Für das Gelingen ihres Lebens sind andere verantwortlich: seien es religiöse oder profane Autoritäten. Wer ihnen gehorcht, dem kann nichts passieren, dessen Leben wird glücken. Ich kenne Menschen, denen jede legale Autorität als legitim gilt. Sie gehorchen den Rechtsnormen, als seien sie gottgegeben. Das Übertreten von Rechtsnormen wird als Moralversagen verstanden. Diese Menschen bestehen auch dann auf Vertragserfüllung, wenn das sozialschädliche Folgen hat.

**Medien und Wissenschaftler**
Nun könnte man meinen, die Autoritätsgläubigkeit sei weitgehend verschwunden, doch ist sie bei vielen Menschen – wenigstens in Spuren – aufweisbar. Früher wurden die Menschen von »kirchlichen Autoritäten« beeindruckt. Heute sind es die Informationen, die durch die Massenmedien erzeugt, die von Wissenschaftlern behauptet werden, die den Selbstverständlichkeiten des allgemeinen Bewusstseins entsprechen. Diese versteckte Autoritätsgläubigkeit findet man selbst bei solchen Menschen, die sich für aufgeklärt, selbstgesteuert und autoritätskritisch halten. Gerade im Aufbegehren gegen Autoritäten zeigt sich eine eigentümliche Abhängigkeit von eben diesen Autoritäten. Der wirklich autonom gesteuerte Mensch wird nicht gegen solche Autoritäten aufbegehren. Sie sind ihm gleichgültig. Der charakterstarke Mensch wird dem Aufruf Kants folgen: »Habe Mut, dich deines eigenen Verstandes zu bedienen!«[10]

10 AA VIII, 35

**Fallbeispiele**

**Kadavergehorsam**    ✳ Mir sind Mitglieder katholischer Orden bekannt, die der mittelalterlichen Vermutung folgen, dass alle Autorität von Gott komme – deshalb sei ihr auch gegen eigene Überzeugung zu gehorchen. Ein spanischer Jesuit namens Alfonso Rodrigues schrieb im 16. Jahrhundert ein dreibändiges Werk über monastische Askese, in dem der Gehorsam eine erhebliche Rolle spielte. Er berichtet von einem Abt, der einem seiner Mönche befahl, mit bloßen Händen einen Löwen zu fangen. Mit Gottes Hilfe konnte der Mönch unter dem Anspruch des Gehorsams den Befehl ausführen. Als er aber dem Abt seinen Löwen vorführte, riss sich dieser los und verspeiste den Abt. Was soll diese Geschichte lehren? Wer unsinnige Befehle gibt und deren Beachtung erzwingt, gegen den richten sich solche Befehle selbst. Und wie viele unsinnige Anordnungen, Anweisungen und Befehle werden heute erteilt, sei es beim Militär, in Unternehmen, in den Kirchen, in Ordensgemeinschaften! Wenn ein autoritätshöriger Mensch sie blind befolgte, würde er binnen kurzem seiner Truppe, seinem Unternehmen, seiner Kirche, seiner Ordensgemeinschaft schweren Schaden zufügen.

**Anmaßung**    ✳ Manche Autorität ist angemaßt. Ein Fall solcher angemaßter Autorität ist mir einmal in einer gruppendynamischen Übung im Verlauf eines Seminars begegnet. Aufgrund seiner Wissensdominanz forderte der Teilnehmer auch Führungsdominanz. Er versuchte, die Gruppe in der von ihm gewünschten Weise zu leiten. Da er im Verlauf der gruppendynamischen Prozesse weit unten rangierte, kam es zu einer offenen Auseinandersetzung, die mit dem Ausschluss und dem folgenden Ausscheiden des Teilnehmers endete.

**Unsinnige Anweisung**    ✳ Ein Abteilungsleiter eines großen Unternehmens versuchte, selbst hoch qualifizierte Mitarbeiter etwa durch Mobbing zu entlassen, wenn sie nicht in seinen zweifelsfrei beschränkten Horizont von Gehorsam passten. Um das an einem Beispiel zu verdeutlichen: Er ordnete an, dass während der Arbeitszeit keine privaten Gespräche geführt werden sollten. Er übersah, dass die innere Beziehungsarbeit in einem Unternehmen eben solche Gespräche gelegentlich einfordert. Ein Mitarbeiter, dessen Frau schwer krank war, musste, um sich selbst psychisch zu entlasten, häufig – auch während der Arbeitszeit – von der Erkrankung seiner Frau sprechen. Als der Vorgesetzte davon erfuhr, mahnte er den betreffenden Mitarbeiter ab und entließ ihn schließlich. Als ich bald nach diesem Ereignis im Unternehmen beratend tätig wurde, versuchte ich, den Abteilungsleiter von seinem Fehlverhalten zu überzeugen. Da diese Überzeugungsarbeit sich als fruchtlos erwies, informierte ich den

Vorstand, dem unter anderen auch diese Abteilung unterstand. Der Vorstand versetzte den Abteilungsleiter kurz darauf in eine Position, in der er keine personale Verantwortung zu tragen hatte.

### Menschen, die den Lebensmut verloren haben

Es gibt viele Ursachen dafür, dass Menschen nicht mehr ihr eigenes Leben führen, sondern die Verantwortung für das Gelingen ihres Lebens entweder auf andere oder auf die normative Kraft des Faktischen delegieren. Dieser Satz dürfte wohl unser aller Erfahrung entsprechen. Einige dieser Ursachen sollen hier genannt werden.

**Depression** • Depressive Störungen sind Phasen tiefer Niedergeschlagenheit, die meist eine begrenzte Zeit währen. Sie gehen im allgemeinen einher mit Schlafstörungen (frühem Aufwachen), Appetitlosigkeit, verminderter Reizansprechbarkeit, verringertem Interesse an anderen Menschen, verhärmtem Aussehen. Häufig kann man den konkreten Auslöser finden und spricht dann von exogener Depression. Jedoch besteht zwischen dem Grad der Niedergeschlagenheit und dem auslösenden Ereignis ein eigentümliches Missverhältnis. Es kann aber auch jeder erkennbare Auslöser fehlen; dann spricht man von endogener Depression.

**Misserfolg** • Häufiger und/oder lang anhaltender privater oder beruflicher Misserfolg kann den Lebensmut rauben. Es kann sein, dass die Umgebung nicht bemerkt, wenn jemand den Erfolg vermisst. Die Unfähigkeit, einen Partner zu halten, wird oft als privater Misserfolg gewertet. Vermutlich noch häufiger nimmt beruflicher Misserfolg die Liebe zum Leben. Misserfolg bedeutet mangelnde Anerkennung. Und je mehr ein Mensch auf Anerkennung angewiesen ist, um so mehr wird er unter Misserfolgen leiden.

**Selbstideal** • Eine Selbstbestimmung vom Selbstideal her ist an sich, wenn sie einen Menschen dominiert, ein Relikt aus Kindertagen. Das Selbstideal kann seiner Natur nach niemals erreicht werden. Ein Mensch, der sich von dort aus versteht und interpretiert, muss sich selbst als unerheblich und ungenügend wahrnehmen. Zwar gibt es mancherlei Strategien, mit dieser Beleidigung des nie einzuholenden Ideals fertig zu werden, doch sind sie alle neurotisch (d. h. prinzipiell und strukturell ungeeignet, das angestrebte Ziel zu erreichen). Hierher gehören etwa Hyperaktivität, überzogenes Lob der eigenen Tüchtigkeit gegenüber Dritten (also ein starkes Imponiergehabe), Rechthaberei, Sieg- und andere Zwänge. Ein reifer Mensch wird sich nicht von seinem Ideal her bestimmen, sondern von seinen tatsächlichen Fähigkeiten und Begabungen und deren Grenzen her.

**Urmisstrauen**
- Ein urmisstrauischer Mensch traut in aller Regel weder sich selbst noch anderen Menschen noch sozialen Situationen noch irgendwelchen Gruppen, Vereinen, Verbindungen, Parteien … Das Urmisstrauen gehört zu den »frühen Störungen«. Denn urmisstrauisch wird ein Mensch, wenn er im ersten Lebensjahr die existentielle Verlustangst, nämlich die Angst vor dem Verschwinden der primären Bezugsperson, nicht verlernt.

**Enttäuschtes Vertrauen**
- Es gibt sicher nur wenige Menschen, die anderen vertrauten und dabei nicht enttäuscht wurden. Psychisch und sozial gesunde Menschen kommen über solche Enttäuschungen ohne bleibende Narben hinweg. Andere jedoch ziehen sich, wenn ihr Vertrauen häufiger missbraucht wurde, auf sich selbst zurück. Sie haben in aller Regel keinen Menschen mehr, dem sie unbedingt vertrauen, ohne jede Angst, im Ansehen des anderen gemindert zu werden, und ohne jede Angst, dass ihr Vertrauen missbraucht werde. Da wir aber alle, um uns emotional und sozial entfalten zu können, wenigstens einen solchen Menschen benötigen, fehlt nicht wenigen derart Enttäuschten der Mut zum Leben.

**Krankheit**
- Eine schwere und schmerzhafte Erkrankung – vor allem, wenn sie als unheilbar gilt – kann Menschen dazu bringen, den Mut zum Leben zu verlieren. Dass Menschsein nur zu haben ist um den Preis möglicher Krankheiten und eines sicheren Todes, wird heute von vielen verdrängt. Ein eigentümliches Vollkommenheitsideal bestimmt die Selbstdefinition vieler. Dabei sind wir Menschen recht unvollkommene Wesen. Unsere Organe, unsere Psyche und unser soziales Feld sind labile Systeme, die schon durch kleine Störungen aus dem Gleichgewicht gebracht werden können. Da wir aber – realitätsblind – davon ausgehen, dass das Gleichgewicht der Normalzustand ist, leiden wir unter jeder Abweichung von dem, was wir selbst oder die »öffentliche Meinung« als *Normalität* definieren. Der Mut kann dabei so weit schwinden, dass Gedanken an einen Selbstmord nicht auszuschließen sind. Besonders gefährdet sind Menschen, die sich von ihrem gesunden Körper her selbst verstehen. Ihr kranker Körper widerspricht ihrem Selbstverständnis – ist eine Art Beleidigung. In einer Zeit, die das Bodystyling groß schreibt und einen Waschbrettbauch als männliches Ideal hinstellt, sind solche Enttäuschungen nicht selten der Grund, die Freude am Leben zu verlieren. Das mag

aufs Erste töricht klingen. Aber Menschen, denen aus diesem Grund der Lebensmut schwindet, sind keineswegs selten.

Bei den schweren, d. h. anhaltenden oder häufig wiederkehrenden Erkrankungen unterscheiden wir körperliche, psychische und soziale Störungen unseres Wohlbefindens. Dabei ist sehr darauf zu achten, dass alle drei Abweichungen vom Gleichgewicht eng miteinander verbunden sind. So sind körperliche Beschwerden meist mit sozialen und/oder psychischen verbunden. Ein Mensch, der Zahnschmerzen hat, wird sich kaum in geselliger Umgebung wohlbefinden (soziales Leiden) oder sich recht freuen können (psychisches Leiden). Ein Mensch, der schwer trauert, wird sich nicht gern in großer Gesellschaft aufhalten oder seinen Körper lustbetont wahrnehmen.

**Körperliches Leiden**

• Unser physisches Wohlbefinden ist sicherlich gestört, wenn wir unter Schmerzen oder Schwindel leiden oder hohes Fieber haben. Doch es ist auch schon gestört, wenn wir bei uns selbst Abweichungen von der »Normalität« realisieren (zu hohen Blutdruck, zu hohe Lebertransaminasen, zu hohen Cholesterinspiegel, Verdauungsstörungen …). Viele Menschen muten ihrem Arzt zu, die Abweichungen zu beheben, was sicherlich meist gelingt. So weit, so gut. Weniger gut ist es jedoch, wenn ein Mensch aufgrund eines schiefen Selbstbildes (und damit eines Charakterdefekts) von seiner körperlichen Gesundheit geradezu besessen wird. Er ist nicht gesund, sondern die Gesundheit hat ihn. Sicherlich ist ein solches eigenartiges Gesundheitsbewusstsein für viele Menschen karriereförderlich, weil sie von Gesundheit »strotzen« und ein entsprechendes Selbstwertgefühl ausstrahlen.

**Störung des sozialen Wohlbefindens**

• Das Wohlbefinden eines sozial gesunden Menschen ist an ein bestimmtes Maß an sozialer Geborgenheit und Anerkennung gebunden. Wird ihm beides für eine längere Zeit verweigert – sei es durch eigenes Verschulden oder weil er nur glaubte, geborgen und anerkannt zu sein –, so folgt in der Regel der Versuch, zunächst das Defizit zu beheben oder es zu ignorieren. Der Versuch eines Ignorierens ist, wenn er längere Zeit anhält, zumeist verbunden mit einer mehr oder weniger bewussten sozialen Desorientierung. Nicht wenige Menschen mit erheblichem Erfolg besitzen nicht die Charakterstärke, anders als kompensatorisch mit einem solchen Unwohlsein umzugehen. Das bedeutet: Sie können zu unausstehlichen Tyrannen werden. »Oderint, dum metuant!«[11] (Sie mögen mich hassen, wenn

---

11 Nach dem Zeugnis des Sueton war dieses Wort der Lieblingsausspruch des römischen Kaisers Caligula. Erstmals taucht er in einer Tragödie des Accius auf.

sie mich nur fürchten) wird nicht selten zum Wahlspruch dieser Menschen.

**Seelische Not**
- Auch Störungen wie Angst, Trauer, Einsamkeit und Furcht können manche Menschen dazu führen, trotz äußeren Erfolgs ihr Leben als Leiden anzusehen. Es soll Menschen geben, die niemals in ihrem bewussten Leben den Zustand psychischen Wohlbefindens erlebten. Sie erscheinen als depressive, resignative Persönlichkeiten, die in allem nur das Fehlerhafte, das Schlechte zu sehen in der Lage sind. Solche Menschen können in ihrem vermeintlichen Kampf gegen das Minderwertige, das Unwerte zu einer grandiosen Selbstüberschätzung kommen: Sie allein sehen die Dinge, wie sie tatsächlich sind. Wenn ein solches depressives Streben nach Anerkennung, Macht und Einfluss nicht in seinen Ursachen durchschaut wird, kann diese in Aktivität gewandelte Depression durchaus auf der Karriereleiter bis in hohe Positionen führen. Aber wo liegt das charakterliche Defizit eines solchen Menschen? Sicherlich in der arroganten Annahme, Sachverhalte realistischer zu sehen als die meisten anderen Menschen. Gelingt es einem depressiv gestörten Menschen, Toleranz zu erlernen, ohne zu resignieren, kann er in der Beurteilung von strittigen Sachverhalten durchaus helfen, auch die leicht übersehenen Schattenseiten eines Zustandes, einer Entscheidung, einer Persönlichkeit zu erkennen.

**Mangelnder Mut**
- Ich meine hier den Mut, verbunden mit der Bereitschaft und Fähigkeit, selbstverantwortet sein Leben zu gestalten. Dieser Mut zur Freiheit ist nicht jedem gegeben. Er setzt ein gerütteltes Maß an Selbstvertrauen voraus. Ein autonomer Mensch macht sich weitgehend unabhängig von der Anerkennung und dem Lob anderer. Er beurteilt sein Handeln und dessen Folgen nach seinen eigenen Wertvorgaben. Wenn diese Wertvorgaben sittlich verantwortet sind, sprechen wir von sittlicher Autonomie. Ein Mensch, dem diese Autonomie fehlt, ist auf das Bewerten seiner Handlungen und deren Folgen durch andere angewiesen. Und weil er zumeist danach strebt, von anderen »gute Noten« für seine Handlungen und Handlungsfolgen zu bekommen, kann es dazu kommen, dass seine Selbstbewertung für ihn unerheblich wird und er die Fremdbewertung nahezu ausschließlich als werthaft akzeptiert. Sobald die äußere Anerkennung ausbleibt, wird der Mangel an Autonomie den Lebensmut erheblich mindern.

**Fallbeispiele**

**Depression**   &ast;  Ein Mann von etwa 30 Jahren wirkte auf mich, als er in die Sprechstunde kam, nicht nur niedergeschlagen und antriebsschwach, sondern auch verhärmt. Auf meine Frage, was ich für ihn tun könnte, antwortete er recht lustlos: »Vermutlich nichts.« Nach einer Minute gemeinsamen Schweigens erzählte er mir, dass seine Freundin vor einem halben Jahr einen anderen Mann kennen lernte und seitdem nichts mehr von ihm wissen wolle. Nun ist das sicherlich ein Grund zur Trauer. Aber hier lag noch etwas anderes vor. Trauer hat die Funktion, Abschied zu nehmen, und wird also mit der Zeit geringer. Hier aber lag der Fall genau umgekehrt. Die scheinbare »Trauer« wurde immer größer. Der Appetit ging zurück, die Schlafstörungen nahmen zu, Sozialkontakte wurden abgebrochen. Es dauerte ziemlich lange, bis wir zur Ursache dieser Unfähigkeit zu trauern vorgestoßen waren und ernsthaft in den therapeutischen Prozess einsteigen konnten.

**Misserfolg**   &ast;  Alle Menschen haben Misserfolge. Es kommt darauf an, sich von ihnen nicht kränken zu lassen, sondern bewusst aus ihnen zu lernen. Ein Student mit guten Abiturnoten fiel gleich im ersten Semester durch ein Examen. Da er durch den schulischen Erfolg verwöhnt war, kränkte der Misserfolg sein Selbstbewusstsein. Seine Selbstzweifel nahmen zu, sodass er bald auch andere Examina weit unter seinem Niveau absolvierte. Es dauerte mehr als ein Jahr, bis er sich selbst nicht mehr von dem gekränkten Selbstideal her verstand, sondern lernte, sich von seinen realen Begabungen und Fähigkeiten her zu definieren. Einige Gespräche machten deutlich, dass sich die Schwerpunkte seiner Begabung im gewählten Studienfach nicht optimal realisieren ließen. Er wechselte das Fach, und nun erlaubte es ihm sein neu gewonnenes Selbstvertrauen, überdurchschnittliche Studienerfolge zu erreichen.

**Selbstideal**   &ast;  Viele Menschen haben ein Selbstideal, das alles, was sie leisten, unerheblich macht. So sind mir Manager bekannt, die ihre Managementleistungen an ihrem Selbstideal messen. Zwar können sie in aller Regel ihre psychische Störung durch ein Übermaß an Arbeit aus dem Bewusstwerden verbannen, doch in Phasen erzwungener Ruhe (etwa während einer Erkrankung) überfällt sie ein Gefühl der eigenen Nichtigkeit. Ein für einen Außenstehenden sehr erfolgreicher Manager war der eigentümlichen Meinung, er sei für die ihm übertragene Aufgabe ungeeignet, da er sie nicht – an seinem Idealbild orientiert – optimal ausfülle. Diesen scheinbaren »Mangel« suchte er durch oft hektische Arbeit auszugleichen. Da er diese Hektik auf seine Mitarbeiter übertrug, wurden diese unzufrieden. Es kam zu Beschwerden beim Betriebsrat. Dieser wandte sich an die Unternehmensleitung. Es kam zu einer vorzeitigen Entlassung, da der Betroffene nicht bereit war, im Unternehmen eine andere Position zu übernehmen, die kaum mit personaler Verantwortung verbunden war.

**Urmisstrauen**     ❋ Ein von seinen Examensleistungen her guter Lehrer war so misstrauisch zu seinen Schülern, dass er da Bosheiten und schulisches Fehlverhalten witterte, wo sie nicht vorhanden waren. Er misstraute auch der Schulleitung. Überall sah er gegen sich gerichtete Aktionen. Er entwickelte sich zu einem Sonderling, weit über das berufsübliche Maß hinaus. Sorgfältig untersuchte er etwa im Klassenzimmer den Stuhl, ob da nicht etwas darauf lag, was hier nicht hingehört, ebenso sorgfältig überprüfte er die Standfestigkeit dieses Gerätes. Er hatte sich angewöhnt, die Tafel seitlich zu beschreiben, um immer einen halben Blick auf die Klasse richten zu können. Da er keine Partnerin an sich binden konnte, war er wenig passend gekleidet. Er aß auch offensichtlich nicht das Richtige, denn er wurde von Jahr zu Jahr immer dicker.

**Enttäuschtes Vertrauen**     ❋ Herr K. musste erfahren, dass seine Vorgesetzten ihn auf eine Sache hin ansprachen, die er unter dem Siegel versprochener Vertraulichkeit einem Kollegen anvertraut hatte. Es handelte sich dabei um einen erheblichen Fehler, den er gemacht hatte, der aber nicht aufgefallen war. Diesen Vertrauensbruch konnte er seinem Kollegen nicht verzeihen. Für Herrn K. war dieser Vorfall der Anfang einer Lebenskatastrophe. Er baute ein erhebliches Antipathiefeld auf, das ihn hinderte, mit diesem Kollegen auch nur einen Gruß auszutauschen. Wenn er ihn sah, kehrte er um. Wenn das nicht möglich war, ging er, scheinbar ohne ihn zu sehen, an ihm vorüber. Dieser Zustand währte fast zwei Jahrzehnte, da auch der »Petzer« jedesmal Schuldgefühle hatte, wenn er seinen von ihm denunzierten Kollegen sah. Erst als dieser Kollege in ein anderes Werk versetzt wurde, ging es etwas besser. Aber das Trauma blieb. Mit niemandem sprach Herr K. ein vertrauliches Wort. Was er sagte, hätte am nächsten Tag problemlos in der Zeitung stehen können. Er verlor alle Freunde. Als er sich aufraffte, um zu mir zum Coaching zu kommen, benötigte ich fast zehn Gespräche, ehe er sich von seinen Ängsten, das Anvertraute könnte irgendwie missbraucht werden, befreit hatte und wenigstens in seinem Coach einen Menschen sah, mit dem er angstfrei alles bereden konnte.

**Krankheit**     ❋ Herr N. (41 Jahre) war bislang im Beruf, nicht zuletzt wegen seines kerngesunden Aussehens, seiner Körpergröße und seiner sportlichen Figur, recht erfolgreich. Als der Arzt ihm aber einen Leberschaden und zu hohen Blutdruck attestierte, begann er ohne Rückbindung an seinen

Arzt – und hier wird eine charakterliches Handicap deutlich –, ausdauernd zu joggen. Es schien, als ob er seinem Tod davon laufen wollte. Ferner unterstützte er seine Gesundheit mit allen möglichen Vitaminpräparaten und Mineralstoffen. Der Erfolg ließ nicht lange auf sich warten: Ein Kreislaufkollaps sorgte für 14 Tage Krankenhausaufenthalt. Schlimmer jedoch waren die psychischen Folgen. Von dieser Zeit an betrachtete sich Herr N. als »kranken Mann«, der sich privat und beruflich zu schonen habe. Seine berufliche Karriere war damit beendet, und zu Hause fehlte ihm der zureichende Antrieb zu einem gelingenden Familienleben.

**Bodybuilding** ✳ Herr M. (39 Jahre) verbrachte den Großteil seiner Freizeit in einem Zentrum für Bodystyling. Er war schlank und stolz auf seine harten Muskeln. Aufs Erste wirkte er gesund und galt als Typ »erfolgreicher Manager«. Sein Lieblingssport war Schwimmen, wobei er jedoch meist am Rande stand, um seine Gestalt und vor allem seinen Waschbrettbauch bewundern zu lassen. Das war aber auch sein einziger nennenswerter Erfolg. Da das zentrale Interesse seinem körperlichen Aussehen galt, reduzierten sich seine intellektuellen Anstrengungen. Bald war deutlich zu spüren, dass er lange Zeit kein Fachbuch und keine Fachzeitschrift zur Hand genommen hatte. Sein Körperkult (durchaus als charakterliches Defizit zu sehen) führte zur Vernachlässigung aller anderen Werte und damit auch nach einiger Zeit zum Ende seines beruflichen Aufstiegs.

**Drohende Behinderung** ✳ Einem befreundeten Management-Trainer wurde die Diagnose eines Kehlkopfkarzinoms gestellt. Heilungschancen bestünden nur dann, wenn der Kehlkopf entfernt würde. Da er nach einer solchen Operation kaum mehr in der Lage wäre, längere Zeit verständlich zu sprechen, beschloss er, sich mit seinem Gewehr zu erschießen. Sein Charakter war so sehr auf einen Beruf hin fixiert, dass er keine Alternative zu entwickeln oder auch nur zu sehen in der Lage war.

**Kauziger Tyrann** ✳ Ich hatte einmal einen Lehrer, der in keiner Weise auch nur den geringsten Wert auf die Zuwendung seiner Schüler oder eines Mitglieds seiner Kollegenschaft oder auf die seiner Angehörigen legte. Er war in seiner sozialen Vereinsamung nicht nur ein Kauz geworden, sondern auch ein Tyrann. Er vergab nur schlechte Noten. Eines seiner Lieblingsworte lautete: »Im Staatsexamen beurteilte man meine Deutschkenntnisse mit 3. Ist ein Schüler so gut wie ich, erhält er eine 3. Ist er schlechter, eine entsprechende Note.« Wir waren alle froh, als er in den »wohlverdienten Ruhestand« abgeschoben wurde. In seinen Augen war er ein erfolgreicher, weil gerechter Lehrer.

**Prozessgretel**

✳ Eine Frau B. die sich so verhielt, dass niemand etwas mit ihr zu tun haben wollte, zog wegen jeder ihr vermeintlich zugefügten Unbill oder gar eines vermuteten Unrechts vor Gericht. Sie hatte stets einige Prozesse laufen. Autos, die im Parkverbot parkten, fotografierte sie und stellte Strafanzeige. Kurzum, sie war kaum zu ertragen, da sie sogar ihre eigenen Kinder bei der Polizei anzeigte. Mit der Zeit schlug die ihr entgegengebrachte Verachtung in Angst um. Sie fühlte sich nun als Siegerin, der es gelungen war, alle ihre Feinde zu bezwingen. Von daher erlebte sie sich als Tugendheldin, deren Charakter keineswegs ein Handicap war, sondern ein göttliches Geschenk, das es ihr ermöglichte, Gerechtigkeit auf Erden zu schaffen.

**Misanthrop**

✳ Ein eher berüchtigter Unternehmenssanierer war ein rechter Menschenfeind. Er verachtete alle Personen, mit denen er beruflich zu tun hatte. Sie seien Nichtskönner, Taugenichtse, Schwindler oder Hochstapler. Als ich ihn näher kennen lernen durfte, bemerkte ich eine fast mimosenhafte Empfindlichkeit. Er ertrug auch nicht die Andeutung eines Tadels. Dennoch hatte er beruflich manchen – wenn auch wie viele Unternehmenssanierer meist vorübergehenden – Erfolg. Seine Versuche, eine Partnerin zu finden, scheiterten alle nach kurzem Kennenlernen. Welche Frau lässt sich schon ständig erniedrigen, tadeln, schlecht machen (vor allem in Anwesenheit Dritter)? Sein beruflicher Erfolg führte ihn immer weiter ins psychische und damit auch soziale Abseits. Schließlich glaubte er nur noch an sich selbst. Seine Unfähigkeit, fremde Leistung anzuerkennen, nahm er nicht als charakterlichen Mangel, sondern als realitätsnahe Lebensorientierung wahr. Erst als er nach einem schweren Herzinfarkt in psychotherapeutische Behandlung verwiesen wurde, erkannte er nach einigen Mühen, wie defizitär seine Lebensorientierung war.

**Resignation**

✳ Eine depressiv-gestörte Frau in den mittleren Jahren hatte manchen beruflichen Erfolg, den sie zu nutzen verstand. Doch eines Tages schlug ihre aktive Depression in eine passive Niedergeschlagenheit um. Sie berichtete allen Menschen, zu denen sie noch Kontakte pflegen konnte (meist aufgrund von deren Aktivität), nahezu ausschließlich von sich selbst und ihren psychischen Beschwerden, die sich im Laufe der Zeit auch somatisierten. Wo mag hier ein charakterliches Defizit vermutet werden? Die Einsicht in den eigenen Zustand einer erheblichen Erkrankung hätte sie rechtzeitig, möglichst noch vor dem Umschlag in die Resignation, zur Therapie führen sollen. Viele Menschen sind unfähig oder auch nicht bereit, eigene Defizite zu erkennen und aus dieser Erkenntnis geeignete Konsequenzen zu ziehen. Bei psychischen Defiziten fällt diese Erkenntnis besonders schwer.

## Mangelnde Autonomie

**Das Milgram-**
**Experiment**

Dass mangelnde Autonomie auf ein charakterliches Defizit verweist, dürfte außer Zweifel stehen. Wer sich einmal mit dem Milgram-Experiment[12] beschäftigte, weiß, wie extrem fremdgesteuert Menschen sein können und in aller Regel auch sind.

Worum ging es bei diesem berühmten Experiment? Die Teilnehmer wurden durch Zufallsstichprobe aus den Telefonbesitzern von New Haven ermittelt. Sie gehörten also überwiegend der Mittelschicht an.

Dem Experiment lag folgende Versuchsanordnung zugrunde. Zwei Personen, die sich nicht kannten, betraten ein Psychologielabor, um an einem Experiment über Lernfähigkeit und Erinnerungsvermögen teilzunehmen. Einer – ein echter Teilnehmer – wurde zum »Lehrer« bestimmt, der andere war ein 47 Jahre alter Buchhalter, der für diese Rolle trainiert worden war. Er wurde zum »Schüler«. Der Versuchsleiter, ein 31-jähriger Biologielehrer einer Highschool, erklärte ihnen, es solle der Einfluss von Strafe im Versuchszusammenhang getestet werden. Der »Schüler« wurde in einen Raum gebracht, in dem eine Art »elektrischer Stuhl« stand. Hier wurde er unter den Augen des »Lehrers« festgebunden, an den Handgelenken wurden Elektroden angebracht. Er sollte eine Reihe von Wortpaaren lernen. Der »Lehrer« sollte ihn im Falle von Fehlantworten mit Stromstößen wachsender Intensität bestrafen. Nun wurde der »Lehrer« in den Hauptexperimentierraum gebracht. Er nahm vor einem eindrucksvollen Schockgenerator Platz. Dieser verfügte über 30 Schalter, die von 15 Volt in 15-Volt-Stufen bis zu 450 Volt (= tödlicher Stromschlag) führten. Der »Schüler« (der selbstverständlich nicht an den Generator angeschlossen war) sollte bei 75 Volt murren, sich bei 120 Volt beklagen, bei 150 Volt bitten, das Experiment abzubrechen. Seine Reaktionen wurden von Stufe zu Stufe heftiger, bis bei 285 Volt nur noch ein qualvolles Schreien ertönte. Wenn der »Lehrer« den Versuch abbrechen wollte, befahl ihm der Versuchsleiter (der über keinerlei Machtmittel verfügte) in steigender Dringlichkeit fortzufahren.

Unter diesen läppischen Bedingungen waren
– wenn keine akustische und optische Verbindung zum Opfer bestand, 65 % der »Lehrer« bereit, den Schüler zu töten.
– Bei lediglich akustischer Rückkoppelung (Schläge gegen die trennende Wand) waren es immerhin noch 62,5 %.

12 Stanley Milgram, Das Milgram-Experiment; vgl. auch R. Lay, Die Macht der Moral, S. 46–49.

– Wenn akustische *und* optische Rückkoppelung bestand (»Raum-nähe«), waren noch 40 % und
– bei Berührungsnähe noch 30 % der »Lehrer« bereit, ihren »Schüler« zu töten.

Immerhin brachen bei heftigen protestierenden Schlägen gegen die Trennwand 12 % der »Lehrer« ihre Quälereien ab. Bei voller akusti-scher Verbindung (verzweifeltem Brüllen, Stöhnen) quälten 20 % der »Lehrer« das Opfer nicht weiter. Aber immerhin 60 % waren auch dann bereit, auf Befehl zu töten.

**Wären wir anders?** Nun lautet die stereotype Behauptung der meisten, die mit diesem Er-gebnis konfrontiert werden: »Mir könnte das nicht passieren!« Diese Behauptung zeugt von erheblicher Arroganz, denn woher nehmen Menschen das Recht zu behaupten, sie seien moralisch besser als der Bürger New Yorks mit einem Telefonanschluss? Gehen wir also einmal von der Tatsache aus, dass die weitaus meisten Menschen, wenn sie un-ter psychischen Druck gestellt werden, von außen gesteuert sind (bis hin zum Töten auf Befehl). Worin besteht nun das moralische Versagen solcher Menschen? Zum Ersten sicher darin, dass sie sich selbst niemals über das Maß ihrer Verführbarkeit ein realitätsgerechtes Urteil bilde-ten, sondern dem Vorurteil Raum gaben, sie würden auch unter Belas-tung ihrer Werteordnung treu bleiben. Zum Zweiten aber auch darin, dass sie niemals autonomes Verhalten (etwa in der Realisierung der Primärtugenden, s. S. 109 ff.) einübten. Viele Menschen, die in der ge-nannten Weise »pflegeleicht« sind, weil sie sich an Vorgesetzten wie an Vorbildern orientieren, haben – wenn es nicht um die Besetzung von Spitzenpositionen geht – durchaus beruflichen Erfolg.

**Fallbeispiele**

**Soldaten und Zivis** ❈ Nicht wenige Soldaten sind bereit, im Kriegsfall auf Befehl Zivilis-ten zu töten, auch ohne eine aktuelle individuelle oder kollektive Not-wehrsituation. Daraus folgt keineswegs, dass Soldaten als Mörder de-nunziert werden dürften, sondern ausschließlich, dass sie – wie die Milgram-Versuche zeigten – Menschen sind wie wir alle oder doch wie die meisten von uns. Verächtlich auf Soldaten herabzuschauen ist bare Arroganz. Aller Achtung wert sind daneben zweifellos Menschen, die sich nicht in eine solch gefährliche Situation bringen lassen wollen, in der sie bereit sind, auf Befehl zu töten. Ich meine die Zivildienstleisten-den. Nicht selten wissen sie um die Gefahr, von außen gesteuert zu werden.

**Gehorsam**    ✳    Die Steuerung von außen (*heteronome Steuerung*) kann sehr verschiedene Ursachen haben. Oft ist der Gehorsam die verbreitetste Form
der Heteronomie. Ich kenne viele junge Menschen, die in einem Unternehmen versuchen, ihren Vorgesetzten »den Wunsch von den Augen
abzulesen«. Ein mir bekannter junger Mann war so versessen darauf,
Karriere zu machen, dass er jeden Hinweis oder Wunsch seines Vorgesetzten möglichst vollständig und optimal zu realisieren versuchte. Dabei setzte er so viel Zeit und Energie ein, dass er anderes, was man nicht
ausgesprochen von ihm erwartete, nicht mehr leisten konnte. Er wurde
noch während der Probezeit entlassen.

**»Es kommt nicht**    ✳    Ein Herr A wählte die Lebensparole: »Es kommt nicht auf mich
**auf mich an!«**    an!« und brachte sich damit in eine so extrem heteronome Lebens-
organisation, dass er sich selbst tötete. Er stellte alles höher als seine eigenen Werteinstellungen, Bedürfnisse und Erwartungen: sein Unternehmen, seine Familie und die Interessen seiner Freunde. Er kam in seinem
eigenen Leben kaum mehr vor. Dass er sich für nahezu heiligmäßig
hielt, begründete er aus seiner Religiosität, die ihn – es sei nebenbei
angemerkt – auch zu solcher wahnartigen Lebenmaxime führte. Mit
etwa 40 Jahren erkrankte er schwer. Damit trat eine Situation ein, in
der es nur noch auf ihn und seine Interessen und Bedürfnisse ankam. Er
fand sich in eine Welt geschleudert, in der er sich nicht mehr orientieren
konnte. Er fand sich überflüssig. Die Überzeugung von der eigenen
Wertlosigkeit führte ihn zum Selbstmord.

## Das »So-what-Syndrom«

**Wozu ist das**    Wer seinem Leben niemals verantwortet Orientierung gab und nie ei-
**alles gut?**    nem Stern folgte, der dem Leben seine Richtung wies, der wird sich in
Phasen, in denen er sich nicht ablenken kann, die Frage stellen, ob sich
denn das Leben gelohnt habe. Ein Leben, das ausgefüllt war mit dem
Streben nach Geld, nach Einfluss, nach Anerkennung … etc., muss irgendwann einmal leer erscheinen. Die Frage nach dem »Was soll denn
alles das, was du da tust?« und die Frage: »Das also soll es gewesen
sein?« sind die beiden wichtigsten Varianten des So-what-Syndroms.
Solche Fragen stellen sich eindringlich und lassen sich nicht in einem irgendwie gearteten Vergessen zum Schweigen bringen. Nur ein Mensch,
der seinem Leben ein sittlich verantwortetes Ziel setzt, wird nicht
durch diese Fragen bedroht. Wer sich das Ziel gesetzt hat, durch sein
Tun und Lassen eigenes und fremdes personales Leben eher zu mehren als zu mindern, der sein Leben also unter die Maxime »Liebe das
Leben!« (das Biophilie-Postulat) stellte – ein solcher Mensch kann nie-

mals desorientiert sein, auch wenn die Welt ihren Sinn verloren hat. Diese Orientierungslosigkeit ist insofern ein Charaktermangel, als es jedem Menschen möglich ist, eine sittlich verantwortete Lebensorientierung zu finden und zu versuchen, sein Leben danach einzurichten. Dass aber desorientierte Menschen nicht selten beruflichen Erfolg haben, ist zu belegen: Viele beruflich erfolgreiche Menschen leiden unter dem »So-what-Syndrom«. Auf eine oft nahezu zwanghafte Weise versuchen sie, im beruflichen Erfolg die Frage nach dem »So-what« zum Schweigen zu bringen.

### Fallbeispiele

**Arbeitsopfer**    ✳  Ein erfolgreicher Manager kannte nur sein Unternehmen. Ihm opferte er 60 und mehr Stunden in der Woche. Seine Partnerschaft ging, da er sie an die zweite Stelle in seinem Leben setzte, nach wenigen Jahren zugrunde. Er selbst instrumentalisierte sich so sehr, dass er die eigene Verantwortung für die sittliche Gestaltung sein Lebens übersehen lernte. Es kam dazu, dass er sich zum Nutzen seines Unternehmens mit falschen Angaben Subventionen auszahlen ließ. Als er deshalb einen Strafprozess erwartete, brach sein Selbstbild zusammen. Die Frage: »Was hatte das eigentlich für einen Sinn, dass ich mich für mein Unternehmen aufopferte?« beherrschte wochenlang sein Denken und blockierte sein Handeln. Erst jetzt erkannte er, dass allein eine lebendige Ehe einem Menschen helfen kann, mit Verantwortung menschlich zu leben.

**Leben voller Sinn**    ✳  Eine ältere Frau, die sich aufs Sterben vorbereitete, erzählte mir ihr Leben, aus dem ich einige Episoden hier vorstelle. Sie sei als junges Mädchen eine Langschläferin gewesen. Als sie geheiratet hatte, musste sie jedoch jeden Morgen vor fünf Uhr aufstehen, da ihr Mann um sechs Uhr auf der Baustelle sein musste. Es galt, ihm sein Frühstück zu bereiten und den »Henkelmann« fürs Mittagessen fertig zu machen. Im Laufe der Jahre stellten sich zwei Kinder ein. »Beide sind gut geraten!« verkündete sie mir voller Stolz. Und nach einer längeren Pause fragte sie: »Aber, Herr Pfarrer, wo ist mein Leben geblieben? Ich war immer nur für andere da, für andere gut genug, aber dabei habe ich mich selbst verloren!« Es folgten mehrere Gespräche, ehe sie bereit war zu akzeptieren, dass sie ein Leben voller Sinn gelebt habe. Sie habe sich keineswegs verloren, sondern in einer Weise gefunden, die es ihr ermöglichte, vor allem auf das Wohl anderer zu achten.

## Der Unehrliche

**Die bewusste Lüge**

Dass Unehrlichkeit einen Mangel an Charakter demonstriert, ist kaum zu bezweifeln. Dennoch gibt es unehrliche Menschen, die einen scheinbar erheblichen Lebenserfolg hatten. Ehrlich ist eine Person dann, wenn sie nicht bewusst oder grob fahrlässig täuscht. Wir unterscheiden zwei Formen der Unehrlichkeit. Menschen, die sich selbst gegenüber unehrlich sind (*sich selbst belügen*), und Menschen, die anderen gegenüber unehrlich sind und sie zu täuschen trachten. Hier soll es nur um diese zweite Form der Unehrlichkeit gehen[13]. Die Täuschung kann sich auf Waren wie Dienstleistungen beziehen, auf Qualitäten wie Quantitäten, Fähigkeiten und Fertigkeiten, Profanes wie Religiöses, Nachrichten wie Antworten, Fehler und Versagen ... Die Liste der Charakterfehler, welche auf Unehrlichkeit zurückgeführt werden können, ist sehr lang und betrifft nahezu alle menschlichen Eigenschaften, Handlungen und Produkte. Einen charakterlichen Defekt zu verdecken, um einen Vorteil zu erlangen, ist sicherlich schon eine Form der Unehrlichkeit.

Die Unehrlichkeit wurde in der Politik in einer Weise institutionalisiert, dass viele Menschen (meist nicht zu Unrecht) davon ausgehen, dass sie von ihren Politikern, was die politische Gegenwart und die politische Zukunft betrifft, belogen werden. Die politische Lüge ist zur politischen Institution geworden. Alles – so scheint es – ist erlaubt, was dem Machterhalt oder dem Machterwerb dienlich ist.

### Fallbeispiele

**Fehler im Programm**

✳ Eine Softwarefirma vertreibt eine Software, die offensichtlich fehlerhaft ist. Da dieser Fehler aber nur bei bestimmten selteneren Anwendungen auftritt, entschließt sich die Firma, den Fehler zu verschweigen, da dessen Behebung recht aufwändig gewesen wäre. Sie hat mit dem Produkt einen Riesenerfolg. Kunden, die sich über den genannten Fehler beschweren, werden auf ein bald kommendes Back-up vertröstet, das diesen Fehler behebe und dazu noch eine erhebliche Leistungssteigerung des Programms bewirke. Ein Kunde, der so vertröstet wurde, wartet immer noch auf das korrigierte Programm.

**Vorgetäuschte Kontakte**

✳ Ein Manager verstand es, den Führungskräften seines Hauses den Eindruck zu vermitteln, er habe Freunde mit erheblichem politischem

---

13 Das Charakterproblem der »Neuen Unredlichkeit«, die einen Menschen dazu bringt, sich und seine Handlungen nicht mehr redlich zu bedenken, sondern sich sogar in wichtigen Fragen selbst zu täuschen, werde ich in einem folgenden Buch behandeln.

Einfluss. Seine Karriere ging schnell nach oben. Als dem Unternehmen jedoch eine Erweiterung der Produktionsabteilung durch die zuständige Behörde verweigert wurde, sollte der so einflussreiche Mitarbeiter bei der entsprechenden Behörde oder an noch höherer Stelle Überzeugungsarbeit leisten. Es stellte sich heraus, dass seine Beziehungen zu Ämtern eher unerfreulicher Art waren. Schreiben der Geschäftsleitung, die sich auf ihn beriefen, wurden unwirsch beantwortet.

**Bestätigtes Vorurteil**

✳ Eine angesehene deutsche Zeitung verbreitete einseitig antiserbische Nachrichten. Man vermutete, dass ein Blatt mit solchem Renommee seine Behauptungen auf solide Recherchen stützen könnte. Das war jedoch nicht der Fall. Es hatte jedoch, da es die öffentliche Meinung in Deutschland weitgehend herausgebildet hatte, erheblichen wirtschaftlichen Erfolg. Wenn ein Vorurteil erst einmal etabliert ist, werden die meisten Menschen die Zeitung kaufen, die dieses Vorurteil verstärkt oder wenigstens bestätigt.

**Unqualifizierte Äußerung**

✳ In einer Ansprache berichtet ein Geistlicher von seinen Erfahrungen im Umgang mit Jugendlichen. Er lässt kaum ein gutes Haar an ihnen. Er sieht in ihnen zukünftige Nichtstuer, Ausbeuter, Asoziale. Als ihm ein anwesender Sozialarbeiter widerspricht, beruft er sich auf seine qualifizierteren Erfahrungen, da ihm als Geistlichem mehr Türen offenständen als einem Sozialarbeiter mit einer sechssemestrigen Ausbildung. Mit dieser Selbstdarstellung schlug jedoch die Stimmung gegen ihn um. Etliche Zuhörer verließen protestierend den Raum.

**Blühende Landschaften**

✳ Ein Bundeskanzler (Dr. Helmut Kohl) versprach seinen potentiellen Wählern, dass die Beitrittsgebiete zum Geltungsbereich der eigenen Verfassung bald blühende Landschaften sein werden. Nach drei Jahren gab es solch blühende Inseln in einer ansonsten trostlosen Landschaft tatsächlich. Er behauptete, dass der Beitritt aus der Portokasse bezahlt werden könne. Dass er jedoch 2 000 000 000 000 DM kosten werde, verschwieg er. Er behauptete 1988, die Arbeitslosenzahl binnen kurzem halbieren zu können. Dass sie aber stetig – mit Schwankungen – anwuchs, verschwieg er. Das Verschweigen einer Prognose, die keine besonderen volkswirtschaftlichen Kenntnisse voraussetzt, ist eine fatale Form der Unehrlichkeit. Sie hatte zur Folge, dass Kohl zwar 1994 wiederum zum Kanzler gewählt wurde, danach aber eine nie gekannte Politikverdrossenheit die Bürger überfiel und er 1998 die Wahl und damit sein Amt verlor.

## Der Kriecher

**Dem Chef gefallen um jeden Preis**

Der Kriecher ist eine Person, die bewusst oder unbewusst die eigenen Werteinstellungen, Erwartungen, Bedürfnisse und Interessen hintanstellt, um anderen zu gefallen, um anderen Recht zu geben, auch wenn sie offensichtlich Unrecht haben und vertreten. Er ist bereit, moralische Vorgaben zu vertreten, wenn dieser Verrat lohnend erscheint. Nun wird jedermann einen Kriecher dieser Art ablehnen, besonders dann, wenn er selber wie ein Blindschleiche im Sande kriecht. Dennoch wäre es falsch, die Menge der Kriecher und die Gefahr, die von ihnen ausgeht, zu unterschätzen. Schwache (und damit weitgehend ungeeignete) Vorgesetzte halten Menschen, die ihren Vorstellungen stets gerecht werden, für gute Mitarbeiter. Das ist ein klassisches Vorurteil und wird jeden Vorgesetzten, der die Stufe von einer Führungskraft zu einer Führungspersönlichkeit überschritt, skeptisch machen. Einen Kriecher in der Unternehmenshierarchie weiter nach oben zu befördern, das wird dem Unternehmen mit ziemlicher Gewissheit schaden. Es ist mir – obwohl ich in nicht wenigen Unternehmen eine Aufsichtsratsposition wahrnehme – ein Rätsel, wieso Kriecher sich in Unternehmen bis zu Vorstandspositionen heraufschlängeln können. Offenbar sind auch manche Aufsichtsräte nicht gegen die Gefahr immun, Kriecher und Intriganten (eine oft enge Partnerschaft zwischen zwei Charakterdefekten) für besonders geeignete Vorstandsmitglieder zu halten.

## Fallbeispiele

**Vorstandsmitglieder**

✳ In einem der größten deutschen Industrieunternehmen besetzen wenigstens zwei Mitglieder des Vorstands Positionen, in die sie nur durch kriecherisches Verhalten gegenüber dem Aufsichtsratsvorsitzenden gekommen sind. Weder ihre fachliche noch ihre soziale Kompetenz befähigt sie zu den Aufgaben, die sie zu lösen hätten. Ihr charakterlicher Mangel, der sich vordergründig in mangelnder Ich-Stärke manifestiert, führte sie zu ökonomischen Führungspositionen. Dass das Unternehmen einen erheblichen Misserfolg mit solchen Fehlbesetzungen in Kauf nehmen musste und damit der Aufsichtsrat seiner elementaren Verpflichtung gegenüber dem Unternehmen nicht nachkam, wurde eigentümlicherweise keinem der Beteiligten bewusst.

**Radfahrer**

✳ Im Amerikanischen gibt es ein entlarvendes Sprichwort: »You can not see a monkey's ass, till he climbs up a flagstaff.«[14] Dieser Satz ent-

14 Gemeint ist mit diesem etwas ordinären Satz, dass man nur dann den wahren Charakter eines Menschen erkennen könne, wenn er Karriere macht.

hüllt manche Wahrheit. Ich habe im Verlauf meines Lebens im Orden und während meiner Beratungstätigkeit in Unternehmen, in Parteien und Vereinen nicht wenige Menschen kennengelernt, deren charakterliche Defizite erst ersichtlich wurden, wenn sie Karriere gemacht hatten. Man könnte sie als »Radfahrer« bezeichnen, die nach oben buckeln und nach unten treten. Als Beispiel möchte ich einen meiner nach oben kriechenden Vorgesetzten nennen, der mich, kaum ernannt, mit der Bemerkung erfreute: »Privat bin ich eine Seele von Mensch. Im Dienst aber bin ich ein Schwein. Und für Sie bin ich immer im Dienst!« Sicherlich ist diese Redewendung der Militärsprache entnommen, doch entspricht sie mancher Erfahrung. Der Satz, den einer meiner Ordensmitbrüder verwandte, ist nicht ganz uncharakteristisch für Menschen, die nach Macht streben, ohne ihr charakterlich gewachsen zu sein. Wenn Sie einmal in Ihrem persönlichen Erfahrungsschatz schnuppern, wird Ihnen die Weisheit dieses scheinbar dummen Satzes nicht entgehen.

## Der Ausbeuter

**Was meinte Marx?** Gemeinhin bezeichnet man als Ausbeuter einen Menschen, der andere benutzt, um materielle Güter zu erwerben. Vor Marx bezeichnete *Ausbeutung* die Aneignung und Verwertung fremder unbezahlter Arbeitskraft. So würden Besitzende (von Grund und Boden, von Geld und Kapital) von den Menschen, die diesen Besitz nutzen, Geld verlangen, ohne selbst irgendetwas dazuzutun. Erst Karl Marx bereitete dieser bis heute noch demagogisch vertretenen Theorie ein Ende: Zins, Profit und Rente seien besondere Formen des Mehrwerts, des Mehrprodukts oder der Mehrarbeit. Ausbeutung sei folglich die Aneignung von Mehrarbeit (Sklaverei), des Mehrprodukts (naturale Renten im Feudalismus) oder des Mehrwerts (Zinsen, Gewinne, Renten im Kapitalismus). In jedem Fall ist Arbeit die Quelle des Angeeigneten. Die Aneignungsformen sind bestimmt durch historische gesellschaftliche Bedingungen – sie sind kein Diebstahl. Marx sieht das Problem der Ausbeutung im Kapitalismus vielmehr in der Tatsache begründet, dass die Arbeit selbst zu einer Ware gemacht und damit entpersonalisiert wird. Das führt dazu, dass auch der Arbeiter als Ware gesehen wird und sich oft genug auch so sieht.

**Ausbeutung von Menschen** Doch hier wollen wir nicht den Ausbeuter behandeln, der innerhalb der kapitalistischen Ordnungsstruktur aufgrund des Besitzes an Kapital fremde Arbeit einkauft und sie rentabel verwertet, sondern vielmehr jenen Ausbeuter, der andere emotional und/oder sozial ausbeutet oder ihnen ihre Zeit stiehlt.

Besonders beliebt ist die emotionale Ausbeutung anderer bei Menschen, die dadurch in egoistischer Manier ihre eigenen emotionalen Bedürfnisse, Erwartungen oder Interessen realisieren. Es ist überraschend, dass nicht wenige Menschen mit erheblichen beruflichen Erfolgen sich genötigt sehen, sich der emotionalen Zuwendung, Anerkennung, Bewunderung anderer zu vergewissern. Oft wollen sie geliebt sein, ohne selbst lieben zu können. In nahezu allen Fällen ist aber das Bedürfnis, emotional anerkannt zu werden, die wesentliche Grundlage der Selbstakzeptanz. Diese Verwiesenheit auf andere verweist auf eine schwach ausgebildete Ich-Stärke.

Ganz ähnlich steht es mit Menschen, die die soziale Ausbeutung durch andere brauchen, was aufs Erste paradox klingt. Sie benötigen soziale Kontakte, die ihnen ein Bild zurückspiegeln, das ihrem Selbstbild, ihrem Selbstkonstrukt, entspricht. Haben sie einmal solche Menschen gefunden, können sie lästige Kletten werden, die sich an ihre Bezugsperson binden und von ihr erwarten, ihnen allezeit ihr Selbstbild zu bestätigen.

Eine ganz besonders lästige Form der Ausbeutung ist die Inanspruchnahme fremder Zeit. Sie kann sehr verschiedene Formen annehmen: In manchen Unternehmen wird fremde Zeit mit Sitzungen und Konferenzen sinnlos verbraucht. Andere Menschen versuchen, ihren Mitmenschen mit langen Telefonaten ihre Zeit zu stehlen, ohne zu bedenken, dass für die meisten Bestohlenen Zeit (und nicht etwa Geld) die knappste Ressource ist. Diese Zeitdiebe, die Michael Ende in seinem Roman »Momo« so hervorragend als die grauen Gestalten von der Zeitsparkasse schilderte, sind nicht nur lästig, sondern sie gaukeln oft genug auch vor, dass es grausam sei, ihnen nicht Zeit zu »schenken«, dass es zumindest aber unhöflich sei, ihren Ergüssen nicht geduldig zuzuhören. Das Telefon ist zu einem Instrument geworden, um auf raffinierte Weise – weil in der Regel ohne vorhergehende Terminabsprache – Menschen von Arbeit oder Erholung abzuhalten, ihnen ihre Zeit zu stehlen. Zeit ist immer Lebenszeit. Von ihr besitzen wir alle nur eine begrenzte Menge. Und so ist der Zeitdiebstahl die hinterhältigste Form des Diebstahls und die gemeinste. Solchen Zeitdieben zu sagen, wenn sie nichts zu tun hätten, sollten sie es bitte nicht bei mir tun, wird meist als grobe Unhöflichkeit abgewiesen.

### Fallbeispiele

**Telefonieren**    ✳ Ich kenne eine junge Dame, die, wenn sie mit sich allein ist, diesen Zustand zu beenden versucht, indem sie zum Telefon greift. Aus einem Repertoire von zwei oder drei Menschen wählt sie einen an und belästigt ihn mit einem langen Gespräch. Es interessiert sie kaum, was der Angerufene im Augenblick zu tun hat oder bei welcher Arbeit sie ihn unterbrach. Vielmehr versucht sie, Aufmerksamkeit und Zuwendung zu erzwingen, indem sie von ihren körperlichen Leiden redet, um dann auf die Überforderung durch Arbeit zu sprechen zu kommen. Ein zarter Hinweis, dass man viel zu arbeiten habe und sich gestört fühle, wird als unpassende Unterbrechung abgetan. Er führt nur dazu, dass ein neues Thema präsentiert wird, dessen Dringlichkeit geradezu existentiell sei. Es ist mir ein Rätsel, wie ein solcher Mensch erheblichen beruflichen Erfolg haben kann, es sei denn, sie verhält sich sonst sehr diszipliniert und lädt ihre ganze Undisziplin im Telefonieren ab.

**Besuche**  ✳  In einem anderen Fall neigt ein durchaus erfolgreicher Manager dazu, zu allen möglichen Zeiten und Unzeiten bei Personen, die er aufgrund ihrer Geduld und Höflichkeit (sie weisen ihn nicht ab) für seine Freunde hält, »hereinzuschauen« und mit ihnen die nebensächlichsten Probleme seiner Ehe und seiner Gesundheit zu besprechen. Gerne sei zugegeben, dass er sich für eine gewisse Dauer einen Therapeuten erspart.

**Rat und Hilfe**  ✳  Einer meiner ehemaligen Nachbarn wandte sich stets an mich, wenn er in irgendeiner Sache Rat oder Hilfe zu benötigen meinte. Das fing an beim Aufstellen und Festhalten einer Leiter, um die Dachrinnen vom Laub zu säubern, und endete bei langen Krankheitsgeschichten, bei denen er meinen therapeutischen Rat wünschte. Dazwischen lagen Probleme mit der Einkommensteuererklärung, dem Ausleihen von Werkzeug, der Reparatur seines Rasenmähers und den meist bösartigen Erzählungen über die übrige Nachbarschaft. Wer vermuten würde, dieser Herr sei im Beruf nicht erfolgreich, irrt, denn es handelt sich um einen Vorstand eines keineswegs kleinen Unternehmens. Aus irgendeinem Grund hielt er mich für seinen Freund, obwohl ich keinerlei freundschaftlichen Gefühlen Ausdruck gab.

**Schnee von gestern**  ✳  In einem Unternehmen, das ich beraten sollte, herrschte eine bemerkenswerte, wenn auch recht verbreitete Unkultur. Es wurden häufig – ohne Wissen der meisten Beteiligten – Sachverhalte diskutiert, die schon längst vorentschieden waren. Die elementarsten Regeln der Konferenzkultur wurden nicht berücksichtigt. Denn auf solchen Veranstaltungen, sollten sie denn schon einmal nötig sein, müssen zu jedem entscheidungserheblichen Sachverhalt zunächst die schon entschiedenen Rahmenbedingungen genannt und danach die noch offenen Fragen besprochen werden. Dass ich solche Unternehmen nicht berate, sondern ihnen einen anderen Berater empfehle, werden Sie sicher verstehen.

## Der Besessene

Die Besessenheit gehört zu den Erkrankungen des Suchttyps. Wir sprechen von einer *Sucht*, wenn ein Mensch sich in eine lebensmindernde (nekrophile) Form der Abhängigkeit[15] derart einlebt, dass sie zu einem Strukturelement seiner Persönlichkeit wird. Menschen können von allen möglichen lebensmindernden Möglichkeiten des Menschlichen besessen sein. Es gibt Abhängigkeit vom Alkohol, von Zigaretten, von Kaffee, von Arbeit, vom schnellen Autofahren ... Früher sprach man solchen Besessenen einen bösen Geist zu, den es auszutreiben gelte. Heute ist das nicht mehr üblich. Es handelt sich vielmehr um einen kranken Geist.

Menschen definieren sich selbst heute nicht mehr von dem her, der sie *sind*, sondern von dem her, was sie *haben*. Viele wissen nicht mehr, wer sie sind, sondern nur noch, was sie haben oder haben wollen. Da dieses Haben keine Grenzen kennt, ist eine Erfüllung dieser Selbst-Definition nicht möglich, sie kennt kein Resultat. Wir Psychologen bezeichnen Menschen, die grundsätzlich Strategien einsetzen, die keinesfalls zum angestrebten Ziel führen *können*, als neurotisch gestörte Persönlichkeiten. Dieser Abschnitt behandelt eine der am weitesten verbreiteten Neurosen. Obwohl ihr Krankheitswert hoch ist, werden sie kaum von einer Krankenkasse als therapiebedürftig akzeptiert.

Es scheint sich also um eine Krankheit zu handeln, die so verbreitet ist, dass viele Menschen sie nicht mehr als Krankheit erkennen. Der eigentliche Grund der Krankheit wurde schon (auf S. 39–42) behandelt: Nicht selten handelt es sich um »frühe Störungen« (etwa um eine gestörtes Urvertrauen, eine misslungene Selbstdefinition, ein gebrochenes Verhältnis zum eigenen Können). Gelegentlich wird auch eine Kompensation früherer Kränkungen (etwa des Selbstwertgefühls oder anderer Dimensionen des narzisstischen Gleichgewichts) zur Ursache der krankhaften Entartung. Die Krankheit besteht im Verlust des eigenen Seins, das nun durch Formen des Habens kompensiert werden soll – ohne dass dieses Ziel je erreichbar wäre, denn Haben kann niemals Sein ersetzen.

Nicht wenige im Beruf erfolgreiche Menschen sind schwer am Geist des Habens, an Besessenheit erkrankt. Sie sind besessen von solch bösen Geistern wie Erfolg, Ansehen, Macht, Einfluss, Reichtum ... All dieses

---

15 Selbstredend gibt es auch lebensmehrende Formen der Abhängigkeit. Hierzu mögen etwa zählen die Abhängigkeit von einem gewissen Maß von Anerkennung, von sozialem Kontakt, von Essen und Trinken, von Bewegung ... Sie unterscheiden sich jedoch von lebensmindernden Formen der Abhängigkeit darin, dass sie Freiheit (d. h. die Möglichkeit und Fähigkeit, selbstverantwortet sein Leben zu gestalten) nicht einengen, sondern fördern oder erst ermöglichen.

zu besitzen mag recht gut sein, wenn es auch zum Missbrauch ver-
führen kann. Aber davon besessen zu werden, bedeutet, nicht mehr sein
eigenes Leben zu leben, sondern es in die Hand eines Dämons gelegt zu
haben, der seine vernichtende Herrschaft ausüben kann. Besessene zu
heilen galt als eine der *Wundertaten* Jesu. Und es ist auch heute noch
eine schwierige Aufgabe für einen Therapeuten, diese besondere Form
einer Sucht erfolgreich zu behandeln.

### Fallbeispiele

**Machterhalt**   ❊  Ich kenne einige sehr erfolgreiche Manager, die derart von Macht,
Ansehen und Einfluss besessen sind, dass sie bereit sind, nahezu alle
möglichen Formen sozialunverträglichen Verhaltens auszuüben, wenn
sie ahnen, dass ein anderes Verhalten ihre Macht beschränken, ihren
Einfluss und ihr Ansehen mindern könnten. Es sind mir in meinem Leben Vorstände begegnet, die etwa über Intrigen versuchten, die Verlän-
gerung ihrer Verträge zu erreichen.

**Politische Positionen**   ❊  Was für die Wirtschaft gilt, ist der Politik nicht fremd. Der Kampf
um hohe Positionen etwa in der Ministerialbürokratie wird keineswegs
immer von sittlichen Lebensorientierungen bestimmt. Er ist nichts anderes als der Kampf um Macht, Einfluss und Ansehen.

**Besitz**   ❊  Besonders anfällig für die Krankheit der Besessenheit scheinen die
Menschen zu sein, die ihr Herz an den materiellen Besitz hängen. Nicht
selten sind sie bereit, diesem Götzen nahezu ihr ganzes Leben, ihre Familien, ihre Freundschaften, ihre Gesundheit zu opfern. Das kann bis-
weilen paradoxe Formen annehmen. Ich las vor einiger Zeit in einer
Zeitschrift von einem Mann, der – um seinen materiellen Besitz zu erhalten – einen bewaffneten und ihm zudem körperlich weit überlege-
nen Einbrecher mit bloßen Fäusten anging. Am anderen Tag waren
nicht nur eine Menge seiner Schätze verloren, sondern die Polizei musste sich auch mit seiner Leiche beschäftigen.

**Geschwindigkeit**   ❊  Ein bekannter Unternehmer ist ein rasanter Autofahrer, der sich
erst bei Geschwindigkeiten über 200 km/h wohl fühlt. Erst im Verlauf
einer therapeutischen Gespächsfolge gelang es ihm einzusehen, dass der
eigentliche Grund seiner Raserei nicht die pure Freude an der Geschwindigkeit sei. Er brachte sich vielmehr unbewusst in Lebensgefahr,
da er sich nur dann voll existentiell akzeptierte. Gibt es ärmere Menschen als solche, die sich und anderen in so törichtem Tun beweisen
müssen, dass sie wenigstens im Rasen besser sind als andere?

**Nikotin** ❋ Eine der mir unverständlichsten Formen der Besessenheit ist das Rauchen. Dabei weiß ein normaler Raucher durchaus, dass seine Abhängigkeit sein Leben voraussichtlich um viele Jahre verkürzt und dass die Wahrscheinlichkeit, an Krebs zu erkranken, sich mehr als verdoppelt. Manche Raucher sind eher besonnene Menschen, wenn auch vielen Hektikern der häufige Griff zur Zigarette das Natürlichste von der Welt zu sein scheint. Ich kenne Raucher, die in einer selbstzynischen Weise ihr Rauchen verteidigen mit dem Hinweis, durch ihren voraussichtlich früheren Tod sparten sie der Rentenversicherung mehr ein, als die Krankheitskosten, die sich im Gefolge des Rauchens einstellen werden, betrügen. Rauchen sei also so etwas wie ein soziales Wohlverhalten. Ganz abgesehen davon, dass diese Rechnung statistisch gesehen falsch ist, so schädigen Menschen, die in geschlossenen Räumen rauchen, meist ohne jede Gewissensbisse die Passivraucher.[16]

**Klettenexistenz und Kollusion** ❋ Eine verbreitete Form des lebensmindernden Habens macht sich erfahrbar in dem vermeintlichen Recht, über die Zeit anderer Menschen gegen deren Willen verfügen zu dürfen. Gemeint ist eine krankhafte Form der sozialen Abhängigkeit, die zwei Ausprägungen kennt: das Sich-Ankletten an einen anderen Menschen und die Kollusion. Wir alle kennen vermutlich solche Kletten und wissen darum, wie lästig sie werden können. Dass aber gerade dieses Sich-Ankletten sozial desorientierten oder schwachen Menschen Halt gibt, der es ihnen erlaubt, sich von dem anderen her zu definieren, wird meist weder vom einen noch vom anderen gesehen. Der von einer solchen Klette Befallene weiß zumeist nicht, dass die Klette nach einem Therapeuten schreit, der ihre Selbstdefinition vom sozialen Haben her erhört. Anderseits ist es dem Befallenen nicht zuzumuten, ohne jede therapeutische Ausbildung oder Erfahrung diese Zweisamkeit zuzulassen. Er wird sie in der Regel zerstören wollen.

Ganz ähnlich liegt diese pathologische Form des sozialen Gehabtwerdens in der Kollusion. Der Unterschied zwischen der Klettenexistenz und der eines Partners in einer Kollusion besteht darin, dass im zweiten Fall beide ihr soziales Habenwollen im jeweils anderen realisieren. Kollusionen sind in scheinbar intakten privaten Partnerschaften nicht selten: Die beiden Partner übernehmen konstant komplementäre Rollen: Richter-Missetäter, Helfer-Hilfloser, Lehrer-Schüler, Herrscher-

16 Ich plädiere dafür, Schadenersatzansprüche in Ausdehnung des § 823, 1 BGB nicht nur als streng bewiesene Kausalketten von Schadensverursacher und Geschädigtem zuzulassen, sondern auch den »statistischen Schaden«, wenn er zureichend plausibel durch Passivrauchen zustande kommt. Ähnliches wäre auch für das Strafrecht zu bedenken, um den Tatbestand der Körperverletzung (gemäß § 223 StGB) nicht nur auf Kausalzusammenhänge zu beschränken.

Sklave … Zerbricht eine Kollusion, versuchen beide Partner, sie möglichst mit einem anderen Opfer zu erneuern, oder sie vereinsamen. Die Rolle, welche sie in der Kollusion übernahmen, gab ihnen eine zwar lebensmindernde, aber doch wenigstens vorübergehend befriedigende Antwort auf die Frage, wer sie denn eigentlich seien. Kollusionen sind leicht daran zu erkennen, dass beide Partner sich in emotionalen wie sozialen Lebensbereichen eher zurückentwickeln oder mindern als mehren.

### Der Desorientierte

**Vielfalt der Werte**

Wir leben nach dem Zerbrechen der festen Stützpfeiler der Neuzeit in einer Welt, in der plötzlich die Menge der Möglichkeiten sich bis zum Unverständlichen hin öffnet. Unzählbar sind heute die Möglichkeiten der Freizeitgestaltung (Fernsehen, Sport, Reisen) bis hin zur Gestaltung der Partnerschaft (institutionalisiert – frei; heterosexuell – homosexuell; Zweierbindung – Mehrfachbindung; zusammenlebend – getrennt lebend; Kinder oder keine). Von der Berufswahl (es tauchen jährlich in der BRD mehr als 50 neue Berufsbilder auf) bis hin zur Moral (in der jeder seine eigenen Normen festlegt) haben wir alle ständig die Wahl. Wir sagen, dass unsere Welt *multioptional* geworden sei.

Wer keinen konkreten Lebensplan verfolgt, landet nicht selten in der Desorientierung. Solche Desorientierung ist meist leicht auszumachen: In ihr verbindet sich eine oft tief beängstigende Ratlosigkeit mit plötzlichen, aber aufs Ganze gesehen ungerichteten Entscheidungen. Desorientierte Persönlichkeiten können durchaus beruflichen Erfolg haben, wenn sie ihre Entscheidungen an der »normativen Kraft des Faktischen« orientieren. Da sich aber in unserer Zeit der Multioptionalität diese Normen des Faktischen schnell und ständig ändern, sind die Entscheidungen eines desorientierten Menschen meist ohne konkretes, ihm bewusstes Ziel.

### Fallbeispiele

**Studienwechsel**

✳ Desorientierungen finden sich nicht selten bei Studenten, die oft mehrmals ihr Studienfach wechseln. Mir ist ein Fall in deutlicher Erinnerung, in der ein Student zehn Semester Theologie studierte, ein durchaus passables Diplom hinlegte, um dann ein Studium der BWL zu beginnen. Dieses brach er nach vier Semestern ab und studierte – diesmal erfolgreich wiederum bis zum Diplom – Psychologie. Dennoch wusste er, obwohl schon in den Dreißigern, immer noch nicht, welchen

Beruf er wählen sollte. Schließlich entschied er sich, Pastoralreferent im kirchlichen Dienst zu werden. Da die anstellende kirchliche Behörde ihm einige Schwierigkeiten machte, begann er zu kämpfen, und er erhielt seine Stellung. Er wurde in ihr recht erfolgreich tätig – wusste aber nach mehreren Jahren immer noch nicht, ob er sich richtig entschieden hatte.

**Neue Zielsetzung** ✳ Es sei hier einmal ein Beispiel angeführt, bei dem kein charakterlicher Defekt den Grund zu einem Lebenserfolg legte, sondern die Überwindung einer Desorientierung. Eins der tragischsten Menschenleben, die ich ein Stück begleiten durfte, war geprägt von der Ansicht, es gebe keine Möglichkeit mehr, das Leben völlig neu zu orientieren. Da der Betroffene schon 51 war, glaubte er, nicht die Kraft zu einem solchen Neubeginn aufzubringen. Als einzige Alternative, die ihm einfiel, kam für ihn nur ein Selbstmord in Frage. Es gelang mir, ihm in einer Nichterwerbsarbeit eine Stellung zu besorgen, die mit großer Verantwortung für andere Menschen verbunden war. Als ich ihm einige Monate später begegnete, war er ein anderer Mensch geworden: Er ging aufrecht, sein Gesicht strahlte innere Zufriedenheit aus, sein Blick war wach und aufmerksam geworden. Er hatte seinem Leben eine Orientierung gegeben.

**Entschlusslose Wähler** ✳ Wenn vor den Bundestagswahlen im September 1998 zwei Tage vor der Wahl mehr als 20 % aller Wahlwilligen noch nicht wussten, welche Partei sie wählen sollten, kann man durchaus von einer politischen Desorientierung sprechen. Unverhältnismäßig viele von den Unentschiedenen wählten dann SPD, vermutlich weil sie sich emotional von der CDU und dem Kanzler Dr. Helmut Kohl (möglicherweise durch deren lange Regierungszeit) abgestoßen fühlten. Ob sie in ihrer Desorientierung unter dem Zwang, sich zu entscheiden, das für sie politisch Richtige taten, wird sich erst Jahre nach der Wahl herausstellen.

## Der Gelähmte

**Wer arbeitet, macht Fehler** Die Multioptionalität kennt noch einen zweiten negativen Ausgang: die Lähmung vor der Fülle der sich eröffnenden Möglichkeiten. Diese Lähmung ist nicht zu verwechseln mit der Handlungslähmung, die von depressiven Stimmungen ausgehen kann. Es ist vielmehr die Unfähigkeit gemeint, einen bestimmten Entschluss zu fassen, da man niemals wissen könne, ob er vor der Fülle der möglichen optimal sein werde. Viele Menschen, die sich für die Null-Option entschieden haben, sind nahezu krankhaft darauf bedacht, keine Fehler zu machen. Der fatale Mangel an Entscheidungen kann in einem Unternehmen zu größeren Schäden führen als gelegentliche Fehlentscheidungen. Kann – muss aber nicht. Und so kann es dazu kommen, dass vor dem Anspruch der Multioptionalität (also nicht unmittelbar im Charakter begründet) entscheidungsschwache Vorgesetze einigen Erfolg haben können. Bei einem meiner Kollegen sah ich eine Skizze an die Wand geheftet, auf welcher der mitunter zutreffende Spruch stand: »Wer arbeitet, macht Fehler; wer keine Fehler macht, ist ein fauler Hund!«

### Fallbeispiele

**Fahne im Wind** ✳ In einem größeren Unternehmen stieg ein Mann in den Vorstand auf, der sich praktisch jeder Entscheidung, die er allein zu verantworten hatte, entzog. Wenn jedoch bei Vorstandssitzungen abgestimmt wurde, stimmte er stets mit dem Vorsitzenden. Da das Unternehmen keine Matrix kannte (der betreffende Vorstand nicht also auch über einen operativen Sektor, eine operative Sparte oder Abteilung Verantwortung zu übernehmen hatte), war er von seinen Kollegen gelitten. Wie aber konnte er in eine solche Position gelangen? Sein Trick war ebenso einfach wie erfolgreich. Wenn es nicht um reine Routine ging, sondern etwa um Projekte, entschied er stets zusammen mit der Mehrheit. Bei Stimmengleichheit enthielt er sich. Auf diese Weise wurde er niemals für einen Misserfolg selbst verantwortlich. Diese Methode, in einem sozialen System (einer Partei, einem Unternehmen, einer Kirche …) Erfolg zu haben, ist keineswegs selten.

**Peter-Prinzip** ✳ Andere Menschen wählen die Null-Option aus reiner Bequemlichkeit, da jede Entscheidung für irgendeine Option einen psychischen oder sozialen oder finanziellen Aufwand bedeutet. Man möchte nun meinen, solche Menschen seien zum beruflichen Misserfolg bestimmt. Aber auch das wäre ein Irrtum. Ein mir bekannter Geistlicher war dieser Form der Bequemlichkeit in einer beachtenswerten Weise verfallen. Er war de facto für keine Funktion brauchbar. Das bedeutete, dass ihn seine Vorgesetzten bewusst so lange beförderten, bis er die Stufe seiner Inkompetenz (nach dem Peter-Prinzip)[17] erreicht hatte – und hier niemand mehr von ihm irgendwelche Entscheidungen erwartete. Im Gegenteil: Hätte er sich aufgerafft, irgendetwas zu entscheiden, hätte er damit die Sorge seiner Vorgesetzten aktiviert. Denn seine Unerfahrenheit auf diesem Gebiet hätte Fehlentscheidungen außerordentlich wahrscheinlich gemacht.

17 Das Prinzip besagt, dass Personen, solange sie fachliche und soziale Kompetenz beweisen, beruflich aufsteigen, bis hin zu jener Position, in der sie fachlich (und meist auch sozial) inkompetent sind.

## Der Schwätzer

**Viel reden =**
**viel hören?**

Schwätzer sind Menschen, die um des Redens willen reden und jederzeit bereit sind, die Abfallprodukte ihrer Großhirnrinde vor anderen – meist recht unzensiert – auszubreiten. Weil sie selten in der Lage sind, einen vertraulich erfahrenen Sachverhalt auch vertraulich zu behandeln, sind sie alles andere als vertrauenswürdig. Wer würde schon freiwillig einem Schwätzer ein Geheimnis anvertrauen? Wie aber kann es dazu kommen, dass Menschen, die an dieser schweren Form einer »Logoröe« (einem Sprechdurchfall) leiden, beruflichen Erfolg haben? Nun, es gibt Vorgesetzte, die solche Schwätzer dann als Mitarbeiter schätzen, wenn sie nicht selbst von deren Geschwätz überfallen, belästigt, behindert, ihrer Zeit beraubt werden. Der Grund ist relativ einfach. Schwätzer verfügen über manch vertrauliches Wissen, da sie sich mit allen ihnen bekannten Menschen, die ihnen begegnen und sich nicht auf irgendeine Weise wehren (»Ich habe im Augenblick wirklich keine Zeit; darüber müssen wir uns ein anderes Mal austauschen!«), unterhalten und nicht selten über die Gabe des Aushorchens verfügen. Wenn dieses Wissen abgefragt wird, fühlen sie sich geschmeichelt.

### Fallbeispiele

**Wichtigtuerei**

✳ Eine junge Frau, die zudem über eine extrem lebhafte Fantasie verfügte, ging regelmäßig zu einem meiner Vorgesetzten, der sie ebenso regelmäßig »abschöpfte«. Was er auf diese Weise erfuhr, akzeptierte er ohne Prüfung, wenn es nur seinen Vorurteilen entspräche. Hätte er sein Pseudowissen für sich behalten, wäre die ganze Sache auf den charakterlichen Defekt der Leichtgläubigkeit hinausgelaufen. Da er aber das Gehörte »von Amts wegen« weiter meldete, führte sein Verhalten zu mancher menschlichen Katastrophe.

**Richter-Monolog**

✳ Bei einer Begegnung mit einem vorsitzenden Richter eines Landgerichts kam keine der beiden Parteien ernsthaft zu Wort. Die Gerichtsverhandlung bestand aus langen Monologen, die sich nur vordergründig an die Parteien richteten, eigentlich jedoch den jungen Juristen galt, die sich im Saale aufhielten. Als ich mich nach dem Ansehen des Richters erkundigte, waren alle – trotz seines unglaublichen Verhaltens, das er auch anderswo als nur in den von ihm geleiteten Prozessen zeigte – zutiefst beeindruckt über die Fülle seines Wissens (weniger die des Juristen als des allgemeinen). Nur so hat er vermutlich eine doch beachtliche Position erreichen können. Der Mangel an Charakter wurde ihm nicht zum Handicap.

**Coaching**  ✳ Ein Vorstand eines großen Unternehmens, der sich vor Jahren einmal von mir coachen ließ, pflegte sich nach einer kurzen Begrüßung in seinen Sessel fallen zu lassen. Dann begann er zu reden. Und das 50 Minuten lang (das ist die gewöhnliche Dauer einer solchen Veranstaltung), ohne auch nur die geringste Unterbrechung. Er hatte irgendwann einmal gelernt, dass derjenige dominant ist, der am längsten ungestraft sprechen darf. Dass er dabei vielen Menschen die Geduld raubte, interessierte ihn nicht. Aufgrund seiner Dominanz prüfte er sie unbewusst ständig ab, durch langes, oft nichts sagendes Gerede. Er hatte irgendwann einmal die triviale Tatsache verlernt, dass nur der etwas erfährt, der zuhört. Nun kann er nicht zu mir, um zu hören, was in dieser Situation nicht anormal ist, sondern um zu sprechen. Nach 50 Minuten erhob er sich mit der abschließenden Bemerkung: »Ich danke Ihnen, Herr Lay, denn jetzt weiß ich, was zu tun ist!« Diese Form des Geschwätzes dient dazu, sich selbst über Sachverhalte klar zu werden, die im Vorsprachlichen nicht greifbar wurden. Ein solches Vorgehen ist verständlich. Man sollte es aber nur dann tun, wenn die gesamte Situation (etwa im Coaching) solches erlaubt.

## Der Aggressor

**Revier-**
**verteidigung**  *Aggression* bezeichnet ein Verhalten oder eine Einstellung, die offensichtlich auf einen physischen oder verbalen Angriff auf Sachverhalte (hier interessiert uns vor allem der Angriff auf Personen) abzielt. Das Ziel ist klar: Die Personen sollen überwunden oder ihnen Schaden zugefügt werden. Es gilt sehr verschiedene Formen von Aggressivität zu unterscheiden. Die erste ist die Revierverteidigungs-Aggressivität, die uns angeboren ist. Über viele Jahrmillionen konnten Menschen und ihre Ahnen nur überleben, wenn sie in der Lage waren, ihr – meist territoriales – Revier vor Eindringlingen zu schützen. Dieser uns angeborene (instinktoide) Mechanismus ist nun keineswegs sinn- oder funktionslos geworden. Denn so verteidigen wir die für uns notwendigen Regionen, wenn wir uns angegriffen fühlen.

Welches sind nun solche Regionen? Es kann sicher unser Ansehen, unser privates oder berufliches Einflussgebiet sein. Es können aber auch unsere Meinungen sein, wenn wir sie für existentiell halten, wenn wir also davon ausgehen, sie erst gäben unserem Tun und Handeln, unserem Leben gar, Sinn, Zweck und Ziel. Das Abstecken unserer territorialen oder mentalen, sozialen oder psychischen Claims ist ein angeborener Grund für unsere Aggressionen. Um unsere Claims mental zu sichern, bilden wir mitunter erhebliche Vorurteilsbereiche aus, die – weil es sich um Vorurteile handelt – uns von der Realität ablösen.

## Fallbeispiele

✳ Ein Mensch sieht sich durch die aktive Intoleranz etwa seiner Kirche, seiner Vorgesetzten, seiner Nachbarschaft bedroht. Diese Intoleranz hat stets den Charakter aktiver Aggressivität mit sich. Wie soll er etwa unter dem Anspruch der Biophilie-Maxime »Liebe das Leben!« reagieren? Ich vermute, dass er vor dem Anspruch dieser Maxime – unter Beobachtung der Verhältnismäßigkeit in der Wahl seiner Mittel – reaktiv intolerant sein muss, um erfolgreich abwehren zu können. Jedes andere Verhalten wäre lebensmindernd, weil Toleranz anders keine Chance hätte zu überleben. Nicht jede Form der Intoleranz widerspricht also dem Biophilie-Kriterium, es kann sie sogar zwingend einfordern. Eine mir recht gut bekannte Persönlichkeit akzeptierte nicht die aktive Intoleranz der Kirche, reagierte gegen manche ihrer Funktionen und Institutionen durch reaktive Intoleranz – und wurde umgehend durch die Systemagenten eliminiert, weil seine Aktivitäten als kontraproduktiv systemgefährdend angesehen wurden. Was hatte er falsch gemacht? Er überschätzte sich selbst in seinen Möglichkeiten. Seine reaktive Intoleranz war nicht einflussreich genug, um mit der institutionalisierten aktiven Intoleranz fertig zu werden oder sie gar zu überwinden. An dem Problem der Verhältnismäßigkeit sind so viele Ketzer und Rebellen gescheitert. Es wäre weiser gewesen, sich nicht mit einer Institution anzulegen, sondern mit einigen ihrer Funktionen gegenüber einzelnen Menschen. Auch die Arbeit im Kleinen kann Großes bewirken.

✳ Viele Konferenzen sind Anwendungsfälle der archaischen Revierverteidigungs-Aggression. Rechthaberei, Claimverteidigung, der Kampf um Claimerweiterung und Durchsetzungswille sind Ausdrucksformen solch archaischer Aggressivität. Da solche Konferenz- oder Sitzungsabläufe gar nicht selten sind, mag man sie als jene Bereiche sehen, in denen wir unser primitiv-instinktoides Verhalten ausleben. Es gibt Unternehmen, in denen von den leitenden Mitarbeitern erwartet wird, dass sie bis zu einem Viertel der Zeit für solch ritualisiertes Verhalten zur Verfügung stellen: sei es durch Vorbereitung, sei es durch Sitzungen, sei es durch Nacharbeit.

Eines ist jedoch unbestreitbar: Die meisten Konferenzen sind subjektive Optimierungsspiele. Das Subjekt kann eine Person, eine Abteilung oder eine Gruppe sein. Ohne Kooperation machen Konferenzen eine optimale Lösung des angeblich zur Verhandlung stehenden Themas unmöglich. Dringend erforderlich wäre die Beherrschung von Diskurstechniken, die nicht in Begründungen denken (»Das können wir nicht!«), die nicht im Entgegen-Satz, sondern in Alternativen denken

(»Das können wir lernen!«).[18] Doch ohne spezifisches Training ist mir in zahllosen Konferenzen, die ich beobachten konnte (an solchem Unsinn teilzunehmen habe ich mich stets geweigert), noch niemals die Beherrschung von Diskurstechniken begegnet. Sie erfolgreich anzuwenden setzt die Fähigkeit voraus, in Bedingungen und alternativ zu denken und zu argumentieren. Ferner wird selbstverständlich vorausgesetzt, dass kein Teilnehmer »Dogmatiker« ist, d. h. seine Meinung für frei hält von Irrtum und Täuschung, und alle als Ziel eine Lösung akzeptieren, in der Irrtümer und Täuschungen eine möglichst geringe Rolle spielen.

**Faire und unfaire Konkurrenz** ✳ Zwei Unternehmen konkurrieren miteinander. Konkurrenz ist eine Form der Revierverteidigungs- oder Reviervergrößerungs-Aggressivität. Hier gilt es zu unterscheiden zwischen Gegneraggressivität und Feindaggressivität. Die erste will siegen, die zweite vernichten. Die Gegneraggressivität ist eine notwendige Voraussetzung des menschlichen Beisammenseins. Wir können kein Schach, keinen Fußball spielen, ohne gewinnen zu wollen. Selbst in einer Ehe wird das Oszillieren zwischen Nähe und Distanz nicht nur durch Liebe, sondern auch durch Aggressivität bestimmt, die in keiner Weise einer reifen Liebe widersprechen muss. Diese Gegneraggressivität sollte die Grundlage eines faireren Wettbewerbs sein. Problematisch ist jedoch die Feindaggressivität. Sie kann, unter Beachtung der Verhältnismäßigkeit, eingefordert werden, wenn der Wettbewerber seine Strategien auf Feindaggressivität ausdehnt. Diese kann dann – da sich das soziale System in einer Art Notwehrsituation befindet – mit geeigneten Mitteln abgewehrt werden. Dazu gehört auch die Feindaggressivität, bei deren Einsatz der Grundsatz der Verhältnismäßigkeit zu beachten ist. Das Ziel solcher Aggressivität darf nicht die Vernichtung des Wettbewerbers sein, sondern die Abwehr seines feindaggressiven Instrumentariums, die zur mittelbaren Folge – den Regeln der Notwehr folgend – bis hin zu seinem Untergang führen kann.

**Quelle Frustration** ✳ Jeder aktiven Aggressivität liegt, wenn sie nicht den archaischen Revierverteidigungs-Mechanismus realisiert, eine pathologische Sozialität zugrunde. Die Aggressionsneigung ist vor allem dann als krankhaft anzusehen, wenn sie eine bloße Reaktion auf Vergeblichkeitserfahrungen (= Frustrationen) darstellt. Es gab einmal eine psychologische

---

18 Gemeinhin denken wir adversativ, wenn wir mit einer Behauptung nicht einverstanden sind. Das bedeutet, wir halten sie für falsch und sagen das auch. Sehr viel kreativer wäre es, wenn wir statt dessen alternativ denken würden. Das wäre der Fall, wenn wir von uns erwarten, dass, wenn wir schon eine Position nicht akzeptieren können, wir uns solange um eine Bedingungsformulierung bemühen, bis alle zustimmen können.

Theorie, nach der Aggressivität stets in Frustrationen gründe (Frustration-Aggression-Theorie). Sie dürfte heute als widerlegt gelten, denn nicht wenige Menschen können aggressives Potential bereitstellen, ohne dass eine bewusste (oder auch nur unbewusste) Frustration zugrunde liegt. Andererseits gibt es Menschen, die trotz oft vielseitiger Frust-Erlebnisse nicht etwa in die Aggression flüchten, sondern in die Resignation (die man allerdings auch als eine Art von Autoaggression verstehen kann). Manche Menschen, die an depressiven Störungen leiden, erlebten oder erleben eine Zeit von Frustrationen. Ich denke hier an eine Frau, die – sehr sensibel und attraktiv – annehmen musste, dass sie von ihrem Mann »hintergangen« wurde. Dabei wurde ihr Selbstwertgefühl so sehr geschädigt – sie glaubte, sie könne keinen Mann mehr an sich binden –, dass sie sich in die autoaggressive Reaktion der Resignation zurückzog. Obwohl ihr Mann, den sie nach wie vor sehr liebte, ihr seit Jahr und Tag treu war, konnte sie sich selbst nicht aus dem autoaggressiven Getto der Resignation befreien. Das hatte zur Folge, dass es zwischen beiden Partnern zu erheblichen Differenzen kam, die zum Scheitern der Beziehung beitrugen.

## Das Mittelmaß

**Heute regiert das Mittelmaß**

»Nicht der Schuft ist der Schurke, sondern das Mittelmaß.« Dieser oft zitierte Satz hat heute mehr Berechtigung als zuvor. Zum einem fördert die Form der Demokratie, der wir derzeit huldigen, keineswegs Leistungseliten, sondern das Mittelmaß. Jedes Volk verdient die Regierung, die es hat (oder von der es gehabt wird). Der Zustand der deutschen oder österreichischen Bundesrepublik belegt diese Vermutung als stimmig. Da die Wahlbürger im statistischen Sinne das Mittelmaß verkörpern, werden sie kaum etwas anderes wählen als eben dieses. Kein Mensch fühlt sich vom Mittelmaß besser verstanden als das Mittelmaß. Solche Mittelmäßigkeit betrifft keineswegs nur die Intelligenz, sondern auch die charakterlichen Begabungen der Herrschenden. Franz Josef Strauß wird das böse Wort zugeschrieben, Dr. Kohl sei deshalb ein guter Kanzler, weil selbst im dümmsten Deutschen die Überzeugung reifen könne, bei ihm reiche es auch zum Kanzler. Das Wort ist deshalb böse, weil es nicht heißen darf: »Selbst dem dümmsten Deutschen«, sondern: »Selbst dem bürgerlichen Mittelmaß«. Wo wir auch hinschauen: Im Staat, in Kirchen, in Parteien, in Gewerkschaften, in Schulen und Universitäten hat das Mittelmaß das Sagen. Der Masse ist jeder, der zu Recht einer Leistungselite zugerechnet wird, unverständlich und – weil unverständlich – wenig geheuer. Und wer möchte schon gerne von einem Menschen beherrscht werden, der ihm nicht geheuer ist?

**Fallbeispiele**

**Anerkannter Wissenschaftler**

✳  An einer Hochschule wurde ein außerhalb der Hochschule überdurchschnittlich anerkannter Professor von seinen Kollegen anlässlich einer Veröffentlichung massiv angegriffen, obwohl eine sachliche Diskussion der von ihm vertretenen Thesen durchaus angebracht gewesen wäre. Hier begegnen wir einem Sachverhalt, der schon im vorhergehenden Punkt behandelt hätte werden können: Alles, was sich nicht an das herrschende Mittelmaß anpasst, wird aggressiv besetzt. Bietet sich nun ein Anlass, dieser aggressiven Besetzung Ausdruck zu verleihen, so bricht sie sich mit Urgewalt ihren nekrophilen, lebensmindernden Weg. In diesem Fall kam es zu einem Lehrverbot des unbeliebten Kollegen.

**Kein Kronprinz**

✳  In einem Unternehmen duldete ein führender Manager nur Mitarbeiter um sich, die in keinem Punkt sachverständiger sein durften als er selbst. Dass er damit seinem Unternehmen erheblich schadete, interessierte ihn nicht. Wenn er nur solche unmittelbaren Mitarbeiter gewählt hätte, die in wenigstens einem unternehmensrelevanten Bereich besser waren als er selbst, hätte er seinem Unternehmen durch bessere Entscheidungen sehr genutzt. Er befürchtete, dass ein Mitarbeiter, der fähiger sei als er selbst, an seinem Stuhl sägen würde. Und so kam und kommt es bis heute noch in vielen Unternehmen dazu, dass das Mittelmaß herrscht. Wäre das in konkurrierenden Unternehmen anders, würde unser Unternehmen kaum länger im Wettbewerb bestehen.

**Parteivorsitz**

✳  In einer bundesdeutschen Partei wurde ein heftiger Streit um den Parteivorsitz ausgefochten. Es gab zwei Kandidaten: einen populistischen, das Mittelmaß an Charakter und Intelligenz verkörpernden Politiker und einen blitzgescheiten, wenn auch ideologisch etwas einseitigen Konkurrenten. Sie wissen sicher, wie die Wahl ausging: Natürlich zugunsten des Mittelmaßes. Von den Kohlmeisen erzählt man sich, dass eine Meise, der man am Hals einen schwarzen Punkt angebracht hatte, von den anderen totgepickt wurde. Es ist also gefährlich, auf jedem Fall der Karriere hinderlich, vom Mittelmaß, von der »Normalität« abzuweichen.

## Der Gutmensch

**Gut, gutmütig oder gut gemeint**

Man möchte meinen, ein Gutmensch, also ein Mensch, der hehre Ideale vertritt, sei nicht mit einem charakterlichen Handicap belastet. Das ist leider nicht so, denn Gutmenschen wollen zwar das Gute (oder das, was sie dafür halten), bedenken aber nicht den Schaden, den sie mit der

Realisierung ihres Zieles anrichten (können). Für sie gilt das etwas zynische Wort: »Gut ist das Gegenteil von gut gemeint!« Gutmenschen verfolgen irgendwelche Ideale, die – aus ihrem realen Kontext gerissen – sehr wohl gut sind, aber in einer realen Welt zumeist sehr üble Folgen haben können. Gutmenschen folgen einer unverfälschten Gesinnungsethik, nach der eine Handlung schon dann gut ist, wenn sie einer edlen Gesinnung folge. Sie halten sich selbst meist für gute Menschen, vergessen dabei aber die Folgen ihrer gut gemeinten Taten. Einige Gutmenschen machen einen einzigen relativen Wert zum absoluten: etwa die Gerechtigkeit, die intakte Umwelt, die Ausländerfreundlichkeit. Sicher sind alle diese Werte an und in sich gut, aber sie sind nicht absolut gut. Sie konkurrieren mit anderen Werten. Da sich viele dieser Menschen für charakterlich wertvoll halten, wird ihnen ihr Charakter zu einem Handicap.

**Fallbeispiele**

**Michael Kohlhaas**   ❋   Heinrich von Kleist griff 1810 in seiner Novelle »Michael Kohlhaas« das Schicksal des am 22. März 1540 hingerichteten Kaufmanns Hans Kohlhase auf, der einen wahnkranken (»realitätsabgelösten«) Gerechtigkeitssinn entwickelte. Er war zweier Pferde wegen mit dem kursächsischen Junker Günter von Zaschwitz in Streit geraten. Da er vor Gericht verlor, verfasste er 1534 einen Fehdebrief gegen den Junker und ganz Kursachsen. Im März 1535 eröffnete er die Fehde. Er überfiel einen kurmärkischen Landsmann, wurde in Berlin verhaftet und zum Tode verurteilt. Er wollte sein vermeintliches Recht durchsetzen – und wenn es ihn das Leben kostete.

**Umweltschutz**   ❋   Es gibt nicht wenige Menschen, denen der Schutz der Umwelt zum höchsten Gut geworden ist. Sie sind um dieses Gutes willen bereit, den Tod anderer Menschen in Kauf zu nehmen. Ob es sich dabei um die Versenkung einer Bohrplattform in der Nordsee handelte oder um den Transport von allenfalls leicht strahlenden Castor-Behältern, ob es darum ging, ein Stück Wald vor Rodung zu bewahren (etwa beim geplanten Bau der Startbahn West des Frankfurter Flughafens) oder um das Wohngebiet einer seltenen Amphibie – in jedem Fall hat die Umwelt vor den technischen Ansprüchen des Menschen Vorrang. Es sei hier nun keineswegs geleugnet, dass Vereine wie Greenpeace ihre Berechtigung haben (gäbe es sie nicht, müsste man sie gründen). Schließlich sind sie es, die das Bewusstsein um den Wert einer intakten Umwelt aufrecht halten und immer wieder anmahnen. Dass dabei mitunter der intakten Umwelt ein absoluter Wert zugesprochen wird, ist ein Denkfehler, denn es handelt sich hierbei – wenn man nicht die globale Sicherung der Umwelt im Blick hat – nur um einen relativen Wert. Denn: In einer verantworteten Güterabwägung kann man zu dem Schluss kommen, dass der der Umwelt zugefügte Schaden geringer ist als der den Menschen zugefügte. Dass eine solche verantwortete Güterabwägung voraussetzt, dass der Abwägende über ein sittliches Prinzip verfügt (etwa die Biophilie), ist unbestritten. Unbestritten ist auch, dass die Menschen und Institutionen, die heute tatsächlich in Fragen der Umweltbelastung entscheiden, nicht über ein solches Prinzip verfügen. Dieser Mangel wird ganz zu Recht von Greenpeace und verwandten Bewegungen kompensiert. Der Mangel an Charakter (als einer sittlichen Tugend verstanden) wird in manchen Entscheidungen zu einem die Natur überlastenden Handicap.

**Einwanderer**   ✳ Manche Gutmenschen maskieren ihre scheinbare Güte mit einer mehr oder minder verkappten Ausländerfeindlichkeit. Das böse Wort vom »vollen Boot«, das einige Schweizer prägten, um den aus Nazi-Deutschland flüchtenden Juden die Zuwanderung zu verbieten, ist heute – der Sache nach – noch eine oft geäußerte private und politische Meinung. Aber auch das Gegenteil wird von manchen Gutmenschen vertreten. Sie sind der Ansicht, dass man alle Menschen, die über einen vernünftigen Grund verfügen (etwa Hunger oder Verfolgung) in der Bundesrepublik aufnehmen solle. Beide Parteien machen wieder ein einziges Prinzip zum absoluten Gut: Die einen behaupten, man müsse die derzeitigen Bewohner der Bundesrepublik vor weiterer Zuwanderung schützen, die anderen sind der Ansicht, dass jeder vernünftige Grund die Zuwanderung rechtfertige. Beide Parteien, die sich gegenseitig die besten Absichten zutrauen, stehen sich unerbittlich gegenüber. Sie machen einen Denkfehler: Beide vertreten ein relatives Gut. Wiederum kann in einer verantworteten Güterabwägung, die einem sittlich-verantworteten Prinzip gehorcht, nur im Einzelfall entschieden werden. Da es nur wenige Personen gibt, die zu einer solchen Güterabwägung fähig sind, muss der Gesetzgeber versuchen, eine möglichst dem Prinzip der Biophilie verpflichtete Ordnung (etwa über ein Einwanderungsgesetz nach dem Vorbild der USA, Kanadas, Australiens …) zu erlassen.

## Bestandsaufnahme

Verhalte ich mich manchmal ähnlich wie ein Systemagent (s. S. 23–25),
Egoist (s. S. 25–28) oder Feigling (S. 28 ff.)?

Welche Form (s. S. 29–46) nimmt bei mir die Feigheit an?

Zeigt sich bei mir die Mangelnde Autonomie (s. S. 47–49) oder das »So-What-Syndrom«
(s. S. 49/50)?

Bin ich ein Unehrlicher (s. S. 51/52), ein Kriecher (s. S. 53/54), ein Ausbeuter (s. S. 54–56),
ein Besessener (s. S. 57–60), ein Desorientierter (s. S. 60/61), ein Gelähmter (s. S. 61/62),
ein Schwätzer (s. S. 63/64), ein Aggressor (s. S. 64–67), Mittelmaß (s. S. 67/68) oder
ein Gutmensch (s. S. 68–70)?

In welchen Situationen zeigt sich das?

Wie kann ich es ändern?

Was gewinne ich dabei?

Was kann ich dabei verlieren?

Wie will ich vorgehen?

Erster Schritt wäre …

Der zweite Schritt könnte sein …

Als dritten Schritt nehme ich mir vor ...

_____

_____

_____

Von welchem dieser auf S. 71 noch einmal genannten Mängel fühle ich mich frei?

_____

_____

_____

Das zeigt sich zum Beispiel, wenn ...

_____

_____

_____

Es bringt mir folgende Vorteile:

_____

_____

_____

Es bringt mir folgende Nachteile:

_____

_____

_____

Will ich es ändern?

_____

_____

_____

Wie kann ich das tun?

_____

_____

_____

## 2. Wenn das äußere Moralgesetz fehlt oder nicht beachtet wird

**Wechselnde Maßstäbe**

Ebenso wie früher das innere Moralgesetz religiös oder doch durch gesellschaftliche Traditionen begründet wurde, so basierte das äußere auf der *öffentlichen Meinung*. Diese stellt fest, wann Moralversagen vorliegt und wann nicht. Erkennt sie auf Moralversagen, wird sozial bestraft. Da der Staat meist dann aktiv durch Gesetze tätig wird, wenn die öffentliche Meinung auf Moralversagen erkennt, und weil er solches Moralversagen durch Gesetze zu unterbinden versucht, kann in manchen Fällen auch die strafende Sanktion des Staates das Übertreten der Normen der exogenen Moral zur Folge haben.

Die öffentliche Meinung unterliegt einer Drift. Als vor noch nicht einmal zehn Jahren von einem Unternehmen betriebsbedingt einige tausend Mitarbeiter entlassen wurden, erkannte die öffentliche Meinung auf Moralversagen. Der Staat verschärfte den Kündigungsschutz. Wenn dagegen heute, im Zeitalter des Shareholder Value, viele tausend Arbeiter entlassen werden, und das allein, um das Betriebsergebnis durch Senken der Arbeitskosten zu verbessern, dann erkennt die öffentliche Meinung keineswegs mehr auf Moralversagen. Wer andererseits heute ein Auto fährt, dessen Auspuff nicht mit einem Katalysator ausgestattet ist, gilt als sozialer Schädling und wird den Repressionen der Staatsgewalt unterworfen.

Dass ein Mensch, der sich unkritisch dem Urteil der öffentlichen Meinung aussetzt, über eine nicht unproblematische Charakterstruktur verfügt, ist offensichtlich. Hier wird auch in besonders schöner Weise das Paradoxon des Titels dieses Buches deutlich: Charakterlosigkeit wird als Sozialverträglichkeit verstanden, während eine realistische, durchaus nicht sozialunverträgliche Sicht der Dinge als sozialunverträglich interpretiert werden kann.

## Der Naive

**Realitätsblind** Gemeint ist hier keineswegs jede Form der Naivität. Naivität kann als »Ursprünglichkeit« verstanden werden, dann ist sie kein Zeichen eines charakterlichen Defizits. Im Gegenteil. Aber auch eine andere Form der Naivität wird eher belohnt als bestraft. Wer etwa Sachverhalte und deren Wertung bezweifelt, die in einer bestrenommierten Tageszeitung standen, wird in bestimmten Kreisen als Kritikaster, als Störenfried, als Dummkopf abgetan, weil er nicht zureichend naiv ist, das für wahr zu halten, was da geschrieben stand. Gemeint ist hier eine andere Form von Naivität: Jene nämlich, die einen Sachverhalt nicht nach den Normen der öffentlichen Meinung beurteilt. Das ist gefährlich, weil die öffentliche Meinung eine reale Macht darstellt. Der Naive erscheint realitätsblind. Solche Form der Naivität zeugt wegen erheblicher Realitätsablösung daher nicht nur von einem Charakterdefizit, sondern auch von einem interaktionellen Handicap.

## Fallbeispiel

**Technik vs. Moral** ✳ In einem Chemiewerk geschieht eine technische Panne, die dazu führt, dass eine ganze Ortschaft mit einer durchaus nicht ungefährlichen Substanz belastet wird. Der Vorstand des Unternehmens beurteilt den Vorgang als technische Panne, die niemals ganz auszuschließen ist, wenn wir Menschen mit Chemikalien umgehen. Die öffentliche Meinung dagegen beurteilt den Vorgang als Moralversagen. Da der Vorstand nahezu eine Woche benötigt, um zu erkennen, dass es sich hier nicht um eine technische Panne handelte, sondern um ein Moralversagen, hatte sich die Vorstellung von einem sozialunverträglichem Verhalten des Unternehmens in den Köpfen der meisten eingenistet. Die Stadt verschärfte als Folge die Umweltschutzauflagen. Das Werk büßt daher nicht allein viel Geld, sondern auch einen Teil seines Rufes ein. Was hätte anders gemacht werden müssen? Möglichst noch ehe irgendein Meinungsmacher den Unfall näher als Folge eines Moralversagens hätte darstellen können, musste ein Vorstand in Fernsehen von dem Sachverhalt berichten. Er hätte zu erläutern gehabt, welchen wichtigen Zweck die ausgetretene Substanz gehabt hätte und dass er aufgrund einer Güterabwägung zu dem Schluss gekommen sei, der Nutzen des Produktes sei unverhältnismäßig groß gegenüber einem recht unwahrscheinlichen technischen Ventilversagen. Er habe sich in dieser Sache offensichtlich getäuscht und übernehme die Verantwortung für den Vorfall. Damit wäre das Pulver der öffentlichen Meinung so feucht geworden, dass man damit keine Kugel mehr hätte abschießen können.

### Frühe Sexualität

**Alte und neue Normen**

Dass die weitaus meisten Menschen unseres Kulturraums praktizierte Sexualität nicht mehr unter die Gebote und Verbote einer endogenen Moral stellen, ist offensichtlich. Mir ist in den letzten Jahren kaum ein Mensch begegnet, der auch nur ernsthaft befürchtete, wegen seiner nicht innerhalb der Ehe praktizierten Sexualität in die Hölle zu kommen oder auch nur ein schlechtes Gewissen haben zu müssen. Das betrifft vor allem jüngere Menschen (Jugendliche, junge Erwachsene). Unter Norbert Kluge untersuchte ein Forschungsteam das Sexualverhalten jugendlicher Frauen in Deutschland, und zwar nach Konfessionen unterschieden.[19] Das Ergebnis war einigermaßen überraschend:

| | katholisch | konfessionslos | evangelisch | andere Konfession |
|---|---|---|---|---|
| a) Mädchen vom 14.–17. Lebensjahr, die öfter als 50-mal Geschlechtsverkehr hatten | 36 % | 27 % | 23 % | 20 % |
| b) Völlig unvorbereitet auf den ersten Verkehr | 5 % | 2 % | 3 % | 13 % |

Besonders auffällig war, dass 26 % der katholischen jungen Mädchen von ihrer ersten Menstruation überrascht wurden (bei den »strenggläubigen« gar 49 %). 39 % der Katholikinnen gaben an, beim ersten Verkehr nicht verhütet zu haben (bei den »strenggläubigen« gar 50 %).

Das Ergebnis ist nicht einfach zu deuten. Sicherlich sollte die Aufklärungsquote höher liegen und die Aufklärung offener geschehen. Zum anderen mag eine Protesthaltung der jungen Frauen gegen eine als repressiv empfundene Sexualmoral eine gewisse Rolle spielen. Eines aber scheint sicher: Die Normen der »alten Moral« regulieren nur noch sehr begrenzt das Sexualverhalten – und je rigider die Normen vermittelt wurden, um so weniger. Ein oft gehörter Einwand: »Wenn es uns beiden doch nur Spaß macht, was soll denn daran Sünde sein?« Die *goldene Regel* der Thora oder der Bergpredigt: »Alles, was ihr von den anderen erwartet, das tut auch ihnen!« (Mt 7.12) wird ja nicht verletzt. Die *goldene Regel* kann mit einigen Anmerkungen als Grundlage einer exogenen Moral gewertet werden. Wer nur das tut, was er auch von anderen erwartet, verhält sich sozialverträglich, um nicht sozial be-

19 Ursula Ott, in: Die Woche vom 8. 1. 99, S. 25.

straft zu werden. Eine endogene oder gar religiöse strafende Instanz kommt hier nicht vor. Nun wird in der Pubertät und frühen Adoleszenz die Grundlage für die personale Einstellung zur Sexualität gelegt. Die erwähnten Zahlen lassen auf eine möglicherweise lebenslang infantil fixierte Sexualität schließen. Diese kann durchaus ein im Charakter begründetes Handicap bedeuten.

### Fallbeispiele

**Keine Sünde**  ✳  Nicht wenige junge Menschen, die, durchaus tief religiös, regelmäßig zur Beichte kommen, denken gar nicht daran, sexuelles Handeln, das von den Beteiligten als lustvoller Lebensvollzug wahrgenommen wird, zu beichten. Das hat halt nichts mit Sünde zu tun.

**Papstworte**  ✳  Als der Papst Johannes Paul II. 1997 anläßlich seines Besuchs in Frankreich in Paris für die Jugend einen Gottesdienst hielt, fuhr ich zusammen mit zahlreichen Studenten mit der Metro zum Campus der Universität zurück. Die Stimmung der jungen Leute war ausgelassen. Alle waren begeistert vom Papst – als einem tollen Entertainer. »Was er sagt, ist natürlich Quatsch« – war die unwidersprochene Meinung aller, die sich zu diesem Thema äußerten.

**Clintons Meineid**  ✳  Bill Clinton, von 1993–2001 Präsident der USA, entwickelte ein Verhältnis zur Sexualität, das völlig unreif war. Gelegenheitssexualität ist typisch für Pubertierende und Frühadoleszenten. Da sie bei Erwachsenen nicht selten zu peinlichen Situationen führt, wird der Betroffene versucht sein, sie psychisch und sozial abzuwehren. Das kann durchaus dazu führen, dass nicht nur private, sondern auch öffentliche Meineide geschworen werden. Wenn das kein Handicap ist, was dann?

## Der Fanatiker

**Die Religionsstifter**  Auf den ersten Blick mag es erstaunlich erscheinen, Fanatiker hier siedeln zu lassen. Es gibt sicherlich auch religiösen Fanatismus, der sich selbst als religiös legitimiert erfährt. Für ihn ist Fanatismus eine Form, seinem religiösen Gewissen zu folgen. Dennoch ist jeder Fanatismus sozialunverträglich und damit sowohl moralisch als auch ethisch verwerflich. Es ist erstaunlich, wie wenige der großen Religionsstifter Fanatiker waren: Weder Buddha noch Esra und Nehemia (die Stifter des institutionalisierten Jahwekultes), weder Jesus noch Muchammad, weder Laotse noch Zoroaster – und dennoch gab es in allen von ihnen gegründeten Religionsgemeinschaften erhebliche Perioden des Fanatismus. Dass solcher Fanatismus nicht sozialverträglich ist und somit jeder Moral und Ethik entbehrt, ist selbst dann und vor allem dann, wenn er sich auf ein Mandat des Göttlichen beruft, offensichtlich.

**Fallbeispiele**

**Allein selig machend**

✳ Dass das Christentum in seinen verschiedenen Erscheinungsformen fanatisch sein kann, belegen für den katholischen Raum vor allem die Kreuzzüge, die Ketzer- und Hexenverbrennungen – aber auch Konzilsbeschlüsse. Das Konzil von Florenz formulierte gegen die Mitte des 15. Jahrhunderts im Jakobitendekret: »Selbst wenn jemand sein Blut für Jesus hingibt, gehört aber nicht zur katholischen Kirche, so ist er auf ewig verdammt.« Dieser Anspruch auf das *Allein-selig-Machend* widerspricht – insoweit intolerant – jeder exogenen Moral und gilt als sozialschädlich. Wer dennoch seine Selbstdefinition von der Zugehörigkeit zu einer solchen Gemeinschaft herleitet, handelt nicht nur sozialunverträglich, sondern muss schon ein erhebliches charakterliches Defizit mitbringen, das er auf solche Weise zu kompensieren versucht.

**Islamischer Fundamentalismus**

✳ In unserer Zeit erleben wir in einigen Ländern einen fundamentalistischen Islam. So im Iran, in Libyen, in Saudi-Arabien, in Algerien. Dabei ist vom Anspruch her der Islam sehr viel toleranter als das Christentum. Als die Christen Spanien »zurückeroberten«, flohen die unter der Fahne des Propheten in Frieden lebenden Juden vor ihnen nach Nordafrika. Dass manche Vertreter des Islam sich vor der ideologischen Globalisierung zu bewahren versuchen, ist durchaus verständlich, denn diese Globalisierung ist charakterisiert durch eine fundamentale Gottlosigkeit und Unmenschlichkeit. Aber wird hier der Teufel nicht mit Beelzebub ausgetrieben? Gibt es nicht andere, humanere Methoden, sich der fundamentalen Diesseitigkeit zu entziehen, als die Flucht in eine Zwingburg voller Zwänge?

**Hindus und Muslime**

✳ Nach der Teilung der einst britischen Kolonie »Indien« in Indien und Pakistan entstanden zwischen den Religionsgruppen der Hindus und der Muslime erbittere, hasserfüllte Kämpfe, obwohl gerade der Hinduismus Toleranz groß und über lange Jahrhunderte überzeugend auf seine Fahnen geschrieben hatte. Hier wird ein Phänomen deutlich, das unsere Zeit in einigen Regionen des Balkan, des nahen Ostens und Zentralafrikas zu bestimmen scheint: Religiöse Überzeugungen verbinden sich mit ethnischer Elite-Überzeugung zu einem grausigen Gemisch, das stets in der Gefahr ist zu explodieren.

**Unternehmens-**
**sanierer**

✳ Es wäre nun falsch, die Intoleranz als Wesen des Religiösen zu sehen. Aber eine Gefahr hat das Religiöse in so mancher Ausdrucksform an sich: Es führt zur Ausbildung ideologischer Eliten, das sind Eliten, die ihren elitären Anspruch aus der Zugehörigkeit zu einer bestimmten Glaubensgemeinschaft, Ethnie, Berufsgruppe ... herleiten. Ich kenne einige (ökonomisch) sehr erfolgreiche Unternehmenssanierer, die ihrem Gewerbe mit geradezu fanatischem Eifer nachkommen – gleichgültig, welche und wie viele Menschen da auf der Strecke bleiben.

**Kollegenneid**

✳ Nicht selten ist Intoleranz in manchen Berufsgruppen besonders verbreitet. So gibt es Regionen, in denen Ärzte alle anderen als Scharlatane abtun. Ebenso ist die *invidia clericalis* (der Neid der Kleriker gegeneinander) ein verbreitetes Phänomen. Wenn jemand erfolgreich neue Wege in der Seelsorge beschreitet, kann er ziemlich sicher sein, dass er den Neid (der ja immer auch Intoleranz in sich birgt) mancher seiner Kollegen auf sich zieht. Es ist durchaus verständlich, dass Menschen mit schwacher Ich-Bildung ihr Ich vom beruflichen Erfolg her zu interpretieren versuchen. Wird diese Interpretation in Frage gestellt, soll sie durch intolerante Diskreditierung des/der anderen gerettet werden. Auch in diesem Fall liegt ein sozial schädigendes Verhalten vor. Es ist strukturell paradox, weil der Betreffende versucht, sein öffentliches Image zu verbessern, obwohl gerade dieses leidet.

## Der Asoziale

**Nur der eigene**
**Vorteil zählt**

*Asozial* werden umgangs- und rechtssprachlich Personen oder soziale Systeme genannt, deren Verhalten über längere Zeit und meist regelgeleitet den moralischen Mindestanforderungen ihres sozialen Umfeldes nicht entspricht. Solche Asozialität hat zwei recht unterschiedliche Ausprägungen: die *Antisozialität* und die *Anomie*, das nicht gesellschaftskonforme Verhalten. Im letzteren Fall kann ein Mensch sich aufgrund anlage- und/oder umweltbedingter Vorgaben moralisch und sozial nicht in ein soziales System eingliedern. Von der Anomie soll hier nicht die Rede sein, denn sie ist zwar charakterprägendes Schicksal, untersteht jedoch in keiner Weise der moralischen Zuständigkeit des Betroffenen.

Die Antisozialität, das bewusste Handeln gegen moralische und soziale Normen mit dem Ziel, sich einen Vorteil zu verschaffen, folgt – wenn überhaupt – einer exogenen Moral. Der Antisoziale schaut nur auf den meist vordergründigen eigenen Nutzen und sucht ihn durch Handlungen oder Unterlassungen herbeizuführen. Während die meisten Menschen zur Grundlage ihres sozialen Verhaltens den eigenen langfristigen Nutzen machen und deshalb unter Umständen auf naheliegende Vorteile verzichten können, gilt das nicht für Antisoziale. Sie handeln bewusst gegen den Nutzen anderer, um den eigenen zu mehren. Diese Verhalten verbindet charakterneurotische Elemente mit primärprozesslichen von Symptomneurosen.

Andererseits ist der Zwang, sich antisozial zu verhalten, keineswegs so erheblich, dass er einen entgegengesetzten freien Willensentscheid grundsätzlich ausschlösse. In gewissem Umfang und unter bestimmten Umständen können Pubertierende Phasen solcher Antisozialität durchlaufen, ohne dass eine pathologische Disposition befürchtet werden muss. Wenn ein solcher Mensch sich überhaupt sozialverträglich verhält, also seinem exogenen Gewissen folgt, dann allenfalls um des augenblicklichen Vorteils willen. Dass sich diese Charakterlosigkeit auf die Dauer nicht auszahlt, dürfte evident sein. Dem antisozialen Verhalten liegt eine mehr oder minder bewusste Entscheidung zugrunde. Zumeist stimmten die Grundzüge der Sozialisierung. Dann aber traten soziale oder psychische Situationen ein, in denen alles, was im Horizont der Sozialisationen vermittelt wurde, abgelegt wird – aus Enttäuschung, aus Protest, aus Rache …

### Fallbeispiele

**Der Trainer**  ✳ Ein Management-Trainer fragt sich bei jeder Anfrage nach seinen Diensten an erster Stelle: »Was nützt es mir?« Kommt er zu einem positiven Ergebnis, ist er fähig und bereit, Techniken zu vermitteln, deren Anwendung längst als überholt, ja als sozial und ökonomisch schädlich gilt. Die Hauptsache ist ihm das schnelle Geld. Das Merkwürdige an der Sache ist: Er leidet keinesfalls an einem Mangel an Aufträgen. Andererseits ist es selten, dass er zweimal ins gleiche Unternehmen gerufen wird.

**Der Vertreter**  ✳ Ich kenne einen Versicherungsvertreter, der sich bewusst und vorsätzlich die Unerfahrenheit seiner Klientel zum eigenen Vorteil zunutze macht.[20] Es hat damit erheblichen persönlichen finanziellen Erfolg und ist bei seinem Bereichsleiter, der offensichtlich vor den Manipulationen seines Mitarbeiters Ohren und Augen verschließt, recht angesehen. Er passt sich den Normen seines sozialen Feldes (scheinbar oder gar an-

---

20 Das zum Vertragsabschluss notwendige Rechtsgeschäft ist gemäß § 138 BGB zwar nichtig, der Versicherungsvertrag kommt also gar nicht erst zustande, doch weiß der Betroffene oft nichts davon und zieht erst recht nicht die rechtlichen Konsequenzen.

scheinend?) an. Dass sein im Charakter begründetes sozial schädliches Verhalten vorübergehend belohnt wird, hält ihn frei von sozialen Strafen und ist insoweit für ihn gerechtfertigt. Dass er wie auf einem rauchenden Vulkan lebt, der jederzeit ausbrechen kann, ist ihm nicht bewusst.

**Der Rächer** ✳ Vor Jahren begegnete ich einmal einem jungen Mann, der unschuldig Jahre in einer Justizstrafanstalt verbringen musste. Erst einige Zeit nach seiner regulären Strafverbüßung wurde der wahre Schuldige ermittelt. Er schwor sich Rache an einer Gesellschaft, die Unschuldige einsperrt, ohne ihnen wirksame Mittel zur Verfügung zu stellen, sich ihrer Haut zu wehren. Zunächst wandte er jene Techniken an, die er im Knast gelernt hatte: Er brach in Autos und Häuser ein. Er raubte auf offener Straße Handtaschen. Endlich vergewaltigte er mehrere Frauen. Eine dieser Vergewaltigungen führte tatsächlich zur Anklage, und er wurde, weil er vorbestraft (sic!) war, zu vier Jahren Freiheitsstrafe (ohne Bewährung) verurteilt. Die anderen Straftaten wurden nicht entdeckt. Aber hier wurde ein Mensch in die Antisozialität getrieben, sicher wegen seiner Ich-Schwäche, vor allem aber wegen des Versagens des gesellschaftlichen Umfeldes. Sein Antrag auf eine psychotherapeutische Behandlung, unmittelbar nach der ersten Haftentlassung gestellt, wurde von der Krankenkasse negativ beschieden.

## Der sittliche Mensch in einem faschistoiden System

**Das soziale System und sein Zweck** Es geht hier um den Mitläufer in einem faschistoiden sozialen System. Das kann ein Staat, eine Partei, ein Unternehmen, eine Kirche etc. sein. »Faschistoid« nennen wir ein soziales System, dass sich selbst zum höchsten politischen, ökonomischen und/oder religiösen Gut macht. Da alle sozialen Systeme der Menschen wegen existieren und nicht etwa umgekehrt, ist die inhumane Struktur eines solchen Systems offensichtlich. Es macht die Menschen zum Mittel, zum Instrument seiner eigenen Ziele. Die Selbstzwecklichkeit sozialer Systeme ist nun keineswegs etwas, das einem sozialen System an sich fremd wäre. Solange dem nicht bewusst entgegengesteuert wird, entartet jedes soziale System faschistoid. Menschen, die sich den Normen eines solchen Systems anpassen, werden oft erheblichen Erfolg haben. Oft entschuldigen, nein! idealisieren sie ihr Verhalten mit Sätzen wie: »Du bist nichts, dein Volk ist alles!« – »Es kommt darauf an, dass die Kirche wächst, mein Schicksal ist da unerheblich!«

**Fallbeispiele**

**Kontaktsperre-gesetz**

✳︎    Das sogenannte *Kontaktsperregesetz* (§§ 31–38 EGGVG) der BRD[21] erlaubt es der Exekutive (Landesbehörden, Justizminister), Menschen mehrmals für je 14 Tage in ein »Schweigelager« einzusperren, ohne dass je ein Richter mit der Sache befasst wird. Nicht einmal die Angehörigen oder ein Wahlverteidiger (ein Pflichtverteidiger wurde später zugestanden) weiß, wo die Eingesperrten sich befinden. Erst recht wird ihnen jede Form der mündlichen oder schriftlichen Kontaktaufnahme untersagt. Dieses Gesetz ist zweifelsfrei faschistisch, denn es stellt den Staat und seinen Bestand als höchstes Rechtsgut vor (und nicht etwa die Würde des Menschen, wie es das Grundgesetz verlangt).[22]

**Unternehmens-erfolg**

✳︎    Unternehmen, deren »Faktorenverantwortung« sich ausschließlich auf die Produktionsbedingung *Kapital* beschränkt und die alle anderen Faktoren wie *Arbeit, Umwelt, Kreativität, Unternehmenskultur* etc. an die zweite oder an gar keine Stelle stellen, sind faschistoid. Sie machen sich und ihren kapitalbezogenen unternehmerischen Erfolg zum einzigen anzustrebenden Gut. Die deutsche Version des Shareholder Value ist eine mögliche Umschreibung für solchen betrieblichen Faschismus.

**Dogmatik**

✳︎    Aber auch Kirchen können sich selbst zum höchsten religiösen Gut machen. Zweifelsfrei und theologisch wie religiös unbestritten, haben sie das Recht und die Pflicht, seelsorgliche Handlungen vorzunehmen und auf andere Weisen das von Jesus verkündete Gottesreich zu realisieren. Aber mit zum Teil destruktiv aggressivem Verhalten verfolgen sie alle, die anders oder gar – noch schlimmer – anderes glauben. Alle Glaubensbekenntnisse und alle Dogmen wurden von der Kirche, nicht von Jesus von Nazaret verkündet, vor allem um ihre eigene Identität zu definieren und zu stabilisieren. Die Kirchen entdeckten damit eine Methode, die ihren Bestand über die Jahrhunderte sicherte. Nur der Hinduismus und der Buddhismus, das Judentum und der Konfuzianismus waren darin bei deutlich größerer Toleranz erfolgreicher. Der Verzicht

21  § 31 EGGVG bestimmt unter anderem: »Besteht eine gegenwärtige Gefahr für Leben, Leib oder Freiheit einer Person, begründen bestimmte Tatsachen den Verdacht, dass die Gefahr von einer terroristischen Vereinigung ausgeht, und ist es zur Abwehr dieser Gefahr geboten, jedwelche Verbindung von Gefangenen untereinander und mit der Außenwelt einschließlich des schriftlichen und mündlichem Verkehrs mit dem Verteidiger zu unterbrechen, so kann (von der Landesregierung oder einer von ihr bestimmten Landesbehörde) eine entsprechende Feststellung getroffen werden.« Die Länder treffen dann diese Maßnahmen, die zur Kontaktsperre nötig sind.

22  »Die Würde des Menschen ist unantastbar. Sie zu achten und zu schützen ist Verpflichtung aller staatlichen Gewalt.« (GG Art. 1)

auf eine straffe Organisation mit den damit verbundenen Gefahren faschistoider Entartung sind also keineswegs überlebenswichtig. Für die katholische Kirche in Deutschland zählt z. B. auch ein aus steuerlichen Gründen vollzogener Austritt aus der Körperschaft öffentlichen Rechts *Katholische Kirche* als Kirchenaustritt (AfkKR 138 (1969) 558) – selbst dann, wenn protokolliert wurde, dass der Betroffene eben nur dieser Körperschaft Ade sagen wollte, keineswegs aber der Glaubensgemeinschaft. Wer also keine Kirchensteuer zahlt, obwohl er dazu verpflichtet wäre, wohl aber der Glaubensgemeinschaft der Kirche angehören will, sündigt wider den Glauben und ist ausgestoßen (exkommuniziert). *Katholisch* ist jemand nur dann, wenn er – wenn dazu verpflichtet – Kirchensteuer zahlt, unabhängig von seinen Glaubens- und Moralvorstellungen. Selbstverständlich mag man sich auch hier fragen, ob ein solches Verfahren faschistoid ist.

## Bestandsaufnahme

Verhalte ich mich manchmal ähnlich wie ein Naiver (s. S. 75), Fanatiker (s. S. 77–79) oder Asozialer (S. 79–81)?

Manifestiert sich meine Sexualität in unreifer Weise (s. S. 76/77)?

Habe ich Ähnlichkeit mit einem sittlichen Menschen, der sich einem faschistoiden System unterwirft (s. S.81–83)?

In welchen Situationen zeigt sich das?

Wie kann ich es ändern?

Was gewinne ich dabei?

Was kann ich dabei verlieren?

Wie will ich vorgehen?

Erster Schritt wäre ...

Der zweite Schritt könnte sein ...

Als dritten Schritt nehme ich mir vor ...

Von welchem dieser auf S. 84 noch einmal genannten Mängel fühle ich mich frei?

Das zeigt sich zum Beispiel, wenn ...

Es bringt mir folgende Vorteile:

Es bringt mir folgende Nachteile:

Will ich es ändern?

Wie kann ich das tun?

# 3.  Wenn jede Sittlichkeit fehlt

**Was ist Sittlich-
keit? S. S. 15 f.** Bisher habe ich Ihnen Verhaltensweisen vorgestellt, die – oft unbewusst
und nicht reflektiert – in einer sittlichen Grundorientierung gründen.
Jetzt sollen Verhaltensweisen vorgestellt werden, die weder mit einem
inneren noch mit einem äußeren Moralgesetz verträglich sind, denen
eine solche Grundorientierung fehlt. Dabei geht es keineswegs um eine
moralische Verurteilung. Mögen Menschen sich auch noch so sozial
unverträglich verhalten – wir wissen nicht, aus welchen Motiven sie
sich eben so verhalten. In aller Regel spielen bei solchem Verhalten
auch pathologische Mechanismen eine Rolle, in die wir uns schwer hin-
eindenken können.

## Der Einzelgänger

**Es gibt viele
Formen** Zunächst soll festgehalten werden, welche Ausdrucksformen des Ein-
zelgängerseins hier *nicht* gemeint sind.
- Zunächst einmal alle Menschen, die ein ausgesprochen großes Einsamkeitsbedürfnis haben und sich, soweit als möglich, wenn nicht
  akzeptierte Pflichten es einfordern, aus menschlicher Gesellschaft
  zurückziehen.
- Dann aber alle Menschen, deren Niedergeschlagensein es ihnen zeit-
  weise schwer macht, mit anderen und ihren »Nichtigkeiten« zusammen zu sein.
- Gemeint sind ferner *nicht* jene Menschen, die sich, vom Leben enttäuscht, aus menschlicher Gesellschaft zurückziehen.
- Ebensowenig rede ich hier von Menschen, die sich von niemandem
  verstanden wissen und deshalb die Einsamkeit suchen, um dort sich
  selbst zu finden.

Gemeint sind hier vielmehr Menschen, die in vermeintlicher Suche nach
Unabhängigkeit keine sozialen Beziehungen eingehen wollen, weil diese
ihnen zeitliche, emotionale, soziale, finanzielle … Verpflichtungen auf-

erlegen könnten. Die Flucht vor der verpflichtenden Bindung lässt sie allenfalls nicht verpflichtende Bindungen oder nur oberflächliche, jederzeit schmerzlos zu beendende eingehen. Diese Menschen können durchaus beruflichen Erfolg haben. Ich kenne Vorstände großer Unternehmen, die entweder schon solche Vereinsamung mitbrachten oder sie im Amt erworben haben. So bleibt ihnen nur der von ihnen jederzeit zu kontrollierende Kontakt im Subordinationsverhältnis.

Auch hier handelt es sich um ein charakterliches Defizit. Als Sozialwesen sind wir Menschen darauf angewiesen, mit anderen in Gemeinschaften (das heißt: emotional gebundenen Systemen) zusammenzuleben. Nur aus der Art, wie wir mit anderen und ihren Interaktionsangeboten umgehen, können wir herausfinden, wer wir sind. Wenn wir darauf verzichten und uns in eine *splendid isolation* zurückziehen, in der wir vor uns selbst stets groß erscheinen, wird solch scheinbare, realitätsabgelöste Größe zu einem Verhalten führen, das andere als arrogant wahrnehmen.

### Fallbeispiele

**lonely wolf** ✳ Nicht wenige Vorstände großer Unternehmen entwickelten das so beschriebene Einsamkeitsbedürfnis, das sie schließlich wie ein *lonely wolf* die Steppe durchstreifen ließ. Die immer wieder genannte Begründung lautet: »Im Unternehmen darf ich keine Freundschaft zulassen, weil ich damit emotional ausbeutbar, sozial befangen werde; außerhalb des Unternehmens kann ich keine Freundschaft aufbauen, weil mir zu deren Kultur die Zeit fehlt.«

**Ich bin der Größte!** ✳ Ich kenne einen Kollegen, der sein Einzelgängertum aus Arroganz ganz einfach damit begründet, dass er mit keinem Menschen beruflich zusammenarbeiten könne, weil alle weniger gut seien als er selbst. Ein ähnliches Symptom entwickeln auch manche Manager, die zutiefst davon überzeugt sind, dass sie alles besser machen könnten als ihre Mitarbeiter. Mitarbeiter muss man haben (a) des Prestiges willen und (b) weil der Tag nur 24 Stunden hat. Sie sind also nur Folge kategorialer Unzulänglichkeiten. Es wäre nun falsch anzunehmen, dass diese Personen ein befriedigendes Familienleben führten. Mitunter erwarten sie von ihrem Partner jene Perfektion, die sie bislang nur bei sich fanden, oder es fehlt ihnen aufgrund ihrer Fehleinstellung die Zeit, die für die Kultur jeder Partnerschaft aufzubringen ist.

**Menschenhass** ✳ Besonders problematisch sind misanthropische Einzelgänger. Platon berichtet – psychologisch gut beobachtend – im *Phaidon*: Misanthropie (»Menschenhass«) entstehe, wenn man früher einmal Menschen zu großes Vertrauen entgegenbrachte und dieses Vertrauen missbraucht oder anderswie enttäuscht wurde. Wer diese subjektive Erfahrung, die wohl keinem Menschen erspart bleibt, verallgemeinert, bildet die Vermutung aus, es gebe überhaupt keine zuverlässigen Menschen, denen man trauen dürfe. Es kommt zu einer gekränkten Abwendung von allen Menschen. In den *Nomoi* (»Gesetze«) stellt Platon die These dar, dass in der Erziehung »eine zu strenge und harte Unterwerfung die Jungen zu Schwächlingen, Unfreien und Menschenfeinden und für das Zusammenleben untauglich macht«.[23] Misanthropen mögen Menschen nicht leiden, weil sie vor allem deren Fehler, Grenzen und Mängel sehen. Für sie ist der Mensch eine Art Fehlprodukt der Evolution. Sie folgen einer selbstgeschaffenen Moral.

**Menschen-**
**verachtung**

✳ Es ist mir ein Jurist (Strafrichter) bekannt, der alle Menschen verachtet wegen ihrer Unfähigkeit, klar zu denken, Recht von Unrecht zu unterscheiden, Emotionalität und Rationalität voneinander zu trennen. Die glasklare Vernünftigkeit war für ihn das, was einen Menschen zum Menschen macht. Ich vermute, dass auch er – wem ginge das anders? – diese Haltung in seine Urteile einfließen ließ. Zu diesem Zusammenhang findet sich manche Weisheit bei den Revolutionären in Frankreich nach 1789. Sie setzten in Notre Dame eine Dirne auf den Altar – als Göttin der Vernunft. Vielleicht erkannten sie als erste, dass die Vernunft keine absoluten Normen kennt und dass das, was vernünftig ist, sich nicht absolut und allgemein verbindlich ausmachen lässt. Die Vernunft buhlt vielmehr mit jedem, der genügend dafür zu zahlen bereit ist. Und ihr Preis ist hoch: Es ist die Arroganz, die nicht zu sehen und erst recht nicht zu akzeptieren vermag, dass wir Menschen sehr viel mehr von unserer Emotionalität und Sozialität geleitet werden als von unserer Rationalität.

## Der Unangepasste

**Jedes System**
**fordert**
**Anpassung**

Der Mensch, der sich nicht an sozial akzeptierten, religiös oder sozial vorgegebenen Normen orientiert, gilt als unangepasst. *Anpassung* bezieht sich immer auf ein meist größeres, Normen setzendes soziales System, das selbst definiert, was in ihm als richtig gilt und was nicht.

23 Der einzige mir bekannte Philosoph, der das Wesentliche des Christentums in der Misanthropie sieht, ist Søren Kierkegaard. Für ihn ist »Christentum im Neuen Testament (im Unterschied zum gelebten Christentum) ..., Gott lieben im Menschenhass, im Hass gegen Vater und Mutter ..., der stärkste Ausdruck für die qualvollste Vereinzelung«. (Samlede Værker, 14, 196)

Es gibt Formen solcher Anpassungsverweigerung aus Gewissensgründen. Um die geht es hier nicht. Ausgeschlossen wird also in der folgenden Untersuchung des *Unangepassten*:

- die Nicht-Anpassung an die Normen eines faschistoiden oder gar faschistischen (oder anderswie nekrophilen) Systems,
- die mangelnde Anpassung an ein System voller aktiver Intoleranz, dem der Mensch durchaus in reaktiver (meist unangepasst scheinender) Intoleranz begegnen sollte,
- die Abweisungen von Forderungen, die dem eigenen verantwortlich gebildeten Gewissen widersprechen,
- die Weigerung, das für wahr zu halten, was andere für wahr halten, obwohl es nur wahrscheinlich sein kann,
- die Realisierung primärer Tugenden.

Alle diese Formen der Nicht-Anpassung werden wir im folgenden Kapitel (auf S. 109–116) ausführlicher behandeln, soweit sie in orientierter und orientierender Sittlichkeit gründen.

Gemeint ist hier vielmehr die Nicht-Anpassung aufgrund einer Ich-Schwäche. Nicht selten sind es gruppendynamische Prozesse, die einen Menschen seine Autonomie verlieren lassen, ohne dass, wie im Fall der Überanpassung, heteronome Steuerungen diesen Verlust kompensierten. Unangepasste Menschen müssen nicht ins Asoziale oder Antisoziale abgleiten. Sie sind meist einsam, wenn sie sich nicht mit ähnlich unangepassten Menschen assoziieren.

## Fallbeispiele

**Bindungs-unfähigkeit**

✳ Mir begegnete einmal auf einer Wanderung an der Südwestküste Fuerteventuras ein jüngerer Mann, der – auf seinem Handtuch sitzend und aufs Meer starrend – einen sehr verlorenen Eindruck machte. Weit und breit war kein anderer Mensch zu sehen. Ich setzte mich neben ihn, er rückte einen Meter ab. Doch nach einer guten Viertelstunde begann er zu sprechen. Aus seiner heiseren Stimme und seiner gelegentlichen Schwierigkeit, die Worte zu finden, die er sagen wollte, schloss ich, dass er schon längere Zeit keinen Gesprächspartner mehr gefunden hatte. Was er mir erzählte, war die Geschichte einer verzweifelten Einsamkeit und eines – wie er sagte – verpfuschten Lebens. Im Elternhaus kam er nicht zurecht, weil er die Anordnungen seiner Eltern als repressiv erlebte. Auf der Schule kam er nicht zurecht, weil er der Meinung war, dass alles, was die Lehrer lehrten (besser: zu lehren versuchten), überflüssig war fürs Leben. Ohne Hauptschulabschluss verließ er die Schule. Eine Lehre brach er wegen wiederholter Meinungsverschiedenheiten mit seinem Meister ab. Er jobbte gelegentlich (meist schwarz), wenn sich ihm etwas bot. Nirgends aber hielt es ihn für längere Zeit. Es war ihm unmöglich, irgendwelche Normen oder auch nur Regeln gegen sich und seine vermeintlichen Bedürfnisse gelten zu lassen. Vor drei Jahren verließ er Deutschland und schlug sich einsam durch die Welt. Viele Länder hatte er gesehen, aber nirgends Heimat gefunden. Nun hatte er sich aus allerlei Angeschwemmtem unter überhängenden Felsen eine Hütte gebaut. Er ernährte sich von den Abfällen, die Touristen hinterließen – auch bettelte er sie schon einmal um Nahrung an. In den Bergen fand er eine alte Zisterne, die ihn mit Trinkwasser versorgte. Ich hörte ihm lange zu, ohne etwas zu sagen. Nur meinen Proviant ließ ich ihm zurück. Im folgenden Jahr suchte ich lange nach ihm, ohne ihn zu finden. Er hatte nie die Gelegenheit gefunden, so etwas wie »Charakter« auszubilden. Das wurde ihm zum Handicap.

**Noch einmal: Peter-Prinzip**

✳ Ein Topmanager war – vermutlich über das Peter-Prinzip, s. S. 62 – zum Abteilungsleiter aufgestiegen. Arbeit, solange sie anerkannt und erfolgreich war, machte ihm Spaß. Aber mit der neuen Position war ihm der Spaß vergangen. Erfolg und Anerkennung wurden zu Fremdwörtern. Er fühlte sich durch den Anspruch der neuen Aufgaben total überfordert. Nun hätte jeder Mensch von einigem Selbstbewusstsein hier entsprechende Konsequenzen gezogen. Seine Konsequenz war jedoch, sich immer weniger an Weisungen und Anordnungen »von oben« zu halten. Mit keinem seiner neuen Kollegen konnte er einen stabilen Kontakt aufbauen. Mit seinen ehemaligen Kollegen verband ihn zwar eine Art von Kameraderie, aber die befriedigte ihn weder emotional noch sozial. Bald schon galt er im Unternehmen nicht nur als Fehlbesetzung (die er war), sondern auch als unangepasst. Da eine Kündigung dem Unternehmen zu teuer geworden wäre, kam es zu einem systematischen Mobbing. Diesen dauernden Anfeindungen und Beleidigungen war er auf die Dauer nicht gewachsen – und er kündigte. Da er immerhin schon 52 Jahre alt war, waren seine Chancen gering, in einem Industrieunternehmen wieder in eine Top-Position hineinzukommen. Zudem entwickelte er ein ausgesprochenes *Burn-out-Syndrom*, das nicht nur Menschen mit Helfersyndrom befallen kann, sondern auch Menschen, die lange Zeit über, nach erfolgreichen Jahren, mit erheblichen Frustrationen (Vergeblichkeits-Erfahrungen) konfrontiert wurden. Auch ihm wurde das Fehlen eines Charaktermerkmals (Erkennen und Akzeptieren der eigenen Grenzen) zum Handicap.

**Verändertes System**

✳ Was unter *Anpassung* verstanden wird, wurde vom sozialen System definiert. Soziale Systeme aber unterliegen einem autodynamischen Trend, der von keinem Menschen bewusst gesteuert wird und seine Normen verändern kann. Daher ist es möglich, dass ein gut angepasster

Mensch in die Außenseiterrolle des Unangepassten gerät, ohne es zu merken. Das betrifft vor allem jene in einem sozialen System lebenden Menschen, die nicht regelmäßig mit der Mehrzahl von systemisch gebundenen und angepassten Menschen interagieren und daher nicht merken, dass ihre Normen für diese Mehrzahl nicht mehr gültig sind. Da sie selbst nichts von ihrer Unangepasstheit erfahren, sind sie mitunter überrascht, wie heftig aggressiv die Angepassten über sie herfallen. Mir selbst sind aus den fast 50 Jahren meiner Ordenszugehörigkeit eine Reihe solcher Fälle bekannt. Die anfangs latente und kaum zu bemerkende Aggressivität dem Unangepassten, dem nicht mehr Angepassten gegenüber bricht sich früher oder später Bahn und führt dann – für den Betroffenen nahezu unerklärlich – zu einer Exkommunikation aus einer Gemeinschaft. Er hatte die Normen in ihrem Wandel nicht erkannt oder missverstanden. Charakter, der sich nicht einfachhin einem Normentrend ausliefert, wurde zum Handicap.

## Der Überangepasste

**Die unbemerkte Schwäche**

Überangepasste Menschen, die bereit sind, ihre eigenen Wertvorstellungen aufzugeben, nur um dazuzugehören, gibt es wie Sand am Meer. Vermutlich ist das Fehlen eines gültigen inneren und äußeren Moralgesetzes für diese Charakterlabilität verantwortlich. Das Problem besteht darin, dass die weitaus meisten dieser Menschen sich für ausgesprochen charaktervoll halten und glauben, moralischen Normen zu folgen. Doch dieses Wahngebäude bricht unter geringer Belastung zusammen. Andererseits haben viele überangepasste Menschen beruflichen und privaten Erfolg. Charakter, zu dem eine stabile und belastbare sittliche Ordnung gehört, würde ihnen zum Handicap.

### Fallbeispiele

**Noch einmal: Das Milgram-Experiment**

✳ Das klassisch gewordene Beispiel für solche Überangepasstheit stellt das Milgram-Experiment (s. S. 47 f.) vor. Sein Ergebnis ist klar: Offensichtlich sind wir Menschen, sobald wir in ein soziales System (in unserem Fall ein aus den Interaktionen dreier Personen kurzfristig konstruiertes System) eingebunden sind, bereit, viele unserer moralischen Überzeugungen über Bord zu werfen. Es steht also durchaus zu vermuten, dass die meisten Menschen überangepasst sind.

**Herdentrieb**

✳ Schlecht geleitete gruppendynamische Übungen führen ebenfalls zu Verhaltensweisen, zu denen viele Menschen außerhalb der durch diese

Dynamik reduzierten Autonomie nicht bereit gewesen wären. Ich habe in den 60er Jahren verschiedentlich an einwöchigen *Sensitivity Trainings* teilgenommen. Es war nahezu die Regel, dass alle Teilnehmer jede Nacht mit jeweils anderen Partnern verbrachten. Wer sich davon ausschloss, wurde von der Gruppe unter Druck gesetzt, bis er/sie sich vorübergehend assoziierte.

**Gegen den Herdentrieb**

✳ Es wäre nun aber falsch anzunehmen, dass solche gruppendynamischen Prozesse nur innerhalb von Trainings stattfinden würden. Die Teilnahme an einem solchen Training ist aus zwei Gründen durchaus zu empfehlen. Die Teilnehmer erkennen die Grenzen der eigenen Autonomie und lernen in Situationen, in denen nicht im Training, sondern im Alltag Gruppendynamik wirksam wird, in sinnvoller Weise Widerstand zu leisten. Es ist erstaunlich, wie wenige Menschen über die Beschränkung ihrer Autonomie innerhalb sozialer Systeme informiert sind, vor allem wenn diese und ihre Grundüberzeugungen stark verinnerlicht und damit zum Teil des inneren Moralgesetzes wurden. Ich verbinde in meinen Trainings stets gruppendynamische Elemente mit solchen, in denen die Teilnehmer in kommunikativen Übungen Autonomie entwickeln.

**Phantombild**

✳ Eine besonders destruktive Form können gruppendynamische Prozesse annehmen, wenn es darum geht, über Abwesende zu sprechen. Dabei wird oft ein – meist negatives – kommunikatives Phantombild aufgebaut. Das ist sogar die Regel, wenn ein Mitglied etwa eines Unternehmens besondere Erfolge hat oder auf andere Weise positiv auffällt. Dann neigen viele Gruppen dazu, ihn klein zu machen – wenigstens so klein wie eines der schwächsten Gruppenmitglieder. Da das nicht immer – etwa durch Intrigen, Legen von Fußangeln, Zurückhalten wichtiger Informationen oder andere Formen des Mobbing – zu realisieren ist, konstruiert man solch ein negatives kommunikatives Phantombild, damit der andere wenigstens in dieser Kommunikationsgemeinschaft als absolut minderwertig erscheint. Es ist das Schicksal nicht weniger Vorgesetzter, die sich zu wenig um konstruktive Kommunikation mit ihren Mitarbeitern kümmern, dass solche Bilder entstehen. Wer nicht weiß, dass nicht er führt, sondern das Phantom, wird seine Führungsinteraktionen suboptimal organisieren. Sein Phantombild zu kennen ist also wichtig. Der Autor musste selbst in einer ziemlich dramatischen Situation erleben, dass man in einer Gruppe während seiner Abwesenheit durch mehrere Jahre ein kommunikatives Phantombild aufbaute. Dieses Bild unterschied sich derart weit von dem in den Interaktionen mit anderen Menschen erfahrbaren und verifizierbaren Selbstbild, dass eine Trennung von dieser Gruppe unausweichlich wurde.

**Wes' Brot ich
ess …**

✳ Eine traurige Erfahrung machte ich beim Aufbau einer auf Sittlichkeit gründenden Unternehmenskultur in einer Firma, deren Geschäftsführer dieses Vorhaben stark unterstützte. Nachdem er aus Altersgründen ausgeschieden war, trat ein anderer an seine Stelle, der seine – rein ökonomisch orientierten – Vorstellungen durchzusetzen versuchte. Solche Vorstellungen richten sich bekanntlich monopolar an ökonomischen Größen aus und haben nichts mit Kultur zu tun. Es war für mich erschütternd zu sehen, wie in kaum zwei Jahren die gesamte Führungsmannschaft sich seinem Stil und seinen Vorstellungen anpasste. Man könnte hier natürlich auch vermuten, dass es um die Angst ging, an Einfluss zu verlieren, vielleicht gar entlassen zu werden. Doch dies war – soweit ich es beurteilen kann – nicht der eigentliche Grund der Kehrtwende, sondern einfach der charakterliche Defekt des Überangepasstseins. Er scheint sich zu rentieren. Charakter zu zeigen wäre hier ein Handicap gewesen.

## Der Spielverderber

**Regeln
müssen sein**

Das Wort *Spielverderber* mag sich etwas harmlos anhören, da wir alle gelegentlich als Spielverderber tätig werden. Gemeint sind hier aber Menschen, die Spielverderber sind, weil sie sich nicht an den Normen des äußeren Moralgesetzes orientieren. Man mag das komplizierte Geflecht menschlicher Interaktionen, die das soziale System aufbauen, durchaus als eine Art des Spielens begreifen. Der Spielverderber – im hier gemeinten Sinn – hält sich nicht an die von einem sozialen System bewusst oder unbewusst entwickelten Regeln. Das kann dazu führen, dass sensible Systeme (wie Familien, kleinere Vereine, Gemeinden) zerstört werden. Dadurch werden selbst weniger sensible Systeme (wie größere Unternehmen, Parteien, Kirchen) erheblich beeinträchtigt, sodass ihnen kaum etwas anderes übrig bleibt, als den Spielverderber zu exkommunizieren. Wenn ein soziales System durch die streng regelgeleiteten Interaktionen z. B. des Fußballspiels gebildet wird, dann wird der, der auf dem Feld während des Fußballspiels Handball spielt, sehr bald des Feldes verwiesen werden, um das System *Fußballspiel* zu retten.
Sicher sind manche Spielverderber psychisch kranke Menschen, die ihre Krankheit meist u. a. als Querulantentum darstellen. Diese Menschen sind hier nicht gemeint. Zu Spielverderbern werden vielmehr Menschen aus Frustration, Erfahrungen fehlenden Erfolges oder fehlender Anerkennung oder durch die Erfahrung, dass man nur im Schwimmen gegen den Strom Aufmerksamkeit auf sich ziehen kann. Weil sie sich selbst als unfähig erkennen, produktiv mitzuspielen, sollen andere auch nicht ungestört spielen dürfen.

**Fallbeispiele**

**phrase killing** ❉ Ein junger Mann – jenseits der Pubertät – brach in nahezu jedes Gespräch, das andere miteinander führten, ein, und versuchte durch seine keineswegs als konstruktiv zu bezeichnenden Interaktionen das Gespräch zu stören (*phrase killing*). Mitunter brach er durch scheinbar geistvolle Bemerkungen ins Gespräch ein, ein anderes Mal versuchte er die Nichtigkeit des Gesprächsthemas aufzuzeigen, wieder ein anderes Mal erzählte er irgendeine Unbill, die ihm widerfahren sei. Einige Spielverderber haben sich auf eine dieser Methoden spezialisiert: Durch scheinbar interessante Wortspielereien beenden sie das Gespräch. Das wird man einige Mal verzeihen, weil Wortspielereien durchaus witzig sein können – auf die Dauer aber wird der Spielverderber aus der Gruppe ausgeschlossen.

**Abendritual** ❉ In einigen Familien hat es sich zu einer Art allabendlichen Rituals entwickelt, darüber zu streiten, welches Spiel gespielt werden soll: Einer will Sport, ein anderer einen Krimi im Fernsehen sehen, der dritte möchte sich unterhalten, ein vierter einmal mit allen zusammen über sich und seine Sorgen reden. Anstatt abzuwägen, welches Spiel hier das wichtigste ist, versuchen Spielverderber ihre Interessen – ohne solche Abwägungen – durchzusetzen. Hier wird möglicherweise ein junger Mensch mit seinen Sorgen allein gelassen, damit Vater Fußball schauen kann. Diese Form des Spielverderbens kann dazu führen, dass Menschen in die Einsamkeit abgedrängt werden: »Niemand interessiert sich für mich!« Nicht wenige Fälle jugendlichen Suizids sind auf solche Unfähigkeiten, die zu spielenden Spiele richtig zu werten, zurückzuführen. Früher oder später wird der junge Mensch die Frage, wie es ihm gehe, nur noch mit einer Floskel beantworten. Er ist aus der Spielgruppe seiner Familie ausgestoßen worden oder hat sich ausstoßen lassen, weil ihm die Kraft fehlte, sich zu einem entscheidenden Zeitpunkt einmal Gehör zu verschaffen.

**Meckern** ❉ Eine besonders gehässige Form des Spielverderbens besteht darin, dass man – nur um das Spiel zu stören – einen Konsens über die positive Qualität einer Leistung (einer künstlerischen etwa) mit harscher, offensichtlich in dieser Form unbegründeter Kritik durchbricht und so ein kommunikatives Spiel zerstört, zumindest aber nicht unerheblich stört. Solche Menschen gelten als Nörgler, Miesmacher und Störer und werden zumeist abgelehnt.

## Der zirkulär Streitende

**Kein Ende in Sicht**   *Zirkulär* (kreisförmig) nennt man ein Streiten dann, wenn immer dasselbe wiederholt wird, ohne auf Einwände oder andere Formen der Einlassungen ernsthaft einzugehen. Der zirkulär Streitende macht jeden Versuch, ein kommunikatives Spiel aufzubauen, in dem man gewinnen oder verlieren kann, zunichte. Er reduziert die kommunikative Situation, die an sich dialogisch aufgebaut ist, auf einen Monolog. Der Partner hat zuzuhören. Jede Bemerkung, jeder Einwand gar gilt als Störgröße oder gar als Aufforderung, die ganze Geschichte – meist mit ähnlichen Worten – noch einmal zu beginnen. Die Prozedur verstößt gegen die Regel des äußeren Moralgesetzes, denn das geht – mitunter fälschlich – davon aus, dass im Prinzip alle Meinungsverschiedenheiten entweder gütlich oder streitig beizulegen sind. Es gilt jedoch, bevor man den zirkulär Streitenden hart beurteilt, auch zu bedenken, dass solch zirkuläres Streiten ihm dazu dient, sein Selbstbild (Selbstkonstrukt) zu stabilisieren. Er wird dieses Vorgehen deshalb besonders gern praktizieren, wenn sein Selbstbild schwankend wurde oder seine Konturen zu verlieren droht.

### Fallbeispiele

**Eifersucht**   ✳ Besonders beliebt ist diese Form der Kommunikation in Eifersuchtssituationen. Der oder die Eifersüchtige wiederholt – unbeeinflusst von den Reaktionen des »Partners« – immer wieder dieselbe Geschichte. Es werden Episoden berichtet, welche die Eifersucht als berechtigt erscheinen lassen. Es werden Anklagen – meist der Untreue – vorgebracht. Es kommen Vorwürfe zur Sprache. Wenn der Eifersüchtige »ausgelaufen« ist, beginnt nach kurzer Zeit – bestenfalls leicht nunaciert – dieselbe Geschichte von vorn. Das kann stundenlang so gehen.

**Olle Kamellen**   ✳ Zirkuläre Streitereien sind aber auch in anderen Sozialgebilden oder Unternehmen durchaus nicht selten. Es werden etwa einem Mitarbeiter immer wieder dieselben Vorhaltungen über oft längst vergangene Sachverhalte gemacht. Ich beriet einmal ein Unternehmen, in dem solche kommunikativen Strukturen in die Unternehmensführung eingegangen waren. Fast jede Konferenz endete in Vorwürfen oder Anklagen über Sachverhalte, die schon längst von der normativen Kraft des Faktischen auf den Misthaufen der Unternehmensgeschichte geschaufelt worden waren. So ging es z. B. in einer Bank um einen faulen und schließlich abzuschreibenden Kredit. Der für diese Kreditvergabe Verantwortliche wurde in zahlreichen Fällen, in denen er eine Kreditvergabe befürwortete, auf diese schon Jahre zurückliegende Panne ange-sprochen. Gelegentlich machte ihn sein Vorstand darauf aufmerksam, dass es für die Großmut und Toleranz der Bank spreche, ihn nicht aus dem Kreditgeschäft abgezogen zu haben.

**Treppenhaus-gespräch**  ✳  Auch manche Nachbarschaften können in den Strudel zirkulärer Kommunikation geraten. Verschiedene Themen bieten sich an: (a) das Schimpfen über einen gemeinsamen Nachbarn, wobei dieses Gerede hilft, das kommunikative Phantombild durch ständige Wiederholung zu stabilisieren, (b) das Gerede über irgendwelche Behörden (vom Bau-rechtsamt bis zur Finanzverwaltung, die einem das Leben schwer ma-chen, (c) das eifrige Gerede über das Gedeihen von Pflanzen, welches den eigenen »grünen Daumen« über alles lobt …

## Der verdeckt Kommunizierende

**Gemeintes und Gesagtes**  Von *verdeckter Kommunikation* sprechen wir, wenn die Oberflächen-struktur des Sprechenden nicht mit der Tiefenstruktur seines Denkens, Wissens, Wollens übereinstimmt. Der verdeckt Kommunizierende ver-sucht dem Partner eine Information zu vermitteln, die dieser nicht zu-reichend richtig verstehen kann, weil die signalerzeugenden Aktivitäten des Sprechenden seine tatsächlichen Wertvorstellungen, Bedürfnisse, Interessen und Erwartungen eher maskieren denn deutlich machen. Das äußere Moralgesetz fordert jedoch ein bestimmtes Maß an kom-munikativer Ehrlichkeit (wie alle seine »Tugenden« interaktionell[24] sind). Ein Mensch, der in der Regel und beim Sprechen über wichtige Sachverhalte verdeckt kommuniziert, verletzt die Regeln einer exoge-nen Moral.

### Fallbeispiele

**Unverhoffte Versetzung**  ✳  Ein Vorgesetzter lässt einen Mitarbeiter zu sich kommen, von dem er weiß, dass seine Kollegen ihn des unkollegialen Verhaltens verdäch-tigen. Obwohl eben dieses Gegenstand einer *offenen Kommunikation*

---

24 Damit ist nicht eine interaktionelle Tugendlehre gemeint, nach der Menschen Tugenden nicht besitzen, sondern diese nur in Interaktionen zu sich kommen, real werden. Ach-tung vor fremder Würde, Tapferkeit, Freiheit … sind kein Besitz eines Menschen, son-dern ereignen sich in seinen Interaktionen mit anderen. Ein solches Sich-Ereignen setzt in der Regel eine sittliche Lebensorientierung voraus. Fehlt diese, sollte man nicht ei-gentlich von »Tugenden« sprechen. Im Kontext einer rein exogenen Moral handelt es sich nicht um solche interaktionellen Tugenden, sondern um Verhaltensweisen, die ge-wählt werden, um nicht sozial bestraft zu werden.

sein müsste, fragt der Vorgesetzte, ob sich der Betroffene an seinem Arbeitsplatz wohl fühle. Das könnte natürlich auch geschehen, um sich auf diese Weise dem eigentlichen Thema zu nähern. Statt dessen aber spricht der Vorgesetzte – ohne die Antwort des Mitarbeiters ernstlich zu Kenntnis zu nehmen – derart weiter, als wenn er sich an seinem Arbeitsplatz nicht wohl fühle, und bietet ihm deshalb mit einer Bedenkzeit von 14 Tagen eine Versetzung in einen anderen Geschäftsbereich an. Der Mitarbeiter verlässt recht desorientiert das Gespräch. Er weiß nicht, was der Vorgesetzte tatsächlich will. Das verunsichert ihn, macht ihm Angst.

**Unausgesprochene Ängste**   ✳ Ein Ehemann unterhält sich mit seiner Frau über die gemeinsamen Kinder. Er ist der Ansicht, dass sie die schulischen Aufgaben der Kinder zu wenig begleite. So eröffnet er das Gespräch mit der Frage, ob sie sich überfordert fühle. Sie vermutet, er wolle wohl einmal wieder das Thema ihrer Halbtagsbeschäftigung zur Sprache bringen, um ihr dieses Feld der Selbstverwirklichung zu nehmen. Deshalb reagiert sie entsprechend heftig und verteidigt ihre Halbtagsbeschäftigung. Ein Streit ist die Folge, weil beide Partner ihre tatsächlichen Interessen einander nicht mitteilen: Er spricht nicht von der mangelnden Sorge um die schulischen Leistungen ihrer Kinder und sie nicht über die Bedeutung ihrer außerhäuslichen Arbeit für ihr Selbstwertgefühl.

**Indirekter Tadel**   ✳ Ein Lehrer tadelt einen Schüler, weil der ihn durch sein ständiges und neugieriges Fragen aus dem Konzept bringt. Aber er tadelt nicht eben dieses, sondern seine Leistungen in Englisch, die in keiner Weise erwarten ließen, dass sie sich ernsthaft verbessern würden. In seinem Zorn greift er also zur verdeckten Kommunikation und wird dabei demotivierend ungerecht.

## Der Gaffer

**Warum Menschen gaffen**   Der Gaffer ist ein Mensch, der unbedingt zuschauen muss, wenn irgendwo irgendetwas – meist Unerfreuliches – geschieht. Er gafft etwa bei einem Autounfall, statt zu helfen oder Hilfe herbeizuholen. Die Gründe, warum manche Menschen zum Gaffen neigen, sind vielfältig untersucht worden. Zumeist werden hier drei genannt: (a) weil der Gaffer (im Gegensatz zum Feigling, der sich seiner Verantwortung bewusst ist, sich ihr aber nicht stellt) meist nur auftritt, wenn viele Menschen beieinander sind und die Verantwortung auf alle verteilt wird. Der verbleibende Bruchteil von Verantwortungsgefühl reicht nicht aus, um etwa Hilfe zu leisten oder anzufordern. (b) Gaffer entschuldigen sich zumeist damit: Wenn die anderen nichts tun, brauche ich auch nichts zu tun. Und (c) haben sie nicht selten Angst, sich vor den Mitgaffern zu blamieren. Hier bringt Charakterlosigkeit den Vorteil der Befriedigung von Sensationslust und Neugier. Die Wahrscheinlichkeit einer sozialen Strafe (etwa wegen unterlassener Hilfeleistung) ist denkbar gering.

### Fallbeispiele

**Autounfall**   ❊  Nicht selten werden auf Autobahnen lange Staus gemeldet, weil nach einem Unfall eine Ansammlung von Gaffern die Unfallstelle sehr langsam passiert oder gar aussteigt, um »zuzuschauen«. Dass sie sich oft genug des Straftatbestandes der unterlassenen Hilfeleistung (gemäß § 323c StGB) schuldig machen, wird durch die Neugier verdrängt. Das gilt nicht nur für die Fahrbahn, auf welcher der Unfall geschah, sondern oft genug auch für die Gegenfahrbahn.

**Naturkatastrophe**   ❊  Auch auf Naturkatastrophen folgt nicht selten ein Katastrophentourismus, der sich in keiner Weise der Hilfe verpflichtet weiß, sondern ausschließlich die eigene Neugier befriedigen will. Offenbar reicht das Fernsehen nicht aus, solche Neugier zu befriedigen – es geht doch nichts über eine optisch selbst registrierte Katastrophe. Man kann dann sagen, man sei dabei gewesen (wie einst Johann Wolfgang von Goethe bei der Kanonade von Valmy am 29. 9. 1792).

**Beerdigung**   ❊  Ich kenne einige Zeitgenossen, die – meist schon aus dem Berufsleben ausgeschieden – gern zu Beerdigungen auch von unbekannten Menschen gehen, um das Leid der Angehörigen zu begaffen. Dazu kommt mitunter noch ein wenig Schadenfreude, weil ein Mensch in jüngeren Jahren sterben musste, als man selbst inzwischen erreicht hat.

## Der Betroffene

**Solidarität ohne Folgen**   Es scheint Brauch geworden zu sein, sich betroffen zu fühlen. Diese Gefühlsäußerung bringt soziale Anerkennung mit sich und scheint somit dem Horizont des sozialen Gewissens angemessen zu sein. Tatsächlich steht dahinter weder der Anspruch eines inneren noch eines äußeren Moralgesetzes. Bestenfalls ist es eine Spur von Mitleid, welche Betroffenheit auslöst. Oft ist es jedoch nur eine Art von Ritual, das zu aktivieren, »was sich gehört«. So sind nicht wenige Menschen betroffen über das Schicksal der Menschen im Südsudan, von den Menschen, die dem »Holocaust« zum Opfer fielen, von den Eltern, deren Kinder missbraucht und getötet wurden ...

Was ist das Gegenteil von solcher entschuldigender Betroffenheit? Es ist die Solidarisierung und der Wille zu helfen, sofern dies möglich ist. Sich mit Unterdrückten, Ausgebeuteten, Ermordeten und ihren Angehörigen zu solidarisieren fordert Handlungen ein – vor allem solche, die das, was betroffen macht, nach Möglichkeit ausschließen. Solidarität erfordert neues Denken, und das gegen alle geistige Trägheit. Solidarität fordert Überwindung von Vorurteilen, wenn sie Menschen gilt, die unser Vorurteil eher negativ besetzten. Solidarität fordert in jedem Fall mentale und physische Aktivität. Von all diesem dispensiert sich der Betroffene. Er kauft sich bestenfalls frei mit einer Spende an das Rote Kreuz.

### Fallbeispiele

**Alt-neue Vorurteile** ✳ Nicht wenige Menschen sind betroffen, wenn sie an die Gräueltaten der Nazis gegenüber Juden, Sintis, Freimaurern, Kommunisten ... erinnert werden. Ein Gespräch aber lässt bald erkennen, dass sich bei ihnen die Vorurteilsstrukturen der Nazis nur verschoben haben: Sie verachten jetzt etwa Türken oder Polen. Sie werden ebenso ausgegrenzt, wie bei den Nazis Juden, Sintis, Freimaurer und Kommunisten ausgegrenzt waren. Dass ihre Betroffenheit gegenüber den Morden der Nazis reine Heuchelei ist, die dem allgemeinen Comment folgt, werden sie kaum zugestehen. Und da sie genügend Zeitgenossen finden, die ihrer Ansicht sind, sind sie zudem noch der Meinung, ihre Einstellungen seien sozialverträglich und somit moralisch gut.

**Prügelnde Eltern** ✳ Betroffenheit galt auch den Opfern von Sexualmördern, die Kinder töteten, nachdem sie sie missbraucht hatten. Solche Betroffenheit führte sogar zu einem allgemeinen Aufschrei, der den Gesetzgeber veranlasste, die Bestrafung von Kindesmissbrauch massiv zu verschärfen. Mir sind solche »Betroffene« bekannt, die ihre eigenen Kinder – oft wegen Nichtigkeiten – windelweich schlagen. Dass auch solche Handlungen strafbar sind, will ihnen nicht in den Kopf. Ich erinnere mich an einen Freund aus Japan, der mir sagte, die Deutschen gälten in Japan als das »Volk, das seine Kinder schlägt!« Wie kann man nur das schlagen, was man wirklich liebt? Wie kann solche Liebe durch kindliches oder jugendliches Aufbegehren nur die Prügelhemmung aufheben? Vielleicht haben jene Leute Recht, die behaupten, die Prügelhemmung sei aufgehoben worden, als die heutigen Eltern selbst von ihren Eltern oder Lehrern verprügelt wurden?

## Der Dumme

*Dumm* ist nicht der Mensch, der wenig weiß, sondern jener, der über die Qualität seines tatsächlichen oder vermeintlichen Wissens irrt. Dumm ist also ein Mensch, der etwa die primäre Redlichkeitsregel nicht beherrscht und so seine Gewissheiten mit Wahrheit verwechselt. Diese Unfähigkeit beruht auf einer Unfähigkeit, zwischen psychischen Zuständen (Gewissheiten) und semantischen Qualitäten (einer Aussage, die frei ist von Irrtum und Täuschung) zu unterscheiden. Dummheit ist also insofern eine Charaktereigenschaft, weil sie in einer fundamentalen Unredlichkeit gründet. Sie wird zu einem persönlichen und gesellschaftlichen Handicap, wenn sie zu fixen Ideen (realitätsabgelösten Konstruktbildungen) führt und so das persönliche, aber auch das wirtschaftliche und politische Geschehen maßgeblich mitbestimmt.

Mit dem Thema *Dummheit* haben sich viele Dichter und Denker herumgeschlagen. So schreibt Friedrich Schiller in der »Jungfrau von Orléans«: »Mit der Dummheit kämpfen Götter selbst vergebens«. Johann Nepomuk Nestroy vergleicht die Dummheit mit einem Felsen, »der unerschüttert dasteht, wenn auch ein Meer von Vernunft ihm seine Wogen an die Stirn schleudert«. Immanuel Kant definiert Dummheit als einen Mangel an Urteilskraft, dem nicht abzuhelfen sei.[25] Robert Musil hielt am 11. März 1937 einen gewagten Vortrag, in dem er von dem Überlegenheitsgefühl sprach, das die Dummheit dort verleihe, wo der Mensch »im Schutz der Partei, Nation, Sekte oder Kunstrichtung auftritt und Wir statt Ich sagen darf.« E. Gürster interessiert sich für die Dummheit als das verbreitetste aller menschlichen Phänomene, weil sie »unter den verschiedensten weltanschaulichen Vorzeichen den Begriff der freien selbstverantwortlichen Person als dem Zeitalter der industriellen Massengesellschaft nicht mehr angemessen preiszugeben beginnt«.[26]

Offensichtlich ist Dummheit an erster Stelle eine Verdunklung der Erkenntnis, die schicksalhaft unserer Zeit anhaftet. Dennoch ist sie insoweit ein Charakterdefizit, als es möglich ist, sich ihrer zu entledigen. Selbstverständlich sind die Beispiele für die kollektive wie die individuelle Dummheit unzählbar, dennoch seien einige wenige hier angeführt.

### Fallbeispiele

✳ Die Newtonschen Fallgesetze sind eine Fortsetzung und Präzisierung der spätmittelalterlichen Impetus-Theorie, nach der die Fallge-

25 AA 7,204.
26 Macht und Geheimnis der Dummheit, 1967, 122.

schwindigkeit eines Körpers von seiner schweren Masse abhängt. Doch konnten schon die Schüler Galileis demonstrieren, dass leichte und schwere Körper gleich schnell fallen. In der Tat ist auch nach dem Newtonschen Gravitationsgesetz ($K = G \cdot M \cdot m / r^2$) die »Fallkraft« K proportional zur Masse m des fallenden Körpers. Um die Unabhängigkeit der Fallgeschwindigkeit von der Masse zu erklären, blieb Newton nichts anderes übrig, als eine magische zweite Kraft einzuführen, die »Trägheitskraft«, die ebenfalls proportional der Masse ist ($K = m \cdot b$) und so besorgt, dass in der Vereinigung von Gravitations- und Trägheitskraft im freien Fall sich die Masse heraushebt und die Beschleunigung b und damit die Geschwindigkeit von ihr unabhängig wird. Zwar zeigten alle Experimente, dass die schwere Masse (im Gravitationsgesetz) und die träge Masse (im Trägheitsgesetz) immer einander gleich sind, doch erst Einstein erkannte die Bedeutung dieser Tatsache. Er machte sie zum Ausgangspunkt seiner Allgemeinen Relativitätstheorie, und diese räumt endlich mit der Zweikräftetheorie auf. Bis dahin wurde das Zweikräftemodell jahrhundertelang unkritisch weitergegeben. Die Newtonsche Theorie wurde zum Paradigma eines mechanistischen Weltbildes gemacht, einer »Weltanschauung«, die lange Zeit das europäische Denken beherrschte und zu einem verstellten Weltbild führte, unter dem heute noch viele leiden.

**Lohn und Leistung** ✳ Manche Gewerkschaftler und Führungskräfte in Unternehmen (letztere beziehen diesen dummen Irrtum allerdings nur auf die eigene Arbeitszeit) sind der Ansicht, der gerechte Lohn korreliere mit Arbeitszeit statt mit dem Beitrag der Arbeit zur Wertschöpfung. Der ökonomische Wert eines Produkts (einer Ware oder einer Dienstleistung) wird zudem idealtypisch (real gibt es deutliche Verwerfungen) ausschließlich durch die Nachfrage bestimmt. Die Arbeit ist also abzubilden auf die Nachfrage nach dem Arbeitsprodukt. Die Tatsache, dass in einem Produkt sehr viel Arbeit steckt, kann also weder erheblich sein für die Entlohnung noch für den Preis. Befindet sich das Anlagevermögen (etwa der Maschinenpark) in einem schlechten Zustand, sinkt entweder die Qualität (und damit die Nachfrage), oder es steigt bei gleichartiger Wertschöpfung die Zeit, in der das Produkt erzeugt wurde. Es hat somit entweder einen geringeren Marktwert, oder es wurde überteuert hergestellt. Die Theorie, der Wert eines Gutes richte sich nach der in ihm steckenden Arbeit, ist eine verbreitete Form der Dummheit, die im Arbeitskampf zu den eigentümlichsten Argumenten führen kann. Denen ist eines gemeinsam: Sie sind Ausdruck von Dummheit. Und diese Dummheit erweist sich als ein Handicap, das den Bestand der deutschen Wirtschaft gefährden könnte.

**Rassismus** ✳ Der deutsche Nationalsozialismus war der eigentümlichen Auffassung, Arier (mit Ausnahme der Sinti und Roma) seien den Semiten (mit Ausnahme der Araber) charakterlich und in ihren kulturellen und intellektuellen Fähigkeiten überlegen. Abgesehen davon, dass die Genies des 20. Jahrhunderts meist Juden waren (Erich Mendelsohn, Max Liebermann, Boris L. Pasternak, Albert Einstein, Sigmund Freud, Marc Chagall, George Gershwin, Leonard Bernstein, Martin Buber ...) hätte schon die Aufzählung der Ausnahmen misstrauisch machen sollen. Der deutsche Nationalsozialismus war eine Eruption der Dummheit, wie sie die Geschichte kaum ein zweites Mal erzählt. Hier von einem Handicap zu sprechen würde diese Ideologie in unzulässiger Form verniedlichen.

**Ökologie und Ökonomie** ✳ Eine gefährliche Form der Dummheit ist die Diskussion um die Globalisierung der Industrie und der Landwirtschaft. Wenn dieser ökonomischen Globalisierung nicht eine ökologische vorausgeht (wie es die längst vergessene Konferenz von Rio deutlich zur Sprache brachte), dann werden große Teile der Menschheit vor einer ökologischen Katastrophe stehen. Hier überlagert die ökonomische Raffgier die ökologische Vernunft in einer Weise, die erstere nur in der Kategorie der Dummheit wiederfinden lässt. Die Dummheit entpuppt sich als ein Handicap, dem große Teile der Menschheit zum Opfer fallen können, wenn sie nicht sehr bald endet. Aber die Geschichte kennt nur wenige Beispiele von Dummheit, die bewusst überwunden wurde, aber zahlreiche, in denen die Dummheit sich selbst liquidierte.

**Shareholder Value** ✳ Fast jeder, der sich etwas gründlicher mit Fragen der Ökonomie beschäftigte, weiß, dass für den nachhaltigen ökonomischen Erfolg wenigstens sechs Faktoren erheblich sind: 1. die menschliche Arbeit, 2. das betriebsnotwendige Kapital, 3. eine zureichend intakte Umwelt (sie ersetzt weitgehend den klassischen Faktor »Grund und Boden«), 4. die geistige und lokale Mobilität, 5. die Unterstützung von Kreativität (= das produktive Denken gegen Selbstverständlichkeiten) und Innovationsvermögen und 6. die Unternehmenskultur, die neben der ökonomischen Verantwortung auch eine ethische kennt (etwa das innere und äußere Beziehungsmanagement, die Entfaltung der fachlichen und sozialen Begabungen der Mitarbeiter im Führungsgeschehen, die Teamfähigkeit). Dennoch redet man auf so mancher Hauptversammlung vom *Shareholder Value* (mitunter falsch verstanden als Verbesserung des Bilanzgewinns) als dem wichtigsten Unternehmensziel. Diese einseitige Betrachtung, wie sie in der Fixierung auf den Faktor Kapital deutlich wird, zeugt – wie jede Einengung des Blickfeldes – von einer beachtlichen Dummheit. Auch hier wird wieder deutlich, dass die Dummheit ein wirtschaftliches Handicap ist.

## Bestandsaufnahme

Verhalte ich mich manchmal wie ein Einzelgänger (s. S. 86–88),
Unangepasster (s. S. 88–91) oder Überangepasster (S. 91–93)?

Gehöre ich zu den zirkulär Streitenden (s. S. 95/96) oder verdeckt Kommunizierenden
(s. S. 96/97)?

Habe ich Ähnlichkeit mit dem, was in diesem Buch als Spielverderber (s. S. 93/94), Gaffer
(s. S. 97/98), Betroffener (s. S. 98/99) oder Dummer (s. S. 100–102) beschrieben wird?

In welchen Situationen zeigt sich das?

Wie kann ich es ändern?

Was gewinne ich, wenn ich mich ändere?

Was kann ich dabei verlieren?

Wie will ich vorgehen?

Erster Schritt wäre …

Der zweite Schritt könnte sein …

Als dritten Schritt nehme ich mir vor …

Von welchem dieser auf S. 103 noch einmal genannten Mängel fühle ich mich frei?

Das zeigt sich zum Beispiel, wenn …

Es bringt mir folgende Vorteile:

Es bringt mir folgende Nachteile:

Will ich es ändern?

Wie kann ich das tun?

# II. DAS LEBEN AUS ERSTER HAND

**»Liebe das Leben!« – Was heißt das im Alltag?**

Wie eingangs (s. S. 14 f.) schon erläutert, hat sich der sittlich orientierte Mensch aufgrund einer verantworteten ethischen Reflexion für ein höchstes sittliches Gut entschieden, von dem er seine obersten handlungsleitenden Werte herleitet und versucht, diese in seinem Handeln praktisch zu machen. Mit den meisten wissenschaftlichen Vertretern ethischer Reflexionen hatten wir uns für die Biophiliemaxime »Liebe das Leben« und damit für das »personale Leben und dessen Sicherung und Entfaltung« als höchstes sittliches Gut entschieden.

Dieses Gut bricht sich in konkreten Handlungswelten in bestimmten handlungsleitenden Werten.
Solche Werte können sein:

- In einem Unternehmen: das innere und äußere Beziehungsmanagement, durch das im Innen und Außen des Unternehmens *Vertrauensfelder* aufgebaut werden. Das so aufgebaute Vertrauen gründet nicht etwa in der Anwendung bestimmter Techniken, sondern in einer fundamentalen Lebensorientierung eines Menschen. Sie wird so zur *Tugend*, also einer sittlichen Größe.
- In einem Unternehmen: ein völlig undogmatischer Führungsstil, der zum einen sicherlich die ökonomische Verantwortung beachtet – zum anderem aber, dieser gleichwertig und gleichgeordnet, die soziale. Diese Verantwortung führt zur Förderung der sozialen und fachlichen Kompetenz des Führenden und seiner Mitarbeiter. Diese Förderung ist zudem auch ökonomisch einzufordern, weil sie – zumindest langfristig – die Aufwandsgrößen (etwa des finanziellen, des emotionalen und sozialen Aufwandes) senkt.
- In einem Unternehmen ferner: die Ausbildung von Teams. Teams sind immer da vonnöten, wo es sich um die kreative und innovative Lösung von Problemen – und nicht um die Praxis der Unternehmensroutine – handelt. Teamfähig ist ein Mitarbeiter oder sein Vorgesetzter nur dann, wenn er (a) die Techniken des Diskurses be-

herrscht[27]und (b) kein Dogmatiker[28] ist. So sehr in der Routinearbeit Fach- und Erfahrungswissen nötig ist, so wenig braucht man es oft in der Teamarbeit. Ich habe schon in Teams gearbeitet, bei denen ein gerade vorbeilaufender Trainee bessere und erheblichere Beiträge zu Problemlösung beigebracht hat als der Abteilungsleiter.

- In einem Unternehmen: das Selbstverständnis des Vorgesetzten als Dienstleister gegenüber seinen unmittelbaren Mitarbeitern. Nur so kann sein Beitrag zur gesamtbetrieblichen Wertschöpfung ermittelt werden. Auch fällt es ihm mit dieser Grundeinstellung leichter, um sich herum ein Vertrauensfeld aufzubauen. Der »Boss«, der »Chef« wird sonst eher gefürchtet oder geachtet denn als ein Zentrum eines Vertrauensfeldes gesehen.
- In einer privaten Partnerschaft: der Aufbau eines Vertrauensfeldes. Jede Form des Misstrauens mindert Leben und ist mit der Biophilie-Maxime »Liebe das Leben!« keineswegs verträglich. Mehr noch als im Beruflichen sind der Aufbau und das Erhalten eines Vertrauensfeldes von der Beziehungsarbeit abhängig. Wer glaubt, sich davon dispensieren zu können, dessen Ehe wird mit ziemlicher Sicherheit kaum ernsthafte Belastungen aushalten. Solche Belastungen bestehen in der Regel aus langwährenden Differenzen der Interessen, Werteinstellungen, Bedürfnisse und Erwartungen. Solche Differenzen können sich – auch ohne objektiven Grund – in wahnähnlichen Vorstellungen (etwa Eifersuchtswahn, Armutswahn ...) niederschlagen.

27 Die Diskurstechniken versuchen, über die einvernehmliche Bestimmung notwendiger Bedingungen und die Prüfung, ob diese Bedingungen alle erfüllt sind, eine eigen- oder fremdgestellte Aufgabe zu lösen. Das setzt zum einen voraus, dass man nicht in Begründungen denkt (das können wir alle nicht logisch einwandfrei), sondern in notwendigen Bedingungen. Zum anderen wird die Fähigkeit und Bereitschaft vorausgesetzt, nicht im Entgegensatz der Negation (adversativ) zu denken, sondern alternativ. Das bedeutet, wenn ich mit einer Bedingung nicht einverstanden bin, dass ich Alternativen anbiete – und das so lange, bis eine der angebotenen Alternativen von allen akzeptiert wird. Dabei ist auch die Streichung einer Bedingung eine mögliche und erlaubte Alternative.

28 Ein Dogmatiker ist ein Mensch, der seine Gewissheiten für wahr, das heißt: frei von Irrtum und Täuschung vermutet oder gar behauptet. Er hat sich die triviale sokratische Unterscheidung nie zu eigen gemacht, dass »Gewissheiten« immer nur einen psychischen Zustand bezeichnen, der das Ich nicht mehr am Zutreffen seiner Meinung sinnvoll zweifeln lässt. Das schließt – außer in ganz augenscheinlichen Fällen – Irrtum und Täuschung niemals völlig aus, hat also mit Wahrheit nichts zu tun. »Wahrheit« ist nämlich kein psychischer Zustand, sondern die Eigenschaft eines Satzes, frei von Irrtum und Täuschung das zu sagen, was ist. Gewissheit und Wahrheit spielen also auf zwei so verschiedenen Ebenen, dass uns – seit Sokrates auf deren radikale Verschiedenheit verwiesen hatte – die europäische Philosophie bislang noch kein akzeptiertes Konzept zur Verfügung stellte, wie man beide miteinander verbinden könnte.

- In der Erziehung von Kindern: die rechte Mischung von Fordern und Fördern in einem Feld der wahrgenommenen Liebe. Die Elternliebe sollte – um eine religiöse Metapher zu verwenden – ein Abbild der Liebe des Göttlichen zu uns Menschen sein: unbedingt und Geborgenheit vermittelnd.
- In der Pflege von Freundschaft: der Versuch, sie um ihrer selbst willen zu leben, und nicht zu fragen: »Was nützt sie mir?« Die Unfähigkeit zur Freundschaft ist nicht selten charakterneurotisch (vor allem etwa in einer narzisstischen Neurose oder im Borderline-Syndrom) begründet.

  Die Freundschaftsfähigkeit widerspricht dem »ökonomischen Prinzip«, angewandt auf das private Leben: mit einem Minimum an Aufwand einen möglichst großen Ertrag zu erwirtschaften. Wer so etwas versucht, wird kaum verlässliche Freunde haben. Freundschaft wird immer bereit sein, Aufwände zu erbringen, denen kein anderer Ertrag gegenübersteht als die Vertiefung der Freundschaft. Das setzt allerdings voraus, dass sich der Freund durch den erbrachten Aufwand nicht in irgendeine Pflicht genommen fühlt. Freundschaft muss etwas Selbstzweckliches bleiben, das seinen Bestand nur aus sich selbst bezieht.

**Worauf es ankommt**    Allen diesen Darstellungsformen von Biophilie ist gemeinsam, dass sie sich in persönlicher Verantwortung praktisch realisieren. Sie geben niemals irgendwelche »Patentrezepte«, sondern setzen eine Verinnerlichung des Prinzips voraus. Dann können die Menschen es in verschiedenen Situationen sehr verschieden befolgen.

Die wichtigsten Differenzen, die es zu beachten gilt, sind etwa:

- Die richtige Akzentuierung von direktiven (»weisenden«, »anweisenden«) und nicht-direktiven Interaktionen.
- Die richtige Kombination von Zuhören und Sprechen. Viele Menschen – vor allem, wenn sie uns um Rat fragen – sind denkbar wenig an unserem Gerede interessiert. Sie benötigen einen Menschen, der ihnen geduldig und ohne Ratschläge zu geben zuhört. Ein Ratschlag (auch er ist ein »Schlag«) sollte nur gegeben werden, wenn er sehr nachdrücklich erbeten oder gar eingefordert wird.
- Der Verzicht aufs Loben. Gelobt wird immer nur der Erfolg einer Arbeit. An die Stelle des Lobens sollte das Anerkennen stehen. »Anerkennung« schließt immer auch den Menschen ein, der eine aufgetragene Arbeit erfolgreich abgeschlossen hat.
- Der Verzicht auf irgendwelche Formen von Abhängigkeitsfeldern. Nun ist sicher ein Mitarbeiter, ein Kind oder ein privater Partner in vielen Dimensionen seines Lebens vom Vorgesetzten, von seinen Eltern, von seinem Ehepartner abhängig. Diese Form der Abhängigkeit

sollte jedoch niemals die personale Freiheit[29] begrenzen, sondern sie fördern. Jede andere Form, Abhängigkeiten bewusst zu machen oder gar auszunutzen, mindert eher Leben, als dass sie es mehrt.

**Es gibt kein Leben ohne Bindung**

Wie der charakterlose oder charakterschwache Mensch nicht sein Leben lebt, sondern von inneren und/oder äußeren Zwängen gelebt wird, so ist das entscheidende Kriterium für einen Menschen, der die Bildung seines Charakters verantwortungsbewusst kultivierte, die Fähigkeit und Bereitschaft, sein Leben, ein Leben aus erster Hand, zu leben. Dazu gehört unabdingbar die Einbindung in soziale Felder der Partnerschaft, Familie, Berufswelt, Umwelt … Dass nur ein solches Leben für sich den Anspruch erheben kann, dem Biophiliepostulat zu gehorchen, ist offensichtlich. Ein Mensch, der gelebt wird, entfaltet nicht sein eigenes Leben, sondern wird zum Sklaven äußerer oder innerer Gegebenheiten und Zwänge.

Die für unsere Überlegungen zentrale Frage lautet nun: Wird ein solcher Mensch seinen Charakter als Handicap erfahren, oder ist Charakter gar – unabhängig von aller subjektiven Wahrnehmung – ein objektives Handicap?

Schon eingangs wurde deutlich, dass Charakter, in einem sittlichen Sinne verstanden, stets Ausdruck von Tugenden ist oder sich in Tugenden manifestiert (s. S. 12–16). Wir unterscheiden – wie schon auf S. 22 ausgeführt – zwei Arten von Tugenden: die primären und die sekundären. Als erstes seien hier die primären behandelt. Die sekundären Tugenden werden heute zumeist in den Raum des allenfalls *sozialen Gewissens* verbannt, d. h. nur realisiert, um nicht sozial bestraft zu werden, sondern eher soziale Anerkennung, soziale Geborgenheit, soziale Sicherheit … zu erhalten.

---

29 Es gibt sehr verschiedene Gestaltungsformen von Freiheit. Die sogenannte Willensfreiheit könnte man definieren als die Fähigkeit, etwas zu tun oder nicht zu tun (libertas contradictionis), wenn man aber sich entschließt, etwas zu tun, dieses oder jenes zu tun (libertas contrarietatis). Im späten Mittelalter bis hin zur beginnenden Neuzeit spielte diese Definition eine gewisse Rolle. Heute ist man in Philosophenkreisen überwiegend der Meinung, dass es so definierte Willensfreiheit nicht gibt. Unser Wollen ist in bestimmten Umfängen frei, wenn es um die Realisierung der »personalen Freiheit« geht. Sie ist definiert als »die Fähigkeit und Bereitschaft, selbstverantwortet sein Leben zu gestalten.« Sicherlich wird solche Freiheit von vielen Seiten bedrängt, welche die Selbstverantwortung einengen. Da gibt es äußere Faktoren (die »normative Kraft des Faktischen«), aber auch innere Zwänge, die aus der von uns nicht oder nur äußerst begrenzt zu steuernden Autodynamik (= in psychischen und/oder sozialen dynamischen Prozessen) unserer erkenntnismäßigen und wertenden psychischen Funktionen stammen. So wird etwa das erkenntnisleitende Interesse im Aufbau von Erkenntnis oft nicht wahrgenommen, und – wenn wahrgenommen – nicht als handlungserheblich relativiert.

# 1.  Die primären Tugenden

Über sie wurde schon in Andeutungen gehandelt (s. S. 22). Hier sollen sie ausgeführt und an Anwendungsbeispielen entfaltet werden. Zu den primären Tugenden – nach Aristoteles sind sie alle Ausdrucksformen der Tugend »Tapferkeit« – zählen vor allem folgende:
- Die Zivilcourage
- Die Konfliktfähigkeit
- Die Epikie oder der konstruktive Ungehorsam

## Die Zivilcourage

**Gegen den Strom**   Sie zeigt sich vor allem, wenn ein Mensch seine begründete Meinung selbst dann vorträgt, wenn sie unpopulär sein sollte. Unpopulär ist eine Meinung dann, wenn sie den kollektiven Überzeugungen eines sozialen Systems widerspricht, vielleicht Inhalte des allgemeinen Bewusstseins oder Selbstverständlichkeiten systemischer Strukturen in Frage stellt. Sicherlich muss Zivilcourage beachten, ob überhaupt eine Chance besteht, selbstverständliche Überzeugungen oder Strukturen zu labilisieren oder gar zu verändern. Beim Bedenken der Folgen ist jedoch eher an die Optimierung (= Humanisierung) der systemstiftenden Interaktionen zu denken als an die eigene Angst, sich ins Abseits zu stellen. Andererseits kann Zivilcourage zu Donquichotterie entarten, wenn sie nicht die Verhältnismäßigkeit und die möglichen negativen Folgen für den Couragierten mitbedenkt. In unserem mitteleuropäischen Denken wird hier jedoch die Verhältnismäßigkeit des Mittels des Widerspruchs in seinen Folgen meist überschätzt. Manche Menschen halten auch da den Mund, wo sie sprechen sollten und nach den Forderungen der Biophilie-Maxime auch sprechen müssten. Zivilcourage nimmt nichts für selbstverständlich, sondern fragt nach Optimierungstrategien jenseits aller Selbstverständlichkeiten. Sie ist bereit, auch eigenen Schaden in Kauf zu nehmen, wenn ihr Bemühen erfolgreich sein wird. Hier gilt es zu beachten, dass der mögliche persönliche Schaden in einem sinnvollen Verhältnis zu dem möglichen systemischen oder personalen Nutzen der Interventionen steht. Die Angst vor persönlichem Schaden allein, etwa in Gestalt der sozialer Strafe, ist jedoch stets ein schlechter Ratgeber. Sie zeugt eher von Feigheit denn von Tapferkeit.

### Fallbeispiele

**DVU oder PDS** ✳ Der ehemalige Bundespräsident von Richard von Weizsäcker sagte im Mai 1998, nachdem die rechtslastige Partei DVU in das Landesparlament von Sachsen-Anhalt eingezogen war, er halte es für richtiger, die links stehende PDS statt einer Rechtspartei wie der DVU neben der SPD in die Regierungsverantwortung zu nehmen. CDU und CSU jaulten, sicher zum Teil wahlkampfbedingt, auf, als sei Herr von Weizsäcker ein übler Nestbeschmutzer. Charakter erwies sich in den Augen der Führenden innerhalb der »christlichen Parteien« als Handicap.

**Kritik an der Regierung** ✳ Auch das berühmte Interview, das der ehemalige Bundespräsident Richard von Weizsäcker dem *Stern* gab, war ein solcher Ausweis von Zivilcourage, die ihm Herr Dr. Helmut Kohl nicht vergessen mochte. Weizsäcker griff darin die Machtversessenheit und Machtvergessenheit der führenden Politiker der damals herrschenden liberal-konservativen Regierung Kohl an. Selbstverständlich waren die angegriffenen Parteifunktionäre und Regierungsmitglieder nicht in irgendeinem weltanschaulichen Sinne liberal-konservativ, sondern allein orientiert am Machterhalt, den sie bereit waren, auch mit sozial-unverträglichen Mitteln zu sichern.

**Katholische ledige Mütter** ✳ In einem Fernsehinterview des WDR stellte ich fest: »Ich halte alle Bischöfe einschließlich des Bischofs von Rom für widerliche Heuchler, wenn sie ledige Mütter aus dem kirchlichen Dienst entlassen!« Diese Worte zogen ihre Kreise. Aber sie hatten einigen Erfolg: Es wurden im deutschen Sprachraum kaum noch ledige Mütter, die etwa ihr Diplom in Theologie bestanden hatten, aus dem kirchlichen Dienst entlassen. Hier erwies sich Charakter, objektiv gesehen, nicht als Handicap, obwohl mir einige meiner Mitmenschen bitterböse Briefe schrieben.

**Kann es Dogmen geben?** ✳ Ich schrieb 1997 ein Buch über »Nachkirchliches Christentum«, in dem ich nach dem heutigen Stand unseres soziologischen und hirnphysiologischen Wissens die unschwer zu begründende These vertrat, dass es im nicht empirisch fassbaren Bereich keine Dogmen geben könne. Ein Dogma ist ein wahrer Satz, frei von Täuschung und Irrtum. Da solche nicht-trivialen Sätze nachweislich von allen Menschen anders verstanden werden, kann nur gelten, dass alle Menschen unabweislich und zwingend irgendwelche Irrtümer und/oder Täuschungen in ihr Verständnis eines Dogmas einbauen. Somit kann es zwar an sich Dogmen geben, nicht aber im konkreten Verstehen von Menschen. Diese suchen sich ein Verstehen aus, das mit ihrem Vorwissen und ihren Vorerfahrungen in einem sehr persönlichen Kontext steht. In diesem Sinne sind einige Dogmen für das Glauben hilfreich. Sie geben Orientierung. Gegen Ende der 60er-Jahre schrieb einmal eine meiner Studentinnen in einer Seminararbeit: »Dogmen sind wie Laternen in der Nacht. Sie beleuchten den Weg. Aber nur Betrunkene halten sich an ihnen fest.« Sie hatte sicherlich in ihrem Anliegen Recht – dennoch musste ich ihr die Arbeit zurückgeben, weil ein solcher Spruch nicht in eine wissenschaftliche Arbeit gehört. Prüfen wir hier einmal wieder, ob Charakter eher ein Handicap ist oder nicht. Ich bewunderte damals die Zivilcourage der Theologiestudentin, da sie auch in Seminaren keinen Hehl aus ihrer Einstellung machte und die angeforderte leichte Korrektur schlimmstenfalls eine halbe Stunde in Anspruch nahm. Wie aber war es mit meiner eigenen Zivilcourage bestellt? Zunächst einmal führte meine These, dass es keine Dogmen geben könne, zu inadäquaten Reaktionen vor allem der theologischen Dogmatiker. Sie brachten mir ein Verbot ein, Vorlesungen zu halten. Andererseits erhielt ich mehrere hundert begeisterte Besprechungen und Briefe. Menschen, die Christen sein wollen, das aber außerhalb der Kirche, fanden sich in ihrem Mühen bestätigt. Wenn ich nun die ganze Szene aus einigen Jahren Entfernung betrachte, bin ich sicher, dass meine Zivilcourage nicht den Rahmen der Verhältnismäßigkeit sprengte. Also war alles in allem gesehen Charakter kein Handicap.

## Die Konfliktfähigkeit

**Konflikte lieben lernen?** Sie beweist sich vor allem in der Fähigkeit und Bereitschaft, notwendige Konflikte unter Verwendung verhältnismäßiger Mittel anzugehen und nach Möglichkeit zu beheben. Notwendig sind vor allem Konflikte mit einem Konfliktpartner, der durch sein Handeln oder Unterlassen anderen und/oder sich selbst schadet. Diese wichtigste Form der Konfliktfähigkeit setzt voraus, dass man den rechten Zeitpunkt wählt, den Konflikt anzusprechen und ihn – wenn möglich – zu allgemeinem Nutzen löst. Der rechte Zeitpunkt ist dann gekommen, wenn beide Partner in einem emotional und sozial ausgeglichenen Feld miteinander sprechen können. Oft gilt es dieses Feld etwa durch vertrauensschaffende und angstlösende Handlungen erst aufzubauen.

Es sei jedoch zugestanden, dass keineswegs alle Konflikte lösbar sind. Manche entziehen sich wegen der psychischen und/oder sozialen Voraussetzungen eines der Konfliktpartner jeder Lösung. Das sollte keineswegs ein zwingender Grund sein, die konfliktbesetzte Beziehung aufzugeben. Häufiger beruhen Konflikte auf abweichenden Werteinstellungen, Erwartungen, Bedürfnissen und Interessen. Solche Konflikte sind in aller Regel lösbar. Sehr viel schwerer und oft kaum zu lösen sind Konflikte, die in einem dauerhaften Antipathiefeld wurzeln. Konfliktunfähig sind dagegen Menschen, die notwendige Konflikte zu vermeiden suchen, sei es aus Harmoniebedürfnis oder aus Angst vor der eigenen und der fremden Aggressivität oder auch aus der Sorge, der Konflikt könnte im Lösungsversuch eher eskalieren als geschlichtet werden. Konfliktunfähigkeit kann ein Charakterdefekt sein, sie kann aber auch ihre Ursache in der schlichten Unfähigkeit haben, Konfliktlösungstechniken sinnvoll anzuwenden.

### Fallbeispiele

**Konfliktgespräch**     ✳ Ein Manager führte mit einem seiner Mitarbeiter, der durch erhebliche Fehlzeiten auffiel und seine Kollegen damit belastete, ein Konfliktgespräch. Zunächst versuchte er einmal herauszufinden, was der objektive (z. B. Krankheit) und/oder subjektive Grund für die häufigen Fehlzeiten war. Dabei war zu bedenken, dass der Manager das Interesse, die Bedürfnisse und Erwartungen des Unternehmens vertrat, während der Mitarbeiter ganz andere Interessen, Erwartungen, Bedürfnisse oder Werteinstellungen mitbrachte. Dauerhafte Differenzen zwischen beiden Interessen etc. führen zu erheblichem Mangel an Selbstmotivation beim Mitarbeiter (gelegentlich auch beim Vorgesetzten). Ist einmal ein geeigneter Zeitpunkt für ein Konfliktgespräch gefunden, in das der Mitarbeiter angstfrei eintreten kann, dann gilt es die unterschiedlichen Erwartungen, Bedürfnisse, Interessen und Werteinstellungen zur Sprache zu bringen. Was erwartet der Mitarbeiter von seiner Arbeit, seinen innerbetrieblichen Chancen, dem Verhalten seiner Vorgesetzten und Kollegen? Was ist sein Interesse an der Arbeit, die er zu verrichten hat? Wie steht es mit seinem Vermögen, Vertrauensfelder aufzubauen oder doch wenigstens sich in solchen einzunisten? Mitunter wird der Vorgesetze erkennen, dass es ihm nicht gelang, in seinen Führungsaktivitäten das handlungsleitende Interesse, die Bedürfnisse und Erwartungen des Unternehmens deutlich zu machen. Öfter noch wird der Mitarbeiter die Differenzen in Interessen, Erwartungen und Bedürfnissen (bei vorhandener Unternehmenskultur: auch der Werteinstellungen) erkennen. Der Vorgesetzte muss in dieser Situation die Erwartungen, Interessen und

Bedürfnisse des Unternehmens als ökonomisch und sittlich vertretbar vorstellen können. Gelingt es ihm, den Mitarbeiter von den Interessen, Bedürfnissen und Erwartungen zu überzeugen, ohne dass der Mitarbeiter seine eigenen Interessen, Bedürfnisse und Erwartungen verleugnen müsste – dann war das Konfliktgespräch erfolgreich. Die Konfliktfähigkeit des Vorgesetzten erwies sich als alles andere als ein Handicap.

**Misstrauen aus Konfliktscheu**
✳ Ein sehr konfliktscheuer Vorgesetzter (Konfliktscheu ist ein charakterliches Handicap, weil es keinem Teilnehmer bei einem notwendigen Konfliktgespräch hilft, sein Leben optimal zu organisieren) vermied jedes offene Konfliktgespräch, sondern baute ein emotionales Feld des Misstrauens gegenüber seinem Mitarbeiter auf. Seine Konfliktsscheu gründete in einem übertriebenen Harmoniebedürfnis. Sein Verhalten hatte nicht nur zur Folge, dass sich der Konflikt in die psychische Struktur des Mitarbeiters eingrub, sondern auch, dass das Leiden unter dem Konflikt bei allen Beteiligten zu Demotivationserscheinungen führte. Das übergroße Harmoniebedürfnis (ein charakterliches Defizit) wurde zu einem Handicap für alle unmittelbar oder mittelbar am Konflikt Beteiligten.

**Schweigende Eheleute**
✳ In Rahmen meiner therapeutischen Tätigkeit begegne ich gelegentlich Paaren, die unfähig sind, Konflikte zu lösen, weil sie sinnvolle Techniken zur Konfliktlösung nicht beherrschen und fürchten, dass jeder Versuch, den Konflikt zu lösen, ihn eskalieren lassen würde. Also schweigen sich beide über ihren Konflikt aus. Eine genauere Analyse ihrer Interaktionen zeigt, dass offene oder versteckte Schuldzuweisungen und Formen verdeckter Kommunikation die Interaktionen beider beherrschen. Mitunter gelingt es im Verlauf der Therapie der Partnerschaft, solche Schuldzuweisungen prinzipiell zu vermeiden. Das geschieht etwa durch kleine Selbstbestrafungen: Jede Schuldzuweisung bringt eine Geldbuße von DM 5,– ein. Ist die Summe groß genug, steht ein gemeinsames Abendessen in einem guten Restaurant an. Diese Methode führte zu dem Ergebnis, dass allenfalls noch gestritten wurde, ob eine bestimmte Kommunikationsform Schuldzuweisungen enthielt oder nicht. In solchen Fällen galt ich beiden als akzeptierter Schiedsrichter.

Noch etwas mussten die Partner lernen: offen über ihre Bedürfnisse, ihre Interessen und ihre Erwartungen, soweit sie den Partner oder die Partnerschaft betrafen, zu sprechen. Da wir dieses systematisch in den Therapiesitzungen einübten, waren auch hier die Bedingungen geschaffen, die Partnerschaft zu sanieren. Es ging also in der Therapie um die Behebung charakterlicher Defizite, die sich bei der wenig biophilen Art der Partner, miteinander umzugehen, eingeschlichen hatten oder auch schon in die Partnerschaft mitgebracht wurden. Ein solcher Versuch ist in aller Regel jedoch nur erfolgreich, wenn der Konflikt sich noch nicht als Strukturelement der Partnerschaft (als ein soziales System verstanden) verfestigt hat. Die charakterlichen Defizite müssen also eher vom Typ *Episode* als vom Typ *Neurose* sein.

**Wenn nur ein Partner leidet**

✳ Konflikte können auch einseitig sein. Einer der Partner meint, alles sei in Ordnung, der andere aber leidet unter irgendeinem interaktionellen Defizit so sehr, dass man sicherlich von einem Konflikt sprechen kann. Solche monopolaren Konflikte sind mitunter sehr schwer auszumachen, vor allem dann, wenn der nicht-leidende Konfliktpartner sehr dominant ist und die Meinung vertritt, er mache alles richtig und werde allen gerecht. – In der Therapie war jedes von vier Paaren gehalten, einen Konflikt vorzustellen. Eine Frau sah ihren wesentlichen Konflikt darin, dass ihr Mann sie niemals durch Worte dafür anerkannt hatte, dass sie de facto allein ihren gemeinsamen Sohn großgezogen habe. Dieser Konflikt saß zum Entsetzen des männlichen Partners so tief, dass seine Frau, unmittelbar auf diese Erzählung hin, in Tränen ausbrach und fluchtartig den Seminarraum verließ. Es dauerte Stunden, bis sie sich wieder beruhigt hatte. Dieser Konflikt – wie jeder monopolare – zeigt, dass die Partner allenfalls sehr oberflächlich und auf Bagatellen fixiert miteinander über ihre unterschiedlichen Bedürfnisse, Interessen, Werteinstellungen, Erwartungen an den Partner und die Partnerschaft gesprochen hatten. Leider konnte ich das Paar nicht weiter begleiten, aber ich hoffe, dass sie ihr ängstliches Schweigen und Verschweigen überwinden konnten. Die Charaktere beider Partner waren suboptimal entwickelt: Der des Mannes, weil er niemals daran dachte, dass seine Bedürfnisse, Erwartungen, Interessen und Werteinstellungen wesentlich und grundsätzlich anders sein könnten als die seiner Partnerin. Der der Frau, weil sie niemals den Mut fand zu sagen, was ihr existentiell wichtig war. Der Mangel in den charakterlichen Struktur beider erwies sich als erhebliches Handicap.

## Die Epikie oder der konstruktive Ungehorsam

**Normen sind veränderlich**

Epikie bezeichnet nach Aristoteles die »Tugend«, gegen eine Norm (Gesetzesnorm, Gehorsamsnorm, Standesnorm, moralische Norm …) zu verstoßen, wenn in der konkreten Handlungssituation ein »vernünftiger Normgeber« die Norm anders festgestellt hätte, um ein bestimmtes Ziel zu erreichen: Wenn also die Beobachtung der Norm dazu geführt hätte, dass das Ziel, das durch die Beobachtung der Norm angestrebt wurde, nur mit erheblichem Aufwand oder gar nicht erreicht werden könnte.

### Fallbeispiele

**Die rote Ampel**  ✳ Es ist das Ziel eines vernünftigen Normgebers, den Straßenverkehr so zu regeln, dass damit Schaden vom Gemeinwohl abgewendet und auch die Umwelt nicht mehr als zum Erreichen dieses Zieles notwendig belastet wird. Wer nachts vor einer auf Rot geschalteten Ampel anhält und sie wie ein Stoppschild behandelt, obwohl er sicher sein kann, dass beim vorsichtigen Einfahren in die Kreuzung kein Verkehrsteilnehmer auch nur behindert wird, handelt der Tugend der Epikie zuwider. Er ist ein (zwar gesetzestreuer) Feigling, weil er den Gesetzeswillen eines »vernünftigen Gesetzesgebers« durch sein Verhalten ad absurdum führt.

Als ich einmal in Athen bei durchaus lebhaftem Straßenverkehr vor einer roten Ampel hielt, kam ein Polizist auf mich zu und ermahnte mich, mich dem Verkehrsfluss einzupassen und ihn nicht durch mein Halten zu behindern. Meinen Hinweis auf die rote Ampel erledigte er mit der Bemerkung, Verkehrszeichen hätten nur dem Zweck, den Schuldigen festzustellen, falls es zu einem Unfall käme. Der Mann hatte die von seinem Landsmann Aristoteles vorgestellte Epikie internalisiert. (Vgl. S. 30/31, Sinnloser Gehorsam)

**Kreativer vs. Kadavergehorsam**  ✳ Bitte lesen Sie noch einmal das Fallbeispiel von dem Abt und dem Löwen auf S. 38. Was hat das mit Epikie zu tun? Der unweise Normengeber muss damit rechnen, dass die Beobachtung der Norm gegen ihn selbst ausgeht. Wenn sich tatsächlich alle Menschen an der gegebenen Norm orientieren würden, würde jedes soziale System binnen kurzem kollabieren. Der produktive und kreative Ungehorsam muss also als wichtiges Element des Überlebens sozialer Systeme interpretiert werden. Nur faschistoide Systeme werden kreativen Ungehorsam kaum zulassen. Sie sind auch deshalb stets durch die Starre ihrer Strukturen in ihrem Bestand gefährdet.

**Kleinliche Vorschriften**  ✳ In einem mir bekannten Unternehmen wurde der »Führungsstil« *Management by objectives* eingeführt, d. h. ein Führen über Zielvorgaben, wobei das Maß der Zielerreichung permanent kontrolliert wird. Jedem Mitarbeiter wurde nicht allein eine Zielvorgabe gegeben, sondern auch Anweisungen, wie dieses Ziel zu erreichen sei. Denn es ist ein wesentliches Element dieses Führungsstils, dass der Vorgesetzte auch den Weg der Lösung mitverfolgt. Der Mitarbeiter ist also gehalten, um das »Verfolgen« zu sichern, den ihm vorgegebenen Weg zu gehen. In mehreren Fällen kam es zu Konflikten mit dem Vorgesetzten, weil der Mitarbeiter andere Wege zur Erfüllung der Zielvorgaben einschlug. Kritisiert wurde selbst dann, wenn der vom Mitarbeiter gewählte Weg eine deutliche Verminderung der Aufwandgrößen nach sich zog. In einem Fall kam es mit der Begründung offensichtlichen Ungehorsams zu einer Abmahnung. Solches Vorgesetztenverhalten ist keineswegs selten. Ein Vorgesetzter klammert sich an die Vorgaben einer scheinbaren »Unternehmenskultur«, um seinen sozialen Aufstieg nicht zu gefährden. Das Charakterdefizit dieses Vorgesetzten ist so offensichtlich, dass – nachdem die Geschäftsführung ausgetauscht worden war – er sich sehr bald nach einer neuen Stellung umsehen musste.

**Ausnahmen zulassen**   ✳  In einem Elternhaus wurde sehr genau darauf geachtet, dass die einmal ausgehandelten Spielregeln unter Androhung materieller und sozialer Strafen auch von allen eingehalten wurden. Nun waren die Eltern so weise zu erkennen, dass Spielregeln wie alle anderen Regeln auch Ausnahmen zulassen, wenn diese zureichend begründet sind. Eine der Spielregeln lautete: Um 23.00 Uhr haben alle Kinder (Alter: 14, 16, 17) zu Hause zu sein, wenn nicht ausdrücklich eine Ausnahme gewährt worden war. Nun hatte der Älteste sich mit seinem Freund so ins Computerspielen verliebt, dass der Blick auf die Uhr vergessen wurde. Kurz nach 23.00 Uhr rief er zu Hause an, er möchte bei seinem Freund übernachten. Der Vater war so weise, hier eine Ausnahme von der Regel anzuerkennen und die entsprechende Erlaubnis zu erteilen. Das Beispiel verdeutlicht, dass Menschen, die disziplinäre Normen aufstellen, darum wissen, dass solche Normen Regeln sind, die wie alle regelartigen Aussagen Ausnahmen zulassen (die Statistik spricht hier von Beta-Fehlern). Das Praktizieren einer solchen Normendynamik – wie in unserem Anwendungsfall vorgestellt – ist sicherlich ein Zeichen von zureichender Ich-Stärke und zureichender Souveränität im Führen von Menschen. Charakter ist hier keinesfalls ein Handicap. Er wäre nur zu einem solchen entartet, wenn die Erlaubnis nicht erteilt und eine Strafe verhängt worden wäre.

## *Bestandsaufnahme*

Wie steht es mit meiner Zivilcourage (s. S. 109–111)?

Wie steht es mit meiner Konfliktfähigkeit (s. S. 111–114)?

Wie steht es mit meiner Epikie oder dem konstruktiven Ungehorsam (s. S. 114–116)?

In welchen Situationen zeigen sich meine Stärken?

In welchen Situationen zeigen sich meine Schwächen?

Will ich es ändern?

Was gewinne ich, wenn ich mich ändere?

Was kann ich dabei verlieren?

Wie kann ich es ändern?

Wie will ich vorgehen?

Erster Schritt wäre …

Der zweite Schritt könnte sein …

Als dritten Schritt nehme ich mir vor …

# 2. Die sekundären Tugenden

**Ausdruck von Freiheit**
Im Bereich der sekundären Tugenden gibt es erhebliche Unterschiede. Neben solchen, die systematisch (etwa in faschistoiden Systemen) missbraucht werden können (wie etwa Gehorsam, Pünktlichkeit, Sauberkeit ...) stehen solche, die sich als Mischformen von primären Tugenden mit den sekundären verbinden. Hier soll allein von den letzteren die Rede sein. Wie unterscheidet man diese Tugenden von den leicht missbrauchbaren? Wir stehen vor der Alternative, ein Leben aus erster Hand zu leben oder durch Zwänge gleich welcher Art (auch manche sekundären Tugenden können zwangsartig missbraucht werden) ein Leben aus zweiter Hand zu leben, ein dem Selbst fremdes Leben. Hier geht es also um Tugenden, die Ausdruck von Freiheit sind, die zumeist sogar von personaler Freiheit und deren sozialverträglichem Verhalten eingefordert werden.

## Die Weisheit

**Beispiel, nicht Ratschlag**
*Weisheit* wird definiert als eine Form des Lebenswissens, die es einem Menschen erlaubt, biophil zu leben und diese Biophilie an seine Umwelt weiterzugeben.[30] Diese Weitergabe geschieht nicht etwa durch Ratschläge, sondern durch ein überzeugendes Vorleben. Wird ein Weiser um Rat gebeten, wird er sich eine Regel aus der psychoanalytischen Praxis zu eigen machen: »Gib niemals einen Rat, sondern weise auf Alternativen hin, die dem Fragenden in einer bestimmten Lebenssituation offen stehen.« Er wird helfen, wenn er helfen kann, aber auch die Hilfe anderer in Anspruch nehmen. Das verhindert die Ausbildung des *Burn-out-Syndroms*. Er wird wissen, dass er ebenso sehr auf Menschen angewiesen ist wie sie auf ihn.

---

30 Möchten Sie mehr über »Weisheit« erfahren, lesen Sie bitte in meinem beim ECON-Verlag erschienenen Buch nach: »Weisheit für Unweise« (1998).

Dass Weisheit heute auszusterben droht, mag daran liegen, dass solches Wissen nicht funktional verwertbar ist. Soweit in unserer Zeit Wissen überhaupt eine Rolle spielt, gilt das Interesse der rein funktionalen Verwertbarkeit des Wissens, stehen Sach- und Erfahrungswissen im Vordergrund. Es ist erfreulich zu bemerken, dass manche Unternehmen und Unternehmensberaterfirmen auch – vielleicht gar besonders – Wert auf ein gut ausgebildetes Allgemeinwissen legen. Dieses hat zwar noch nichts mit Weisheit zu tun, kann aber bei manchen Menschen zur Ausbildung von Weisheit hilfreich sein. Allgemein gilt jedoch, dass Weisheit als Anlage bereits vorhanden sein muss. Sie kann wachsen und sich differenziert ausbilden mit dem Erfahrungswissen, das ein Mensch sich im Laufe seines Lebens aneignet.

### Fallbeispiele

**Alternative**   ❋ Ein Freund ruft an, er wolle sich selbst töten, denn nach Verlust des Arbeitsplatzes und nachdem die Kinder flügge geworden seien habe sein Leben keinen Sinn mehr. Er habe sich schon alles zurecht gelegt: ein Elektrokabel und einen Stuhl. Als Ort seiner Handlung habe er ein Heizungsrohr im Keller gefunden, das in der Lage sei – wie ausprobiert –, sein Gewicht zu tragen. Was wird ein weiser Mensch jetzt tun? Er wird seinem Freund sagen, dass er um der Freundschaft willen seinen Besuch abwarten solle, um mit ihm seine Lebensbilanz (da es sich um einen geplanten Bilanzsuizid handelt) durchzusprechen. Es sei doch denkbar, dass er den einen oder anderen Punkt vergessen habe. Dann wird er sich so schnell wie möglich zu seinem Freund aufmachen, um ihm Alternativen zu der geplanten Selbsttötung aufzuzeigen – ohne sie ihm ausreden zu wollen. So biete der Arbeitsmarkt doch eine Menge von sinnstiftenden Nicht-Erwerbs-Arbeiten an. Es gebe in jedem Krankenhaus Menschen, die unendlich einsam seien. Hier könne er durch Krankenbesuche und geduldiges Hinhören Menschen helfen. – Es folgte noch der Aufweis andere Alternativen. Ich habe nur diese eine erwähnt, weil mein Freund diese ausgewählt hat. Als er mich wieder einmal besuchte, sagte er mir, er habe noch niemals in seinem Leben etwas Sinnvolleres getan. Der Gedanke, dass so viele ihn und seine Besuche benötigten, ließ ihn bald seinen geplanten Selbstmord als depressive Episode erkennen und aufarbeiten. Hier wurde im Charakter schlummerndes Potential freigesetzt. Charakter wurde zu etwas völlig anderem als einem Handicap.

**Verpflichtung**   ❋ Die Frau eines Freundes war tödlich verunglückt. Er betrachtete es nun als selbstverständlich, dass seine noch sehr rüstige Mutter zu ihm zog und für die Kinder sorgte. Nun hatte die knapp über 50-jährige Oma mit viel Mühe und Fleiß über ein Fernstudium ihr Diplom in BWL absolviert und – um es zu nutzen – zusammen mit einer Freundin eine kleine Boutique eröffnet, die nach zwei verlustreichen Jahren endlich Gewinn einbrachte. Die Frau kam nun, um sich Rat zu holen. Zunächst mussten viele Fragen geklärt werden (Alter der Kinder; finanzielle Möglichkeit, eine Haushälterin anzustellen; die Möglichkeit, nur vormittags in der Boutique tätig zu sein, um sich nachmittags um die Kinder zu kümmern …). Die entscheidende Frage war die nach der von ihrem Sohn behaupteten Verpflichtung. Diese bestand ganz offensichtlich nur in der Vorstellungswelt des verwitweten Vaters. Also galt es nun zu prüfen, welche der beiden Alternativen biophiler für alle Beteiligten, besonders aber für sie sei: entweder die Boutique aufgeben oder sich um die Enkel zu kümmern. Ihr *moralisches Gewissen* sagte ihr: »Es gehört sich, dass du dich um die Kinder kümmerst!« Aber diese Form des Gewissens, das nicht in einer sittlichen Grundentscheidung wurzelt, sondern in einem reinen: »Das tut man!«, kann ein schlechter Ratgeber oder eine schlechte, faschistoiden Gehorsam einfordernde Instanz sein. Sie entschloss sich für die Weiterführung ihrer Boutique. Ihr Sohn musste diese Entscheidung unter mancherlei Murren akzeptieren. Er löste sein Problem so, dass er eine Frau, mit der er während seiner Ehe schon ein erotisch-sexuelles Verhältnis unterhielt, zu sich ziehen ließ und sie nach deren Scheidung heiratete. Die Kinder nahmen ihre neue Mutter schon bald an. Wäre es weiser (»biophiler«) gewesen, der Forderung des *moralischen Gewissen*s zu folgen? Nur die konkrete Lebenspraxis konnte diese Frage entscheiden. War es weise, die Großmutter darauf hinzuweisen, dass das »Das tut man! Eine Großmutter hat für ihre Enkel dazusein!« keinerlei Verpflichtung mit sich bringt, sondern zu prüfen ist? Es galt zu sehen, welche der beiden möglichen Entscheidungen langfristig die biophilere war. Das Ergebnis gab ihr Recht. Charakter, der sich von dem anonymen »Das tut man!« befreit, ist in den meisten Fällen keineswegs ein Handicap, sondern hilft zu leben.

**Entscheidung**  ✳ Das Finanzamt forderte einen mir recht gut bekannten Menschen auf, innerhalb von einer Frist von knapp fünf Wochen für sechs Jahre eine Mehrwertsteuer-, eine Kirchen- und Einkommensteuererklärung abzugeben. Der Versuch, eine Fristverlängerung zu erreichen, scheiterte. Nun war es weder dem Bekannten noch seinem Steuerberater möglich, in solch kurzer Frist die geforderten Steuererklärungen abzugeben. Das Finanzamt schätzte. Es kam zu einer Steuerschuld, der er in keiner Weise gewachsen war. Er beschloss nun, persönlichen Konkurs anzumelden und seine freiberufliche Tätigkeit – er war immerhin weit über 60 – einzustellen, um in Zukunft von der Sozialhilfe zu leben. – Hier kam es bei der Beratung darauf an, ihm nachzuweisen, dass es auch andere Möglichkeiten der weiteren Lebensgestaltung gebe. Wenn ihm sein Beruf Erfüllung bringe, sei es auch dann nützlich, ihm nachzugehen, wenn ein Großteil seines Einkommens von den Finanzbehörden geschluckt werde. Auch könne er den Bescheid des Finanzamtes aus mancherlei Gründen anfechten, wenn ihn das auch nicht von der augenblicklichen Steuerschuld frei stellen würde. Ferner könne er ja von einem anderen Land aus – in dem die deutschen Steuerbehörden keinen Zugriff auf sein Einkommen hätten – seiner beruflichen Arbeit nachgehen. Des Weiteren sei zu bedenken, ob nicht doch durch gemeinsames Bemühen seiner Freunde ein Darlehen in der notwendigen Höhe aufgebracht werden könne. Er entschloss sich, Letzteres zu versuchen – und hatte Erfolg. Nachdem sein Widerspruch gegen die Steuerbescheide vom Finanzamt abgewiesen worden war, entschloss er sich, vor dem Finanzgericht zu klagen. Und er hatte damit Erfolg. Das Gericht gab ihm im Wesentlichen Recht. Die anfangs angedachte Lösung des Problems wäre eher eine Kurzschlusshandlung als eine in seinem Charakter angelegte Problemlösung gewesen. Auch hier erwies sich, dass ein Handeln und Entscheiden gemäß der charakterlichen Vorgabe es ihm erlaubte, eine bessere Lösung zu finden.

## Die Tapferkeit

**Die Tugend des Widerstands**

*Tapferkeit* bezeichnet jene Tugend, die es einem Menschen ermöglicht, sich furchtlos und zum Widerstand bereit mit tatsächlichen oder möglichen Gefahren und Schwierigkeiten auseinanderzusetzen.[31] Wie schon gesagt: Aristoteles rechnet die Primärtugenden (s. S. 109) zu Ausdrucksformen der Tapferkeit. Furchtlosigkeit hat nichts oder nur sehr wenig mit dem Fehlen von Ängsten zu tun. Man kann Ängste haben und zugleich furchtlos sein. Vermutlich ist es nur möglich, einer sittlichen Maxime (etwa der der Biophilie) zu folgen, wenn man tapfer ist. Das sittliche Verhalten unterscheidet sich gerade darin vom nur moralischen, dass das moralische sich stets an den Normen eines konkreten äußeren Moralsystems orientiert, das sittliche aber transsystemisch ist. Sittliches Verhalten kann also durchaus auf den Widerstand von sozialen Systemen stoßen, vor allem dann, wenn die Normen dieser Systeme

---

31 Die zweite Bedeutung von »Tapferkeit« meint eine psychische Einstellung, die einen Menschen dazu bringt, Schmerzen und seelische Regungen und Gefühle ohne irgendwelche Klagen zu verbergen. Diese Form von Tapferkeit sei hier nicht behandelt. Sie ist keine Tugend, sondern eine vermeintlich nützliche, meist mühsam erlernte Technik, sich in sozialen Feldern unverwundbar erscheinen zu lassen. Zudem kann sie Ausdruck einer neurotischen Fehlorientierung sein.

den moralischen Normen widersprechen. Tapferkeit ist transsystemisch und provoziert daher keineswegs selten den Widerstand sozialer Systeme, als da etwa sind: Unternehmen, Kirchen, Staaten, Parteien, Gewerkschaften oder auch Partnerschaften und Familien.

Es liegt in der Natur der Tapferkeit, dass Charakter kein Handicap ist. Das wird daher nicht bei jedem der folgenden Fallbeispiele ausdrücklich erwähnt.

### Fallbeispiele

**Die Angst des Generals**

✳ Als erstes Beispiel sei hier eine militärische Geschichte erzählt, die recht gut den Unterschied zwischen Tapferkeit und Angstlosigkeit deutlich macht: Ein General besuchte seine Fronttruppen. Feindliches Feuer aus Maschinengewehren und der Einschlag gegnerischer Granaten bestimmten die Szene. Ein junger Leutnant wurde abkommandiert, den General zu begleiten und zu führen. Bald zitterte der General vor Angst um sein Leben. Der Leutnant fragte: »Herr General haben doch keine Angst?« Der General erwiderte ihm: »Wenn Sie die gleiche Angst hätten wie ich, stünden Sie vermutlich nicht mehr hier.« Der General war tapfer, der Leutnant nur verwegen. Das Beispiel zeigt, dass sich Tapferkeit durchaus nicht in der Praxis primärer Tugenden erschöpft.

**Der Einsatz eines Kindes**

✳ Ein Erlebnis in der Frankfurter S-Bahn am späten Abend: Zwei Fahrgäste versuchten, einem anderen Fahrgast seinen Koffer zu rauben. Ein vielleicht 13-jähriger Junge bemerkte das – und griff im Gegensatz zu den wenigen erwachsenen Männern, die sich in Sichtweite aufhielten, ein. Er brüllte die Räuber an und versuchte sie auch mit physischer Kraftanstrengung von ihrem Unternehmen abzubringen. Er hatte Erfolg. Die Räuber flüchteten in den letzten Wagen und verließen den Zug an der nächsten Haltestelle. Nun hätte der Junge unbedingt diesen Vorfall der Zugbegleitung oder den nächst erreichbaren Polizisten mitteilen müssen. Da aber die erwachsenen Fahrgäste hilflos und beschämt taten, als hätten sie nichts gesehen, traute er sich vermutlich nicht. Der Junge war tapfer, die erwachsenen Mitfahrer feige. Solche Art der Feigheit ist weit verbreitet. Sich nur nicht einmischen, möglichst nichts bemerken. Hier begegnen wir einer neuen Form der Tapferkeit, die jetzt einfordert, bei Beachtung der Verhältnismäßigkeit der eingesetzten Mittel und der Chance eines wahrscheinlichen Erfolges sich einzumischen, wenn Unrecht geschieht.

**Die Lebensrettung**

✳ Einer meiner Freunde, nicht gerade ein hervorragender Schwimmer (mit Mühe hatte er »Bronze« bei der DLRG geschafft) sprang, nachdem er seine Schuhe abgestreift hatte, ohne langes Nachdenken in den Main, um ein Kind zu retten, das ins Wasser gefallen war und nicht schwimmen konnte. Da das Kind in Panikreaktion unberechenbar reagierte, brachte er sich in einige Gefahr. Aber die wenigen Befreiungsgriffe, die er im Rahmen seiner DLRG-Ausbildung gelernt hatte, führten dazu, dass er das Kind einigermaßen beruhigen und seinen Kopf über Wasser halten konnte. Es gelang ihm, sich langsam auf dem Rücken schwimmend dem Ufer zu nähern, wo er an einem Busch festen Griffhalt fand. Hier begegnen wir wiederum dem Prinzip des feigen Sich-nicht-Einmischens, denn das etwa zehn Meter vom Ufer entfernt treibende Kind wurde von mindestens sechs oder sieben Personen gesehen, die neugierig dem Geschehen zuschauten. Immerhin war einer dabei, der bereit war, das gerettete Kind ins nächste Krankenhaus und den nassen Mann nach Hause zu fahren. Hier wird deutlich, dass Hilfsbereitschaft nicht immer mit Tapferkeit verbunden ist. Der Retter war tapfer, der Fahrer war hilfsbereit, obwohl er sich zuvor als Gaffer betätigte. Das war immerhin besser als nichts. Ich vermute, dass viele Autofahrer nicht bereit wären, zwei Personen mit total durchnässter Kleidung freiwillig in ihrem besten Stück zu befördern.

## Die Gerechtigkeit

**Rechtsstaat und Menschenrechte**

Gemeint ist hier *Gerechtigkeit* als Tugend (also in einem subjektiven Sinn[32]). Sie wurde durch den römischen Juristen Ulpian definiert als »der feste Wille, einem jeden sein Recht zukommen zu lassen.« Er kannte schon drei Quellen solchen Rechts: (a) das Gesetz (das etwa die Erbfolge sichert), (b) den Vertrag (in dem sich die vertragschließenden Parteien verpflichten, wechselseitig bestimmte Leistungen zu erbringen) und (c) die Rechte, die ein römischer Bürger hat, da er römischer Bürger ist (etwa vor Gericht im Strafverfahren zu schweigen). Während die

32 In einem objektiven Sinn bezeichnet »Gerechtigkeit« mit Platon ein Prinzip zur Aufstellung und Beurteilung von Rechtsnormen. Eine Rechtsnorm ist nur dann gerecht, wenn sie aufgrund einer sittlichen Güterabwägung zustande kam: Es gilt gegeneinander abzuwägen die Beschränkung der Handlungsfreiheit vom Gesetz betroffener Personen gegen die Qualität des Schadens, den die Befolgung der Rechtsnorm abwendet. Hier wird deutlich, dass der Staat als Recht setzende, Recht verwaltende und Recht durchsetzende Gewalt nur dann gerecht ist, wenn er durch seine Eingriffe in bestehenden Gesellschaften schweren Schaden vom Gemeinwohl abwendet. Die Mehrung des Gemeinwohls durch staatliche Interventionen gehört zur Ideologie des Marxismus. Die subjektive Bedeutung von »Gerechtigkeit« wurde in bislang nicht verbesserter Form von Domitius Ulpianus (223 in Rom ermordet) formuliert: »Justitia est voluntas stabilis unicuique ius suum tribuendum« – Übersetzung s. o.

beiden erstgenannten Rechtsquellen auch heute unveränderte Geltung beanspruchen, ist die dritte den »Menschenrechten« (= den Rechten, die ein Mensch hat, weil er Mensch ist) gewichen. Während noch in den Jahren zwischen den Weltkriegen das Vertragsrecht im Mittelpunkt des allgemeinen Interesses stand, sind es heute die allgemeinen (d. h. nicht kulturspezifischen) Menschenrechte (dazu gehört etwa das Recht zu leben, persönliches Eigentum zu erwerben, nicht versklavt zu werden ...). Dass in der modernen Rechtsphilosophie deutlich gemacht werden muss, dass die Rechtsprechung kaum etwas mit Gerechtigkeit zu tun hat, entspricht vermutlich der Erfahrung der meisten, die einen Zivilprozess verloren haben.

### Fallbeispiele

**Noch einmal: Michael Kohlhaas**

✳ Das klassische Beispiel eines Menschen, der von der Rechtsprechung zu Unrecht Gerechtigkeit erwartet, war Hans Kohlhase († 1540) dessen Schicksel schon weiter oben (s. S. 69) berichtet wurde.[33] Der Bericht macht deutlich, dass Gerechtigkeit keine absolute Tugend ist, ja zur Untugend werden kann, wenn sie der Biophilie-Maxime widerspricht. Das gilt in entsprechender Weise auch für die im Folgenden vorgestellten »Tugenden« wie etwa Pünklichkeit.

**Schulische Leistung**

✳ Ich war einmal Zeuge eines eigentümlichen Geschehens an einem privat geführten Gymnasium. Die Schulleitung hatte den Schülern der Mittelstufe deutlich gemacht, dass die Benotung von Klassenarbeiten auch einen pädagogischen Zweck verfolge und daher nicht nur die Zahl der Fehler die Note bestimmte, sondern auch das Lernengagement des Schülers. So geschah es denn, dass ein im Fach Mathematik sehr begabter Schüler nur die Note 4 erhielt, während ein anderer mit gleichartigen Fehlern eine 2 unter seiner Arbeit wiederfand. Das hielt der erstgenannte Schüler für ungerecht, und er nannte seinen Lehrer »schwule kleine Ratte«. Wenn die Benotung sich nicht auf das Versetztwerden auswirkt, kann in der gymnasialen Mittelstufe eine solch pädagogische Benotung durchaus gerecht sein. Der sich ungerecht behandelt fühlende Schüler hätte – auch im altersgemäßen Aufbegehren – in aller Ruhe mit seinem Lehrer sprechen müssen. Das aber tat er nicht. Ein charakterliches Defizit (das Aufbegehren gegen bekannte und selbst anerkannte Spielregeln) wurde zum Handicap.

---

33 Ihm setzte Heinrich von Kleist in seiner Novelle »Michael Kohlhaas« (1810) ein Denkmal.

**Staatliche Lenkung**

✳ Ein überzeugendes Beispiel von objektiver Ungerechtigkeit bietet Deutschland in manchen seiner Gesetze, die etwa in der Arbeits-, Sozial-, Subventions- und Steuerpolitik nach marxistischem Vorbild versuchen, das Gemeinwohl zu mehren. Dieser Versuch setzt jedoch eine allgemeine und ideologietranszendente Definition von *Gemeinwohl* voraus. Diese aber gibt es nicht. Ein Marxist, ein Christ, ein Liberaler ... werden ideologieverhaftet über jeweils andere Definitionen von *Gemeinwohl* verfügen, während, das, was dem Gemeinwohl schadet, unumstritten sein kann. Ein liberalem Denken verpflichteter Staat wird also kaum solche *Gemeinwohl fördernden* Gesetze erlassen. Wir müssen uns damit abfinden, dass die Grenze zwischen liberalen und marxistisch-orientierten Politikern quer durch alle Parteien läuft. Nun ist Unwissenheit nicht unbedingt ein Charaktermangel, wohl aber die Unwissenheit von Politikern über die Rechte und Pflichten eines Gesetzgebers.

## Die Besonnenheit

**Selbstbeherrschung und Ich-Stärke**

*Besonnenheit* ist eine Tugend, die es erlaubt, eine Haltung einzunehmen, welche sich durch Selbstbeherrschung und differenziertes, abwägendes und rational geleitetes Bedenken aller das Handeln und/oder Entscheiden bestimmenden Faktoren auszeichnet. Besonnenheit ist heute eine der am wenigsten praktizierten Tugenden. Fehlt sie, dann kann durchaus der unbesonnene Charakter zum Handicap werden. Bedenken wir zunächst einmal die wesentlichen Elemente dieser Definition:
- Besonnenheit setzt *Selbstbeherrschung* voraus. Selbstberrschung kann nur von einem Menschen biophil verwirklicht werden, der über ein zureichendes Maß von Ich-Stärke verfügt, verbunden mit dem Nicht-Gehabtwerden vom Selbst (= von sich selbst). Hier liegt sicher eine der psychologischen Schwierigkeiten, sich selbst zu beherrschen und von nichts besessen zu werden, nicht einmal vom Selbst. Es gibt Menschen, die zwar alle möglichen Formen des Besessenseins (etwa von Geld, Macht, Einfluss, Anerkennung, Aggressivität ...) überwunden haben, nicht aber das Besessensein von ihrem Selbst, genauer vom *Selbstkonstrukt*, das im Selbstbewusstsein zu sich kommt. Ein ausgeprägtes Selbstkonstrukt verführt in aller Regel Menschen dazu, sich von ihm besitzen, ja tyrannisieren zu lassen. Ihre Welt baut sich auf um das Selbstkonstrukt, von dem der Besitzer glaubt, es sei identisch mit dem Selbst. Zu ihm haben wir jedoch keinen unmittelbaren Zugang. Aus diesem Grund betrifft die Selbstbeherrschung die Beherrschung des Selbstkonstruktes. Der selbstbeherrschte Mensch wird also darum wissen, das sein Selbst nur in

seinem Erkenntnissystem vorhanden ist, nicht aber in erfassbarer Realität. Der wenig selbstbeherrschte Mensch aber wird Selbstkonstrukt und Selbst miteinander verwechseln und glauben, dieses Selbst könne sich optimal in der eigenpsychischen und sozialen Welt orientieren. Selbstbeherrschung meint also, sich von den Zwängen des Selbstkonstruktes zu befreien und dieses zu beherrschen, nicht aber von ihm beherrscht zu werden.

**Konstrukte und Erfahrungen**

- *Differenziertes, abwägendes und rational gesteuertes Bedenken* von personalen Sachverhalten steht vor ähnlichen Schwierigkeiten wie die Selbstbeherrschung. Was wir erkennen, wenn es sich um Personen und die Beziehungen zwischen ihnen handelt, ist nicht das So-Sein von Personen und deren Beziehungen zueinander, sondern bloß das Da-Sein, das ohne das So-Sein absolut leer ist an Merkmalen. Das gilt in ganz ähnlicher Weise auch für die Erkenntnis sozialer Systeme, deren Elemente Interaktionen sind, also Beziehungen zwischen Personen. Das Ich, andere Personen und Beziehungen zwischen Personen sowie soziale Systeme werden über die Konstruktbildung aufgrund einer stets subjektiven Erkenntnisfähigkeit erschaffen.

- *Differenziertes Bedenken* wird also vor allem von der Tatsache ausgehen, dass wir die Welt der Menschen (Personen und Beziehungen zwischen Personen) nur als Konstrukte wahrnehmen. Ein weiterer Aspekt, der im differenzierten Bedenken erheblich ist, ist der Vorrat an Konstrukt bildenden Elementen, die sich ein Mensch in der Entwicklung seines Erfahrungswissens sammelte. Es gilt dabei aus der Menge der vorhandenen Elemente ein Ganzes, eben ein Konstrukt, zu formen. Einige Elemente lernen wir schon im Säuglingsalter kennen (etwa Dominanz und Subdominanz, Zuwendung und Abwendung, Anerkennung und Tadel, Fürsorglichkeit und Vernachlässigung), andere im Kindergartenalter (Besitz und Verlust, Gefahr und Geborgenheit, Vertrauen und Misstrauen), andere im Schulkindalter (Gerechtigkeit und Ungerechtigkeit, Erfolg und Misserfolg, physische Stärke und Schwäche). Wir können davon ausgehen, dass jeder Mensch über etwa 50 solcher Versatzstücke zum Aufbauen von Konstrukten verfügt. Ist die Zahl verhältnismäßig klein, werden Kontrukt-Stereotype ausgebildet, die zu einem Schachteldenken führen und Menschen in wenige Schablonen (oder Schubladen) einordnen. Ist die Zahl dieser Versatzstücke groß genug, wird differenziertes Bedenken und damit Besonnenheit möglich werden. – Die Fähigkeit zu differenziertem Urteil, Handeln und Verhalten als wesentliche Bedingung und Ausdrucksform der Besonnenheit scheint sich heute auf dem Rückzug zu befinden. Die meisten Menschen haben ein sehr plakatives Bild vom anderen, von Interaktionen und sozialen Systemen. Wer mag schon differenzieren zwischen Wahr und Falsch, zwischen Gut und Böse, zwischen Angemessen und Unangemessen? Dass zwischen Gut und Böse, Wahr und Falsch, Angemessen und Unangemessen ganze Welten liegen, fordert die Fähigkeit zu konstruktiv kritischem Denken heraus. Es gibt kaum etwas Törichteres als das Etiketten-Verteilen, wo die Unwissenheit am größten ist. Ich habe nur sehr wenige Menschen getroffen, die mir sagen konnten, was die Begriffe *Marxismus, Christentum, Liberalismus, Würde, Freiheit* und *Gerechtigkeit* besagen, obwohl sie zu allen genannten Worten eine feste emotionale Bindung eingegangen waren, die sie streng und unnachsichtig zwischen Gut und Böse unterscheiden ließen.

**Abwägen und Vernunft**

– *Abwägendes Bedenken* setzt die Fähigkeit und Bereitschaft voraus, eigenen und fremden Nutzen gegen eigenen und fremden Schaden zu taxieren, bevor eine Handlung folgen kann. Wer Handlungen, die nicht einer einmal sittlich verantworteten Routine folgen, sittlich rechtfertigen will, braucht ein Kriterium, das die sittlich verantwortete Handlung von der sittlich nicht verantworteten oder sittlich nicht verantwortbaren zu unterscheiden ermöglicht.

– Last but not least soll das besonnene Bedenken *rational geleitet* sein. Besonnenheit und Unvernunft schließen einander aus. Eine unvernünftige Besonnenheit ist an sich ein paradoxes Begriffspaar. Da nun aber nach Karl Marx die Vernunft im Dienst des Interesses und nach Sigmund Freud im Dienste der Psyche steht, die stets versucht, ihre Selbstwertigkeit (= die narzisstische Homöostase des Selbst) zu sichern, ist die Vernünftigkeit ein bloß subjektives Kriterium zur Verwirklichung von Besonnenheit. Dass besonnene Menschen über einen ausgeprägteren Charakter verfügen, scheint offensichtlich zu sein – vorausgesetzt, ihre Besonnenheit beruht nicht auf Trägheit und Konfliktscheu, sondern wird als Tugend realisiert, vor allem in jenen Situationen, in denen die hier vorgestellte Form der Besonnenheit praktisch wird. Ein besonnener Charakter ist in aller Regel kein lebensminderndes Handicap.

### Fallbeispiele

**Umgang mit Empörung**

✳ Kaum war mein Buch über das »Nachkirchliche Christentum« erschienen, besuchte mich im Zustand empörter Erregung ein ansonsten auf Ausgleich bedachter Mitbruder und machte mir eine Szene, in der es seinerseits recht laut und beschimpfend einherging. Ich fühlte mich von keinem seiner Vorwürfe betroffen, antwortete nur ruhig und gelassen und machte mich daran, eine Studie von unbeherrschter Aggressivität zu erleben. Da dieses Verhalten das aggressive Potential meines Gesprächspartners weiter anheizte, hoffte ich den Konflikt durch »Auslaufen« zu beenden. Die Hoffnung aber trog. Noch am Abend des gleichen Tages modifizierte er vor einem größeren Publikum seine Aggressivität, indem er behauptete, ich löge bei der Verteidigung meines Buches. – Ich trage dieses Beispiel vor, um zu zeigen, dass es Situationen gibt, in denen Selbstbeherrschung latente Konflikte zum Ausbruch kommen lässt. Selbstbeherrschung ist also niemals Selbstzweck, sondern muss unter das Postulat der Biophilie gestellt werden. Das ist mir in der vorgestellten Szene nicht gelungen. Wer einem Menschen begegnet, der seine Selbstbeherrschung verlor, braucht – wenn der Prozess biophil ablaufen und enden soll – mehr als bloße Selbstbeherrschung, vielmehr eine Antwort auf die Frage: »Wie kann ich durch mein Verhalten den Prozess biophil enden lassen?« Nun gebe ich gerne zu, dass in unserem Beispiel ein anderes Verhalten vor dem Anspruch der Biophilie eher angebracht gewesen sein mag. Es ist mir bislang jedoch keines eingefallen.

**Cholerischer Fahrlehrer** ✳ Mein Fahrlehrer war ein ausgesprochen aggressiver Mensch, der jeden Fahrfehler mit aggressiven Ausbrüchen kommentierte. Hier wurde nicht eine an sich aggressive Episode vorgeführt, sondern ein aggressiver Charakter. Sein Zorn, ja seine Wut richteten sich nicht gegen sich selbst, sondern gegen seine Mitmenschen. Gelassen versuchte ich, seine Eskapaden über mich ergehen zu lassen. Als ich ihn fragte, ob er denn auf alle seine Schüler so aggressiv reagiere, antwortete er, dies sei die sicherste Methode, Fahrneulinge zu verkehrsgerechtem Verhalten anzuleiten. Als ich seine Ausführungen kommentierte, ich könne mir sehr gut vorstellen, dass ein ruhig ausgesprochener Tadel hilfreicher sein könne, behandelte er mich fürderhin recht human. Die Unbesonnenheit meines Fahrlehrers war also vermutlich nicht in seinem Charakter begründet, sondern in seiner »Lebenserfahrung«.

**Streitendes Paar** ✳ Aggressivität wirkt ansteckend. Das gilt es zu vermeiden. Ich erinnere mich an ein Ehepaar, bei dem diese wechselseitige Aggressivität, nachdem sie einmal von einem der Partner ausgelöst worden war, zu den eigentümlichsten aggressiven Reaktionen führte. Da wurde nicht nur das wechselseitige Anbrüllen geübt, sondern auch die Vernichtung von Gegenständen, die dem anderen etwas bedeuteten. Von Besonnenheit war nichts auch nur zu erahnen. In beratenden Gesprächen versuchte ich zu verdeutlichen, dass ein von aggressiven Emotionen beherrschter Mensch nicht zurechnungsfähig sei, da er sich in einem Zustand befinde, der einen freien Willensentscheid ausschließe. Emotionen zu haben, auch aggressive, sei gut, doch von seinen aggressiven Emotionen beherrscht zu werden bedeute, nicht das eigene Leben zu leben, sondern das von der Aggressivität bestimmte. Und das sei ein typisches Leben aus zweiter Hand. Beide lernten im Verlauf der Gespräche, ihre eigene Aggressivität zu betrachten und ihr nicht ihre Erwachsenenstrategien zur Verfügung zu stellen. Es zog zwar in diese Partnerschaft nicht die Tugend der Besonnenheit ein, wohl aber eine notwendige Vorstufe: Man solle und könne auch aggressive Emotionen entwickeln, töricht aber sei es, ihnen irgendwelche verbalen oder nonverbalen Erwachsenenaktivitäten zu leihen.

**Wissen, wovon man redet**    ✳ In meinen Managerseminaren prüfe ich die Fähigkeit, differenziert zu denken, regelmäßig nach. Obwohl nahezu alle Manager den Marxismus ablehnen, wusste niemand, was er da ablehnte. Ganz ähnlich erging es dem Christentum, obwohl dieses Wort in der Regel positiv besetzt war, oder anderen Wertworten (Würde, Freiheit, Gerechtigkeit …). Sind Menschen wirklich nur bereit, für Werte zu sterben, die ihnen zureichend unklar sind, wie G. B. Shaw einmal meinte? Hat sich denn die von Aristoteles geforderte Redlichkeitsregel, welche die Fähigkeit einfordert, sagen zu können, worüber man redet, noch nicht ins allgemeine Bewusstsein eingenistet? Ich bin noch keinem Manager begegnet, der zureichend differenzierte, was am Marxismus biophil sei und was nicht. Ebensowenig konnte die analoge Frage nach biophilen und nekrophilen Aspekten im gegenwärtigen mitteleuropäischen Christentum auch nur halbwegs zutreffend beantwortet werden.

**Interessen abwägen**    ✳ Nahezu ebenso kläglich ist es nicht selten um ein abwägendes Urteilen bestellt. Dogmatik – oft verbunden mit dem beharrlichen Willen, sich durchzusetzen und seinen Einflussbereich zu sichern oder Recht zu behalten – bestimmt die Szene so vieler Konferenzen und Sitzungen. Das Abwägen allein zwischen den funktionalen Interessen eines Unternehmens (Minimierung etwa der Aufwandsgrößen) und seinen personalen (Entwicklung der Mitarbeiter vor allem in ihren sozialen und fachlichen Begabungen) gelingt selbst bei größeren Betrieben recht selten. Die Fähigkeit, Wertigkeiten gegeneinander abzugrenzen, ist weitgehend verschwunden – damit ein wichtiger Aspekt der Tugend der Besonnenheit. Abwägen bedeutet zusätzlichen emotionalen und sozialen Aufwand, und den gilt es möglichst klein zu halten. Da ist es doch sehr viel einfacher, von den fünf Faktoren, die den Stil eines Unternehmens prägen (Kapital, Arbeit, Umwelt, Kreativität und Innovationsfreude sowie eine humane Unternehmenskultur), nur einen noch zu berücksichtigen: den des Kapitals, meist eingebunden in eine Shareholder-Value-Ideologie.

**Seinen Platz finden** ✳ Zwar ist ein weiser Mensch stets auch besonnen, aber nicht jeder Besonnene ist weise. Ich erinnere mich an einen meiner Lehrer, der offensichtlich um Besonnenheit bemüht war. Sein Mühen, ein differenziertes und abwägendes Verhalten nicht nur zu leben, sondern auch lehrend zu vermitteln, scheiterte an den Auffassungen der Mehrheit einer Lehrerkonferenz, zu der er nicht einmal geladen wurde, um seine Vorstellung zu erläutern, dass das Vermitteln von Wissen ohne charakterliche Bildung der Schüler für ihn nicht zu verantworten sei. Er wurde zum Schuljahresende an eine andere Schule versetzt, da er sich in die »Chemie« seiner Kollegen nicht einpassen könne. Aber an der neuen Stelle geschah ihm nach nur zweijähriger Lehrtätigkeit genau dasselbe. Er fand eine privat geführte Schule, in der er plötzlich einer der beliebtesten Lehrer wurde – nicht nur bei den Schülern, sondern auch bei seinen Kollegen. Besonnen, aber unweise war der Lehrer, dass er nicht erkannte, dass die meisten öffentlichen Schulen sich als Ausbildungsinstanz (und nicht der Bildung verpflichtet) begreifen – es sei denn, in schönen Worten anlässlich von Abiturfeiern und ähnlichen Veranstaltungen. Er hätte unbedingt schon sehr viel früher an eine geeignete Privatschule umsiedeln müssen, wenn auch Weisheit im Katalog der von ihm vertretenen Tugenden Platz gehabt hätte.

## Die Geduld

**Die unmoderne Tugend** Mit der Geduld ist es heute bei vielen nicht gut bestellt. Das kann wenigstens zwei Gründe haben. (a) Es kann sich um eine zeittypische Reaktion handeln: Alles, was dem heutigen Menschen im Augenblick wünschenswert erscheint, muss sich auch notwendig ereignen. Das betrifft oft nicht allein das Kaufverhalten, sondern auch die Erwartungen im privaten und beruflichen Bereich. Dieses kindliche Verhaltensmuster scheint in manchen Bereichen die Erwachsenenwelt zu bestimmen. (b) Zeit ist für nicht wenige die knappste aller Ressourcen geworden. Wer diese Ressource missbraucht, wird als unzuverlässig abgestempelt. Das »Pünklichkeit ist die Höflichkeit der Könige« wird zum Programm und erhält den Charakter einer Maxime.
*Geduld* bezeichnet eine Tugend, die Aristoteles zur Tapferkeit rechnete. Das christliche Altertum verstand sie als ein *Beharren im Guten* trotz äußerer Unbill und Verfolgung. Viele moderne Autoren verstehen *Geduld* in Anlehnung an *Dulden* als die Fähigkeit und Bereitschaft, ruhig, beherrscht und nachsichtig ein Ereignis zu ertragen oder abzuwarten. Dieses Ereignis kann das Kommen eines Menschen oder das Sich-Ereignen einer Lebenschance sein, auch die Begegnung mit einem Menschen, mit dem man Freundschaft und Liebe teilen kann … Im Gegensatz zur

Geduld steht die Ungeduld. Diese Bestimmungen sind typisch für eine Epoche, in der das Abwarten eher als störend und zeitraubend verstanden wird. Vermutlich wird Geduld erst dann zu einer Tugend, die zu biophilem Handeln und Entscheiden befähigt, wenn das stets auch immer mit Ungeduld verbundene *geduldige Abwarten* ersetzt wird durch ein *Erwarten*. Dieser Unterschied mag auf den ersten Augenschein gering und unerheblich erscheinen, ist aber fundamental. Während das »geduldige Abwarten« Ausdruck einer Welt ist, in der Aktivität überwiegt, ist Erwarten eine Tugend, die das lästige Abwarten durch ein positives freudiges Erwarten ersetzt. Erwarten ist Ausdruck passiver Aktivität (wie das Nachdenken, das Meditieren, das Zuhören, das Verzeihen). Solche passive Aktivität kann vermutlich nur in regelmäßigem Meditieren erlernt werden. Meditieren bedeutet eben auch passive Aktivität. Zum einen ist sie passiv, da sie geschehen lässt und nicht in Geschehen eingreift. Zum anderen ist sie aktiv, da sie das Geschehen konzentriert beobachtet.

### Fallbeispiele

**Pünktlichkeits-**
**fanatiker**

✳ Ein Vorstand eines großen deutschen Unternehmens hatte es sich zur Regel gemacht, dass Menschen, die nicht zum vereinbarten Zeitpunkt erschienen, in seinem Vorzimmer auf einen neuen Termin festgelegt wurden. Seine Ungeduld zog weite Kreise, denn er erwartete auch von seinen Mitarbeitern absolute Pünktlichkeit und ließ prinzipiell keine Entschuldigungen (wie: »Ich habe den Zug nicht mehr erreichen können«, »Mein Auto ist im Schnee stecken geblieben«, »Ich musste die Kinder zur Schule fahren, weil meine Frau erkrankt ist« …) gelten. Da er für sich in Anspruch nahm, unbedingt pünktlich zu sein, es sei denn, die Verspätung wäre zuvor vereinbart gewesen, machte er die Pünktlichkeit zur höchsten Tugend, die selbst höhere Gewalt nicht gegen sich gelten ließ. Hier begegnen wir wieder einer Situation, in der eine sekundäre Tugend pervertiert, wenn sie nicht unter die Biophilie-Maxime gestellt wird. So wird dann ein negatives Charaktermerkmal zum Handicap.

**Erziehungsterror**

✳ Ungeduldige Eltern werden selten gute Erzieher ihrer Kinder sein. Mit ist ein Fall bekannt, in der selbstverschuldete Unpünktlichkeit zu den Mahlzeiten zum Zeitpunkt des abendlichen Zuhauseseins etwa durch Prügel oder durch Aussperren extrem hart bestraft wurden. Diese Kinder hatten die Möglichkeit, die Zwangsneurose ihrer Eltern zunächst zu akzeptieren, mit der Gefahr, sie früher oder später sich selbst zu eigen zu machen, oder offen zu opponieren. Solche Opposition stellte einen weiteren »Straftatbestand« dar, der wiederum mit Aussperrung und/oder Prügel bestraft wurde. Wieder wird das Fehlen eines positiven Charaktermerkmals (der Geduld) zum Handicap.

**Hektischer Chef**

✳ Ein Vorgesetzter ist bei seinen Mitarbeitern bekannt wegen seiner Hektik. Jede Besprechung lässt ihn vor dem Konferenzzimmer hin und her laufen wie einen gemütskranken Löwen in seinem Käfig. Wenn seine Sekretärin in einem Protokoll oder einem Brief auch nur ein Satzzeichen vergisst oder es an falscher Stelle setzt, sind Strafen fällig. Die harmloseste war noch eine Art von Anbrüllen, die bei Dritten (leider meist nicht dem Betroffenen) gewisse Assoziationen zu animalischem Verhalten aufkommen lässt. Da Geduld und Hektik unvereinbare Merkmale sind, handelt es sich hier wiederum um ein Charaktermerkmal, das zum Handicap wird.

**Geduldiger Chef**

✳ Aber es gibt auch positive Beispiele, die aufzeigen, dass die Geduld eine Tugend sein kann, die eng mit Primärtugenden (s. S. 109 ff.) liiert ist. Der Chef der Deutschlandsektion einer großen Unternehmensberatung scheint mir ein positives Beispiel für die im Charakter wurzelnde Tugend *Geduld* zu sein. Er strahlt innere Ruhe aus und vermittelt so ein Feld von Ausgeglichenheit bei Mitarbeitern und Kunden. Da nun eine der wichtigsten Begabungen, welche ein biophiler und erfolgreicher Vorgesetzter besitzen muss, gerade das Aus- und Abstrahlen von ruhiger Sicherheit ist, verfügt der Betreffende sowohl bei den Kunden wie bei seinen Mitarbeitern über hohes Ansehen. Er wird auch dann nicht ungeduldig, wenn er einen Sachverhalt zum dritten oder vierten Mal einem Kunden oder einem Mitarbeiter erläutern muss. Er wird nicht ungeduldig, wenn seine Mitarbeiter einen Fehler machen und ihn eingestehen. Gemeinsam versucht er mit seinem Mitarbeiter den eigentlichen Ursprung des Fehlers auszumachen: Hat der Mitarbeiter etwa nicht die Erwartungen, die Interessen und Bedürfnisse des Kunden richtig eingeschätzt? Sind die Interaktionsangebote, die der Mitarbeiter seinen Kunden macht, zureichend klar (dem Verstehenkönnen des Kunden angepasst), oder verkauft er seine Hinweise und Vorschläge im Jargon der Unternehmensberater? Akzeptiert der Mitarbeiter, dass sein Gehalt zwar juristisch vom Unternehmen gezahlt wird, de facto aber vom Kunden? Versteht er seine Arbeit als Dienstleistung, die er dem Kunden erbringt – und dass ihn letztlich der Kunde bezahlt?

**Unerreichbarer Chef**

✳ Ungeduldige Verantwortungsträger sind meist fehlorientiert, denn beides scheint kaum miteinander verträglich zu sein. Nur Geduld wird einen Mitarbeiter dazu bringen, Vertrauen zu seinem Vorgesetzten zu entwickeln. Nur ein geduldiger Vorgesetzter wird seine Mitarbeiter nicht nur fordern, sondern auch fördern. Ein geduldiger Umgang miteinander wird die Distanz zwischen Mitarbeiter und Vorgesetzten auf das optimale Maß einpendeln. Ein ungeduldiger Vorgesetzter vermittelt seinen Mitarbeitern den fatalen Eindruck, er habe nie Zeit für ein außerordentliches Mitarbeitergespräch. Nun kenne ich eine ganze Reihe von ungeduldigen Verantwortungsträgern, die wegen ihrer Nicht-Erreichbarkeit das Betriebsklima vergiften. Sie sind offensichtlich der Aufgabe der Mitarbeiterführung nicht gewachsen.

In einem großen Unternehmen, das ich einmal beriet, wurde das zunächst sehr zarte Pflänzchen einer veränderten (verbesserten) Unternehmenskultur durch die Ungeduld des Vorstandes fast niedergetreten. Gerade die Neuorientierung am Horizont der Unternehmenskultur braucht ein gehöriges Maß an Geduld, denn sie kann oft erst nach mehreren Jahren und nur über eine gezielte Personalauswahl von Menschen erreicht werden, die in der Lage sind, sich die Werte dieser Kultur zu eigen zu machen. Geduld ist vonnöten, weil die Ungeduld im Gedeihen und Werden einer veränderten Kultur (manche Vorstände setzten hier völlig falsche, nie realisierbare Zeitvorgaben) alle Mühen um eine veränderte Unternehmenskultur scheitern lässt.

## Die Toleranz

**Wissen wir, was Gut und Böse ist?**

*Toleranz* ist eine Tugend, die den anderen Menschen gelten lässt. Sie erstreckt sich auf religiöse, soziale, politische, wissenschaftliche, philosophische Überlegungen sowie Normen und Werte eines anderen Menschen oder von Menschen anderer sozialer System, zu denen man selbst keine eigene Beziehung aufbauen kann oder will. Der tolerante Mensch lässt alle Normen, Werte etc. als gleichberechtigt[34] gelten, solange ihre Realisierung nicht zu sozialschädlichem Verhalten führt. Jede Toleranz hat zur Voraussetzung die Überzeugung, dass auch die eigene Position nicht frei ist von Täuschungen und Irrtümern. Sie wird in der Begegnung mit dem Fremden die Chance erkennen, diese eigenen Irrtümer und Täuschungen zu mindern oder doch zu relativieren.

---

34 Die Akzeptanz der Gleichberechtigung ist nicht identisch mit der Überzeugung, dass die Fremdorientierung der eigenen auch gleich*wertig* sei, denn wir alle orientieren unser Leben an ganz bestimmten Überzeugungen und Normen. Wir haben nicht nur das Recht, sondern die Pflicht, diese Höherwertigkeit kommunikativ zu vermitteln, weil nur im kommunikativen Geschehen auch Wertigkeiten labilisiert werden können und aus dem existentiellen Bestand an Überzeugungen und Normen nicht die Notwendigkeit abgeleitet werden kann, sie seien frei von Irrtum und Täuschung (selbst wenn es unverzichtbar notwendig ist, diesen Aspekt nicht in den Vordergrund des Selbstkonstruktes zu rücken).

Toleranz als Tugend ist relativ spät ins allgemeine Bewusstsein des europäischen Denkens eingedrungen. Dabei hat bereits Sokrates (in den platonischen Dialogen) auf die Toleranz als eine zentrale Begabung hingewiesen, die allein den menschlichen Umgang der Menschen miteinander erlaube. Nicht zufällig sieht das in jüdischer Tradition stehende Denken in der Intoleranz die Quelle alles zwischenmenschlichen Übels (= der Erbsünde). Dahinter steht der folgende Gedankengang: Gott allein ist das Wissen über Gut und Böse vorbehalten. Das wird in der fatalen, wenn auch mythischen Verheißung der Schlange deutlich: »Wenn ihr von den Früchten in der Mitte von Eden esst, werdet ihr sein wie Gott und erkennen, was Gut und Böse ist.« (Gen 3, 5)[35] Dieses sichere Wissen, was sittlich gut und böse ist, ist die Grundlage mancher Intoleranz. Der charakterfeste Mensch wird niemals sittlich richten. Denn das, was man erkennen kann, ist allenfalls die Sozialverträglichkeit oder auch Sozialunverträglichkeit menschlichen Handelns und Verhaltens. Menschliches Handeln und Verhalten aber sind stets systemisch, am Systeminteresse orientiert, und deshalb nie von allgemeiner Gültigkeit, wie das sittlich Gute und Böse. Aufgrund unerforschlicher Vorurteile halten sich manche Menschen – vor allem, wenn sie einer ideologischen Elite[36] angehören – für etwas Besseres, für bessere Menschen gar.

### Fallbeispiele

**Religion und Kirche** ✳ Ganz besonders auffällig ist die religiöse Intoleranz der Kirchen und mancher Christen, die von sich annehmen, sie seien in besonderer Weise der Jesusbotschaft nahe. Das sittliche Verurteilen gehört zu den zentralen Aufgaben christlich-kirchlicher Institutionen. Wer eine der zentralen Lehraussagen der Kirche ablehnt, wird mit Ausschluss bestraft, ob er nun Christ sein will oder nicht. In Deutschland kann ein

35 Jesus von Nazaret hat dieses Verbot des sittlichen Richtens in der so genannten Bergpredigt noch erweitert und verdeutlicht: »Richtet nicht, damit ihr nicht gerichtet werdet. Denn wie ihr richtet, so werdet auch ihr gerichtet werden« (Mt 7, 1–2).

36 Ideologisch ist eine Elite genau dann, wenn die Zugehörigkeit zu einer elitären Gesellschaft einen Menschen dazu bringt, sich den anderen menschlich für überlegen zu halten. So halten sich etwa manche Juden für etwas Besseres, weil aus ihrer Ethnie einmal der Messias hervortreten werde. So halten sich etwa manche Christen für etwas Besseres, weil nur durch sie dieser Welt Heil zukomme. Warum hielten die Nazis Arier (mit Ausnahme der »Zigeuner«) für etwas Besseres als etwa Slawen, Juden oder Franzosen? Von solchen ideologischen Eliten, deren Grenzen zumeist religiös oder ethnisch gezogen sind, sind die »Leistungseliten« sehr sorgsam zu unterscheiden. Zu einer Leistungselite gehört jeder, der – sozial anerkannt – durch sein Wirken etwas Erhebliches zum Nutzen der Menschheit oder deren Umwelt erbracht hat.

Steuerpflichtiger nicht einmal aus der Gemeinschaft der Kirchensteuer Zahlenden austreten, ohne gleichzeitig die Glaubensgemeinschaft zu verlassen. Die Mitgliedschaft in einer Kirche richtet sich nicht nach dem Willen, der Botschaft und dem Leben Jesu nachzufolgen, sondern nach der Bereitschaft, die vom Finanzfiskus eingetriebene Kirchensteuer zu bezahlen – mag einer nun glauben, was immer er will. Hier haben wir ein Beispiel von total verdrehter Toleranz vor Augen. Man kann sich zwar Christ nennen – nahezu unangefochten von der Frage der persönlichen Glaubensinhalte, solange man diese, so weit die Kirche sie festgelegt, nicht öffentlich bestreitet –, wenn man nur Kirchensteuer bezahlt. Toleranz wird nur gegen den geübt, der zur Körperschaft öffentlichen Rechts gehört. Die Frage nach der Zugehörigkeit zur Glaubensgemeinschaft spielt dann keine Rolle mehr. Mir sind einige hundert Menschen bekannt, die aus der Körperschaft »Kirche« ausgetreten sind, sich aber der Glaubensgemeinschaft zugehörig fühlen. Und da beginnt die Intoleranz: Ein solcher Mensch steht außerhalb der kirchlichen Gemeinschaft.

Die ärgerlichste Folge solcher institutionalisierter Intoleranz ist die Tatsache, dass die säkular verstandene Toleranz einfordert, das Anders-Sein des anderen zu akzeptieren, während die von Jesus verkündete Botschaft der Nächstenliebe das Anders-Sein und das Anders-Glauben vom Menschen nicht nur als akzeptiert voraussetzt, sondern den Menschen in seinem Anders-Sein und Anders-Glauben gänzlich akzeptiert. Während die Toleranz die Akzeptation des Handelns fordert, fordert die Nächstenliebe die Akzeptation eines Menschen in seinem Anders-Sein. Hier wird ein charakterlich begründetes Defizit der für diesen absurden Zustand Verantwortlichen offenbar.

**Deutsche Muslime**    ✳ Ein klassisches Beispiel von Intoleranz erleben wir derzeit, wenn es um Türken geht, die in ihrer Mehrzahl bekanntlich Muslime sind. Die christlichen Parteien wollen diesen (nicht etwa auch anderen Personen wie etwa den Bürgern vieler anderer Staaten) für eine befristete Zeit keine doppelte Staatsangehörigkeit gestatten. Haben sie Angst vor dem Islam (= der »Güte Gottes«, denn das bedeutet Islam)? Warum reagieren so viele Deutsche emotional verunsichert bis ablehnend auf Menschen, die sich zum Islam bekennen, etwa auf jene Frauen, die ein Kopftuch tragen? Warum suchen sie sich, abends die S-Bahn benutzend, Abteile aus, in denen sich auch Deutsche aufzuhalten scheinen? Das Christentum war in seiner Geschichte sehr viel intoleranter als der Islam, der niemals Christen verfolgt, weil sie Christen sind!

**Jugoslawien**    ✳ Intoleranz gründet zumeist in einer Ich-Schwäche, die – um das eigene Ich zu schützen – fremdes oder auch nur fremdartig Erscheinendes abweist. So sind viele Serben gegenüber anderen Ethnien der ehemaligen Sozialistischen Volksrepublik Jugoslawien intolerant, weil sie sich diesen Ethnien ihres ehemaligen Staatsgebietes für überlegen halten.

**Sachliche Überlegenheit**

✳ Die Intoleranz kann nicht allein im religiösen oder ethnischen Alltag das Geschehen bestimmen, sondern auch im Betrieb. So reagieren nicht wenige Vorgesetzte intolerant auf Menschen, welche die primären Tugenden realisieren. Mir ist ein ziemlicher Ausbruch von Intoleranz bekannt geworden, der zur Entlassung eines wertvollen (= erheblich durch seine Arbeit zur Wertschöpfung des Unternehmens beitragenden) Mitarbeiters führte. Er war der Ansicht, dass seine Vorgesetzten nur ein begrenztes Maß an betriebswirtschaftlichen Erkenntnissen hatten. Er machte ausgiebig von der Primärtugend der Zivilcourage Gebrauch, indem er versuchte, manche betrieblichen Defizite aufzudecken. So wusste das Controlling des Unternehmens, das mit großem Eifer Betriebsabrechnungsbögen produzierte, selbst denkbar wenig (das ist die höfliche Umschreibung von »gar nichts«) mit dem Terminus *Prozesskostenrechnung* anzufangen – wenn überhaupt jemand im Unternehmen in der Lage gewesen wäre, eine solche Rechnung zu erstellen. Es kam beim »Gesundschrumpfen« und der sogenannten Konzentration auf das Kerngeschäft dazu, dass die Produkte, die am stärksten zum Unternehmenserfolg beigetragen hatten, aus der Produktionspalette ausgegliedert wurden. Das Unternehmen ist inzwischen in Liquidation gegangen. »Das haben wir noch nie gemacht!« – »Das haben wir schon immer so gemacht!« – »Das ist ganz unmöglich!« und ähnliche Floskeln regulierten den betrieblichen Alltag, obwohl, darauf angesprochen, die weitaus meisten Manager von sich behaupteten, das sei eigentlich gar nicht ihre Auffassung – es sei halt die Unternehmenskultur, der man sich zu beugen habe.

**Parteienzank**

✳ Ganz besonders faule Früchte bringt die zwischenparteiliche Intoleranz zu Stande. Das Mitglied einer anderen Partei muss Unrecht haben, weil es eben nicht Mitglied der eigenen ist. So werden durchaus wichtige Reformen nicht in Gang gesetzt, weil entweder der Koalitionspartner oder der Bundesrat dagegen sind – und vor allem, weil sie nicht im Mistbeet der eigenen Partei großgezogen wurden.

**Verzicht auf Kontrolle**

✳ Ich habe bislang nur Beispiele von Intoleranz angeführt, bei denen ganz offensichtlich bei den Entscheidungsträgern charakterliche Defizite zutage traten. Hier soll einmal auch ein Beispiel angeführt werden, in dem deutlich wird, dass das Verfügen über Toleranz keineswegs ein Handicap darstellt. In einem mir bekannten Unternehmen (Hewlett-

Packard), das sich vor allem mit der Herstellung und dem Vertrieb von Computern und entsprechenden Druckern in Deutschland einen Namen gemacht hat, wird bewusst Toleranz geübt. Mitarbeiter unterliegen einem Minimum an Kontrolle durch die Geschäftsleitung. Es wird nur von ihnen erwartet, dass sie in der vorgegebenen Zeit ein vorgegebenes Produkt in überdurchschnittlicher Qualität herstellen. Wie sie das machen, ist ihre Sache. Das Unternehmen hat mit dieser Toleranz nur geringe Fehlzeiten (die zu bestimmen nicht ganz einfach ist, da Stechuhren im Unternehmen unbekannt sind), die Ausschussproduktion beträgt kaum die Hälfte vergleichbarer Unternehmen, und betrieblich unerwünschte Migrationen kommen nur selten vor. Die Unternehmenskultur ist bestimmt durch ein erhebliches Vertrauen der Vorgesetzten in seine Mitarbeiter – aber auch der Mitarbeiter untereinander. Der Aufbau von Vertrauensfeldern setzt ein gerütteltes Maß an Toleranz voraus.

## Die Alterozentrierung

**Egozentrik kennt jeder**

*Alterozentrierung* ist ein Wort, das in der Sprache der Gegenwart ausgestorben ist. Wir kennen zwar das Begriffspaar *egoistisch* und *altruistisch* und verstehen darunter, dass ein Mensch überwiegend den eigenen Nutzen bzw. den des anderen sucht. Wir kennen ferner das Wort *egozentrisch*, womit wir Menschen bezeichnen, deren Interesse um das liebe Ich kreist. Hier aber fehlt uns die Bezeichnung des Gegenteils, das *alterozentrisch* heißen müsste. Das ist auffallend, denn ein Begriff wie *Egozentrik* hat eigentlich nur in einem polaren Spannungsfeld eine sinnvolle Bedeutung. Er braucht ein logisches Gegenstück, wie etwa der Egoismus den Altruismus.

Was für einen Sachverhalt bezeichnet nun *Alterozentrik*? Genau den: dass der andere Mensch im Mittelpunkt meines Interesses steht. Unser Leben spielt sich immer im Dazwischen von Egoismus und Altruismus ab. Das Dazwischen schließt keineswegs aus, dass manche Menschen sich dem einen oder dem anderen Pol nähern. Manche Menschen sind dominant Egoisten. Ihre zentrale Frage lautet stets: »Was nützt es mir?« Andere sind dominant Altruisten, deren Frage lautet: »Was nützt es dir?« oder »Was nützt es uns?« Dabei ist keineswegs nur der ökonomische Nutzen gemeint, sondern auch der soziale, emotionale etc.

Wie alterozentrisch sind die Menschen in Ihrer Umgebung? Und wie steht es, Hand aufs Herz, mit Ihrer eigenen Alterozentrik? Es gibt vergleichsweise einfache Hilfsmittel, um das herauszufinden. Ich möchte Ihnen zunächst einige Aspekte vorstellen, die sich in dem kommunikativen Miteinander unseres Alltags finden. Sie wirken sich auf sehr verschiedenen Ebenen menschlichen Miteinanders aus. Unsere Kommunikationsfähigkeit ruht auf festen Fundamenten. Ihre Sockel, ohne die wir gar nicht miteinander umgehen könnten, sind das Hören, das Sprechen und der Einpassung in das soziale System, das durch die kommunikativen Interaktionen erzeugt wird.[37] Niemand bezweifelt, dass die Fähigkeit zu hören, zu sprechen, sich einzupassen – wie nahezu alle anderen alterozentrischen Orientierungen – charakterlich positiv zu werten sind. Obwohl sie also an sich alles andere als ein Handicap darstellen, gibt es dennoch Situationen, in denen sie zum Handicap werden können.

### Das alterozentrierte Hören

**Hören Sie, was man Ihnen sagt?** Ein egozentrischer Mensch wird das Hören fremder Sätze als eine Vorbereitung des eigenen Redens verstehen. Er hört nur so lange zu, bis ihm etwas zu dem Gehörten eingefallen ist. Von diesem Zeitpunkt an wird er sehr ungenau zuhören, weil er das Sprechen des anderen vor allem als Störgröße wahrnimmt, die ihn daran hindert, das Wichtige, das er selbst zu sagen hat, auszusprechen. Je länger er scheinbar zuhört, um so ungeduldiger wird er, um so mehr wird das Gehörte bedeutungslos, um so mehr wächst die Sorge, dass das, was er selbst an so Wichtigem zu sagen hat, entweder nicht mehr zum Thema passt oder gar aus seinem Gedächtnis verschwände. Im Gegensatz dazu wird ein alterozentrierter Hörer den letzten Satz des Gesprochenen so wichtig nehmen wie den ersten, denn er weiß, dass nicht selten erst die letzten Sätze des Sprechers das ausdrücken, was dem Sprecher wichtig ist. Hören ist ihm eine eigenwertige Tätigkeit, und zwar als Vorbereitung auf das eigene Sprechen. Vor vielen Jahren setzte ich einige Studenten auf ein Projekt an, das in zwei großen Unternehmen (eines aus der Chemie-, das andere aus der Baubranche – also mit sehr verschiedenartig begabten Menschen, wie sie in diesen Unternehmen tätig sind) herausfinden sollte, welche Eigenschaften eines Vorgesetzten signifikant korrelieren mit dem Merkmal »gutes Betriebsklima«. Neben vielen andere positiven Korrelationen (wie gutes Verhältnis zu den Kollegen, Zufriedenheit am Arbeitsplatz, Zufriedenheit mit der Arbeit ...) waren nur zwei Korrelationen auf dem 5-%-Level signifikant: 1. »Er hat Zeit für mich!« und »Ich kann ihm vertrauen!« Beide Merkmale werden nur den Vorgesetzten zuerkannt, die zuhören können.

---

37 Vgl. dazu R. Lay, Führen durch das Wort, München (Langen-Müller) 1978, 206-267; oder als Taschenbuch in mehreren Verlagen.

### *Das alterozentrierte Sprechen*

**Wiederholbarkeit als Kriterium**

Der egoistische Sprecher betrachtet nicht selten das eigene Gerede als lustvollen Selbstvollzug. Oft will er gar – meist ohne es zu wissen – seinen sozialen Status definieren. Die gruppendynamische Regel lautet: »Wer am längsten ungestraft reden kann, ist dominantes Alpha.« Und dieser Test ist ihm wichtig. Mit dieser dominanten Grundeinstellung wird zugleich alles, was andere sagen, vergleichsweise unerheblich. Sprechen dient ihm als Ausdruck und Mitteilung des eigenen Sach- und Erfahrungswissens einerseits und der eigenen Werteinstellungen, Bedürfnisse, Erwartungen und Interessen andererseits. Im Gegensatz dazu will der alterozentrierte Sprecher die Werteinstellungen, Bedürfnisse, Erwartungen und Interessen des anderen erkennen. Er will herausfinden, wie der andere Mensch im Horizont eben seiner eigenen Werteinstellungen, Erwartungen und Interessen einen Sachverhalt wahrnimmt, um auf diese Sicht des anderen eingehen zu können. Egozentrische Sprecher sind meist leicht zu entlarven: Sie sind gewöhnlich nicht in der Lage, inhaltlich zutreffend das Gesagte zu wiederholen. Viele Menschen neigen dazu, ihre Meinung ohne sonderliche Rücksicht auf den Zuhörer kundzutun. Sie halten es für selbstverständlich, dass die Zuhörer auch nicht-triviale Sachverhalte verstehen. Dieses Verstehen ist leicht zu überprüfen, indem der Hörer dem Sprecher vorträgt, was er verstanden hat. Die Wiederholbarkeit (im Gespräch unschwer auszumachen) ist ein kaum zu überschätzendes Kriterium, um zu prüfen, ob das Gesprochene so verstanden wurde, wie der Sprechende es verstanden haben wollte. Das ist keineswegs immer der Fall. Es ist eine der wichtigsten Erfahrungen, die meine Seminarteilnehmer machen, dass es keineswegs einfach ist, dieses Ziel zu erreichen. Wird es nicht erreicht, kommt keine eigentliche Kommunikation zustande. Die Anschlussbeiträge wirken desorientiert. Das, worauf es dem Sprechenden ankam, wurde nicht zutreffend erkannt. Es gibt viele Gründe für Missverstehen: Sie beginnen mit persönlicher Abneigung und enden nicht einmal bei der Verkennung der Wertvorstellungen, Interessen, Bedürfnisse und Erwartungen des Hörenden. Sicherlich verfügen beide Gesprächspartner auch nach einem noch so umfangreichen Diskurs nicht über identische Informationen, weil alle erzeugten Informationen von Lebenserfahrungen, von Hoffnungen und Sorgen, von Vertrauen und Misstrauen, von Erwartungen und Interessen, von den Vorstellungen von Dominanz und Subdominanz bestimmt werden. Und in diesem Bereich von Lebenserfahrungen ist kein Mensch auch nur einem anderen ähnlich genug, um Missverständnisse zu vermeiden.

## Das alterozentrierte Sich-Einstellen

**Das Ich, das Zentrum?** Der egozentrische Mensch schließt in allem von sich auf andere. Er geht davon aus, dass das soziale System mit all seinen Systemelementen[38] weitgehend von seinen persönlichen Interessen, Erwartungen und Bedürfnissen bestimmt wird. Der egozentrische Mensch wird daher kaum auf die sinnstiftende Anschlussfähigkeit seiner Beiträge (kommunikativen Interaktionen) achten, sondern diese als selbstverständlich voraussetzen.

Die gelungene soziale Passung setzt aber in der Regel ein gewisses Maß an *Empathie* (= Einfühlungsvermögen) voraus, die dem Egozentriker abgeht. Deshalb wird er es schwer haben, über längere Zeit innerhalb eines komplexen Themenbereichs mit anderen sinnvoll zu kommunizieren. Er wird Ungeduld zeigen, sich zurückziehen aus dem kommunikativen Geschehen, andere Themen anzuschneiden versuchen (um so das Systemende herbeizuführen).

Das kann zwei Folgen haben: Entweder wird man seine Ausführungen nicht ernsthaft zur Kenntnis nehmen, oder er ist aufgrund seiner hierarchischen Stellung, seines aggressiven Potenzials so stark, dass er das alte Spiel enden lassen kann, um ein neues mit anderen kollektivierten Interessen, Erwartungen, Werteinstellungen und Bedürfnissen der Beteiligten zu beginnen.

---

38 »Soziale Systeme« sind Konstrukte, die wir uns machen, wenn Menschen miteinander interagieren. Diese Interaktionen sind die einzigen Elemente des Systems. Die Struktur des Systems wird maßgeblich bestimmt durch die systemtypischen Werteinstellungen, Interessen, Bedürfnisse und Erwartungen. Die innere Umwelt des Systems bilden die interagierenden Menschen. Wenn ihre Interaktionsangebote oder die Aufnahme fremder Interaktionsangebote den Strukturelementen des Systems widersprechen, wird der Betreffende zumeist aus dem System ausgeschlossen, weil sein interaktives Verhalten entweder nicht an das anderer anschließt oder seine Interaktionsangebote nicht anschlussfähig sind, etwa weil sie nicht den kollektiven Interessen, Erwartungen, Bedürfnissen und Werteinstellungen entsprechen. Soziale System müssen keineswegs sehr langlebig sein. Sie können wenige Sekunden währen, wenn zwei Menschen in einem kurzen Frage-Antwortspiel miteinander interagieren. Wird die Interaktionsfolge abgebrochen oder unterbrochen, dann ist es andererseits sehr wohl denkbar, dass sich, falls die kollektivierten Werteinstellungen, Interessen, Bedürfnisse und Erwartungen weiter bestehen, Menschen wieder ein ganz ähnliches System erzeugen. Dieserart sind etwa Kirchen, Parteien, Unternehmen – oft auch Familien – solche sozialen Systeme, die sich, sobald man wieder interagiert, autopoietisch (= sich selbst schaffend) erzeugen und ihrem Vorgängersystem sehr ähneln. Anderseits zeigt diese zeitliche Diskontinuität bei ähnlicher Struktur auf, dass soziale Systeme sich aufgrund eigener Dynamik ständig verändern, ohne dass die Menschen der inneren Umwelt dieses Systems dieses erkennen oder gar wollen.

**Fallbeispiele**

**Themawechsel als System**

✳ Ein bekannter Management-Trainer war kaum in der Lage zuzuhören, wenn ihm das Thema nicht passte. Seine Eloquenz erlaubte es ihm, mit einer meist witzigen Bemerkung das Sprachspiel zu beenden und ein anderes soziales System aufzubauen, das seinen Wünschen und Vorstellungen entsprach. Dieses Domininanzverhalten brachte ihm manche Gegnerschaft ein. Andererseits war er auch ungewöhnlich erfolgreich, denn die von ihm erzeugten Sprachspiele waren sowohl im Privaten wie im Beruflichen durchaus produktiv. Nur in Lebenssituationen, in denen andere sich ihm aufgrund hierarchischer oder natürlicher Dominanz überlegen fühlten, kam es zu ausgeprägten und zumeist für beide Parteien destruktiven Machtkämpfen.

**»Sprechdurchfall«**

✳ Eine Dame litt unter einer Form nahezu krankhafter »Logorhöe« (= »Sprechdurchfall«). Sie redete ohne Unterbrechung. Und weil ihr Horizont begrenzt war, redete sie manchmal ein halbes Dutzend Mal über den selben Sachverhalt. Nur mit einigem Glück war es möglich, in einer Atempause selbst ein paar Worte zu sagen. Das war allerdings ein völlig erfolgloser Aufwand, da sie genau an der Stelle fortfuhr, an der sie sich unfair unterbrochen vermutete. Selbst ihre eigenen Fragen oder Bitten um Rat beantwortete sie selbst. Damit war jedes Gespräch unmöglich. Eine genauere Anamnese ergab, dass sie aus eben diesem Grund zweimal geschieden wurde und vielfach ihren Arbeitsplatz wechseln musste, bis niemand mehr sie einstellen wollte. Da sie selbst keineswegs unter ihrem zwanghaften Verhalten litt, war es auch unmöglich, ihr therapeutisch zu helfen. Hier wurde der eklatante Mangel an Alterozentrierung zusammen mit einer weit übersteigerten Egozentrierung zu einem charakterbedingten Handicap.

**Vorstandsmonolog**

✳ Ein Vorstand (Alter: Mitte 40) eines größeren Unternehmens hatte es sich zu eigen gemacht, den Gesprächspartner zwar gelegentlich zu Wort kommen zu lassen – ohne ihm jedoch zuzuhören, denn er schloss seine Rede an das vorher von ihm selbst Gesagte nahtlos an. Das hatte zur Folge, dass der Aufsichtsratsvorsitzende ihn nach zahlreichen Beschwerden und einer formellen Abmahnung freistellen musste, um überhaupt dem Unternehmen einen funktionstüchtigen Vorstand zu erhalten. Die Unfähigkeit zur bipolaren Kommunikation hatte sich bei ihm zurückentwickelt bis zur monopolaren Kommunikation (die keinen menschlichen Kommunikationspartner kennt oder benötigt). Selbst im Verlauf eines Coaching, das den Zweck hatte, das Hören wieder zu erlernen und das Gehörte inhaltlich zutreffend wiederzugeben, brauchte dieser Mann ungewöhnlich lange, die Fähigkeit zu einer anschlussfähigen kommunikativen Folge zu erwerben. Nach etwa zwei Jahren war er dazu in der Lage. Er übernahm eine Geschäftsführerposition und hatte – trotz verschiedentlicher Rückfälle – einigen Erfolg.

**Guter Zuhörer** ✳ Der geschäftsführende Gesellschafter eines Unternehmens mit 400 Mitarbeitern war ein ausgesprochen guter Zuhörer. Das setzt unter anderem – wie schon gesagt – die Fähigkeit und Bereitschaft des Vorgesetzten voraus, Zeit zu haben für seine Mitarbeiter und um sich herum ein Vertrauensfeld aufzubauen. Dass beides vom Vorgesetzten (als notwendige Bedingung) verlangt, ein guter Zuhörer zu sein, ist offensichtlich.[39] Bei ihm vereinigte sich eine vorhandene Begabung mit dem Ergebnis eines wissenschaftlichen Projekts zu einer erfolgreichen Verbindung. Charakter war die Voraussetzung seines Erfolges und keineswegs ein Handicap.

**Ungesagtes hören!** ✳ Anlässlich einer Beiratssitzung stellte der Geschäftsführer die augenblickliche finanzielle Situation des Unternehmens vor. Obwohl die von ihm angeführten Daten den Wochen zuvor zugestellten schriftlichen Unterlagen entsprachen, wurden sie von allen Beiratsmitgliedern anders verstanden. Die Unterlagen erzeugten den Eindruck, dass der Unternehmensbestand ernsthaft gefährdet sei, da der Hauptschuldner – eine Gemeinde – ihre Außenstände vertragswidrig monatelang nicht bezahlte. Die Menge der weiteren nicht beglichenen Forderungen aus Lieferungen und Leistungen war so erheblich, dass das Unternehmen der Liquidation tatsächlich recht nahe war. Der Geschäftsführer zeichnete indessen ein Bild des Unternehmens, das vorwiegend bestimmt war durch die durchaus gute Auftragssituation. Meine Frage nach der Ausschöpfung des Kreditrahmens der Banken zeigte jedoch ein sehr bedenkliches Bild des Unternehmens. Es befand sich in ziemlicher, ja beängstigender Nähe zur Zahlungsunfähigkeit. Der Beirat hatte nun die Aufgabe, beim Meistern dieser kritischen Situation mitzuhelfen. Es gelang tatsächlich, den Hauptschuldner – die erwähnte Gemeinde – aufgrund der vom Beirat empfohlenen Strategien zur baldigen Zahlung zu bewegen. Hätte ich mich ausschließlich auf die mündlichen Einlas-

---

39 Die Qualität des Führenden messen wir an zwei Begabungen: (a) Er muss in der Lage sein, die funktionalen Aufwandsgrößen zu minimieren und die personalen zu optimieren (d. h. im Sinne der Biophilie-Maxime die eigene fachliche und soziale Kompetenz und die der Mitarbeiter im Führungsgeschehen zu verbessern). (b) Er muss in der Lage sein, Interaktionskosten zu verringern. Diese werden im ersten Ansatz ermittelt über die Kosten von Fehlzeiten, Ausschussproduktion und nicht wünschenswerter Wanderungsbewegung (etwa dem Ausscheiden einer wichtigen Fachkraft aus dem Unternehmen und der kostspieligen Einstellung und Einpassung eines entsprechend begabten Nachfolgers).

sungen des Geschäftsführers verlassen, bestünde das Unternehmen nicht mehr. Hier begegnen sich zwei Fähigkeiten: Es gilt die Lücken des Sprechenden wahrzunehmen (durch genaues Hinhören) und so zu sprechen, dass diese nicht verschleiert werden. Mitunter sind Beiräte nämlich ihr Geld wert.

**Ersatz für die Sprache**

❋ Ein Unternehmer verwandte einen sehr elaborierten Sprechcode[40]. Das hatte zur unvermeidlichen Folge, dass er von seinen Mitarbeitern, die zumeist einen restringierten Code aktiv wie passiv beherrschten, nur unzureichend verstanden wurde. Deshalb kamen kaum Interaktionen in Koordination (also die zwischenmenschliche Gleichheit realisierend) zustande. In solchen Fällen ist es dringend angeraten, den unmittelbaren Kontakt zu seinen Mitarbeitern durch nicht-kommunikative Interaktionen (wie Dabeisein, Freundlichkeit, möglichste Zurücknahme von direktivem und dominantem Verhalten) zu kultivieren. Die Kultur des unmittelbaren Kontaktes sollte unbedingt durch eine dazu begabte Führungspersönlichkeit erfolgen.

**Unverstandene Leitsätze**

❋ Im Verlauf eines Forschungsprojekts versuchten wir herauszufinden, wie bestimmte, von einer Unternehmensberatungsfirma entwickelte Unternehmensleitsätze verstanden wurden. Dieser auf Kunstdruckpapier jedem Mitarbeiter und vielen Kunden und Lieferanten ausgelieferte Text enthielt zwar eine Menge von wünschenswerten Eigenschaften des Unternehmens, aber sie waren eben nur wünschenswert und vom Alltag des Unternehmens meilenweit entfernt. Wir zogen aus den Mitarbeitern des Unternehmens, die von sich behaupteten, dieses Elaborat gelesen zu haben (21,2 % der gewerblichen und tariflich angestellten Mitarbeiter) eine Stichprobe und baten diese Mitarbeiter,

40 Wir unterscheiden in der Hauptsache zwei Sprechcodes voneinander: den elaborierten (EC) und den restringierten Sprechcode (RC). Diese Codes sind unabhängig vom IQ eines Menschen. Ihre Grundlage wird in der Hauptsache in der primären Sozialisation gelegt. Im EC ist der Ausdruck (vor allem die Gestik) sparsamer; er will Sachverhalte unterstreichen. Nicht selten werden Distanzfloskeln (wie dürfen, mögen, können) verwandt: »Darf ich Sie bitten…?« – »Möchten Sie darlegen?!« – »Ich möchte Sie bitten…!«. Im Ganzen wirkt die Sprache differenzierter und weniger stereotyp. Der Code verwendet häufiger Beziehungen bezeichnende Worte. So wird es möglich, individuelle Ansichten, Meinungen und Wertungen sozial zu relativieren. Auch werden in diesem Code logische und sachliche Beziehungen durch Verwendung von Konjunktionen und/oder Satzkonstruktionen vorgestellt. Über- und Unterordnungsbeziehungen werden auch sprachlich deutlich. Ganz anders im RC. Hier sind der Gestus und die Mimik eher deutend, erklärend. Die Person, die einen RC verwendet, setzt also auch körpersprachliche Elemente ein, um sich verständlich zu machen. Der RC versucht, eine Kommunikation im Koordinationsverhältnis mit dem Partner aufzubauen. Lange und komplizierte Sätze werden vermieden. Die Benutzung eines RC hat zur Folge, dass der Sprecher von allen verstanden wird. (Vgl. dazu R. Lay, Führen durch das Wort, 242–246).

möglichst ohne Abstimmung mit anderen die zehn wichtigsten Ideale niederzuschreiben. Nur ein einziger Satz, der zudem noch ausgesprochen schwachsinnig war, kam in fast allen (etwas unter 90 %) Nennungen vor, wenn auch kaum je wörtlich zitiert: »Unsere Mitarbeiter sind unsere wichtigste Ressource, und deshalb wird in unserem Unternehmen kooperativ geführt!« Immerhin war eine deutliche Mehrheit der Befragten (78,2 %) der Ansicht, dass dieser Führungsstil keineswegs im Unternehmen vorherrschte. Offensichtlich interpretierten und selektierten alle die Unternehmensleitsätze anders. Entweder nahmen sie die zentralen, dem Text vorangestellten Sätze gar nicht wahr, oder sie beschrieben etwas, das kaum von den Verfassern der Leitsätze gemeint worden war. Hier werden die Grenzen einer Sprache deutlich, die nicht die der Leser eines Textes ist. Der Ort des charakterlichen Defizits ist in solchen Fällen leicht auszumachen: Es waren die Unternehmensberater, die solche unternehmensfernen Leitsätze verordneten – übrigens mit kleinen Varianten nahezu identisch in allen von ihnen beratenen Unternehmen. Sie orientierten sich nicht an einer sauber erhobenen IST-Analyse des Unternehmens und seiner Interaktionen nach innen und außen, sondern an irgendwelchen Idealen, die zwar die Begeisterung (und wer ist nicht begeistert über eine Darstellung einer optimalen Kultur, wenn er dafür weit mehr als 1 000 000 DM bezahlt hat?) des Vorstandes fanden, aber ohne jede Veränderung von Wertschöpfungsprozessen im Unternehmen ihre unerhebliche Runde machte.

**Horizontales Schisma** ✳ Wechselseitige Interaktionen bauen, wenn sie anschlussfähig sind, ein soziales System auf. Ich habe im Laufe von etwa 20 Jahren kaum einen Managementberater kennen gelernt, der diesen Sachverhalt zur Kenntnis genommen oder gar sich in seinen kommunikativen Äußerungen diesem Sachverhalt angepasst hätte. Vor allem war auffällig die schon erwähnte Verallgemeinerung eigener Interessen, Wertvorstellungen, Bedürfnisse und Erwartungen. Es gehört offensichtlich nicht zum selbstverständlichen Wissen, dass ein solches soziales System eigene Regeln und Normen aufbaut und die Menschen, ob sie wollen oder nicht, in den Bereichen Werteinstellungen, Bedürfnissen und Interessen weitgehend gleichschaltet. Diese Gleichschaltung ist jedoch äußerst dynamisch. Die vier nun oftmals erwähnten Strukturelemente können sich durch einen kommunikativen Beitrag erheblich ändern, sobald Werteinstellungen, Bedürfnisse, Erwartungen und Interessen sich kollektiv ändern. Die Unfähigkeit, sich an die Dynamik der Systemevolution anzupassen, ist vor allem dann von Bedeutung, wenn diejenige Instanz, die eigentlich für eine stabile Unternehmensidentität verantwortlich ist (Vorstand, Geschäftsführung), nicht dynamisch zu denken in der Lage ist.

Ich erinnere mich hier eines Vorstandes, der konkrete Erwartungen und Werteinstellungen in seinem Unternehmen möglichst lange konstant halten wollte. Er ist in seinem Bemühen total gescheitert. Die Eigendynamik des *sozialen Systems Unternehmen* hatte diese Corporate Identity, die weitgehend von der Struktur des Systems bestimmt wird, längst hinter sich gelassen. Wenn nun gar der Gesamtvorstand mit Unkenntnis und konservativem Denken den im Unternehmen ablaufenden interaktiven Prozessen begegnet, kommt es zu einem *horizontalen Schisma*. In solchem Zustand kann der Vorstand beschließen, was auch immer er will – nichts davon geschieht.

Solche horizontalen Schismen sind vor allem dann häufig, wenn zwei Unternehmen mit verschiedenen Kulturen verschmelzen. So konnte es vorkommen, dass in Paderborn weiterhin Nixdorf-Computer gebaut wurden, obwohl alle Vorstände von der Siemens AG gestellt wurden. Sie brachten den Siemens-Standard mit und verfügten über Erfahrung mit den von Siemens gebauten PCs, und trotzdem wurden in den beiden Werken weiterhin unterschiedliche Computer gebaut, für die es nicht einmal gemeinsame Ersatzteile gab. Die *zweite* Führungsschicht legte fest, was gebaut wurde – und dabei kümmerte sie sich kaum um irgendwelche Vorstandsbeschlüsse. Die Nixdorf-Vorstände – vermutlich von München aus gesteuert – konnten nicht so tief in Markterschließungs-, Produktplanungs-, Produktionsplanungs- und Absatzprozesse eingreifen, wie sie wollten (oder sollten). Die Unfähigkeit, die Eigendynamik der Identität eines sozialen System zu erkennen, wurde offensichtlich. Sollten die Nixdorf-Vorstände tatsächlich ihrer eigenen Überzeugung gefolgt sein und nicht nach außerbetrieblichen Weisungen gehandelt haben, liegt hier insoweit ein Charakterdefizit vor, als der Charakter starre Strukturen einforderte und dynamische nur begrenzt oder gar nicht zuließ. Charakter wurde zu einem Handicap.

**Doppelpass-Kampagne**    ✳   Bei den Landtagswahlen in Hessen vom 7. 2. 1999 startete die CDU unter Anführung der CSU eine Unterschriftensammlung gegen das von dem Schröder-Kabinett beschlossene Einwanderungsgesetz. Sowohl die Presse als auch das Kabinett Schröders waren offensichtlich der Meinung, dass diese Aktion eindeutig gegen die bislang in Hessen regierende rot-grüne Koalition gerichtet, für den Wahlerfolg des Hans Eichel aber ohne besonderen Belang sei. Hier wurde eine kommunikative Situation falsch eingeschätzt. Der Wahlsieg der CDU/FDP war die Folge. Sie versäumten darauf hinzuweisen, dass dank der bestehenden Gesetzgebung, die mit der Zustimmung des Bundeskabinetts Kohl beibehalten worden sei, bereits etwa zwei Millionen in Deutschland lebender Menschen eine doppelte Staatsangehörigkeit (und damit das Recht auf zwei Pässe) besäßen. Sie versäumten es darauf hinzuweisen, dass ihre Gesetzesvorlage vom neuen Bürger mehr Integration verlangte als das bestehende Einbürgerungsgesetz. Das alte Gesetz verlangte gar keine, das neue aber eine ganze Menge, wie zum Beispiel, dass einer der Elternteile schon in Deutschland geboren sei oder Arbeitsfähigkeit und Arbeitswille nachgewiesen werden müssten. Die realitätsabgelöste Politik der Schröder-Regierung machte sich ein falsches Bild vom Wahlbürger, das von dessen Selbstbild sehr entfernt war. Die charakterfeste Meinung, solch demagogisches Gehabe werde den mündigen Bürger nicht in seinem Wahlentscheid beeinflussen, verkennt bei einem hoch emotionalisierten Thema reale Sachverhalte. Charakter wurde zum Handicap.

## Die Hilfsbereitschaft ohne Helfersyndrom

**Die vernunft-**
**geleitete Tugend**

*Hilfsbereitschaft* steht im Gegensatz zu *Betroffenheit* (s. S. 98 ff.). Sie bezeichnet die Bereitschaft zu helfen, wenn Hilfe möglich, zumutbar und effizient ist. Hilfsbereitschaft ist eine Tugend, die durchaus im Zusammenhang mit der Alterozentrierung (s. S. 138 ff.) interpretiert werden sollte. Hilfsbereit ist nur derjenige, der auch zur Empathie, zur Einfühlung in den der Hilfe Bedürftigen fähig ist. Hilfsbereitschaft ist eine Form des Mitleidens, die sich – wenn irgend möglich – in tätiger Hilfe äußert. In ihrer pathologischen Form ist sie ein Tun, das unmittelbar vom Schmerz des Mitleidens bestimmt wird.[41] Als Tugend ist sie, wie jede Tugend, jedoch auch vernunftgeleitet. Der zum Mitleid unfähige Mensch gilt nicht zu Unrecht als hart und unmenschlich. Die Fähigkeit zum Mitleiden mit einem anderen Menschen ist also eine *conditio humana* (eine Bedingung, unter der allein Menschlichkeit möglich ist). Jedoch erschöpft sich Hilfsbereitschaft nicht im Mitleid. Nicht nur der Mensch, der leidet, bedarf fremder Hilfe, sondern jeder Mensch, insofern er an die Grenzen des ihm physisch, psychisch, sozial, emotional, intellektuell, moralisch … Möglichen gerät – stets vorausgesetzt, es gibt einen Menschen in seiner Nähe, der ihm helfen kann. Insoweit widerspricht die Fähigkeit und Bereitschaft, fremde Hilfe anzunehmen, der

41 Beim pathologischen Mitleid kann sich das Gefühl gegenüber der Handlung verselbstständigen, sodass es zu einem passiven verharrenden Mitleiden (zu einer bloßen, wenn auch tiefen Betroffenheit) kommt. Platon stellt diese Form des Mitleids in den Widerspruch zu Vernunft und Gerechtigkeit. Dieses Mitleid kann in Grausamkeit umschlagen (P. Charron, 1601). I. Kant hält das Mitleid für »schwach und jederzeit blind« und deshalb für ungeeignet, eine Ethik zu begründen. Arthur Schopenhauer erhebt das Mitleid (»als ganz unmittelbare Teilnahme am Leiden eines anderen« wobei »das Leiden eines anderen unmittelbar mein Motiv wird«) dagegen zum Fundament jeder Ethik. Die Identifikation mit dem anderen, das »tat-twam-asi« (dies bist du) des Buddhismus, sei als realistische Mystik der reale Ausdruck der Erkenntnis des Wesens aller Individuen.

Ohnmacht und Einsamkeit erzeugenden Einbildung, nicht hilfsbedürftig zu sein. Alle Menschen bedürfen fremder Hilfe und sollten bereit sein, sie auch anzunehmen. Die Wechselseitigkeit des Helfens ist keineswegs selbstverständlich. Es gibt nicht wenige Menschen, die – oft in ganz entwickelter Form – bereit sind zu helfen, andererseits aber zu stolz sind zuzugeben, dass auch ihnen andere Menschen helfen müssen. Dieser pathologische Mangel an passiver Hilfsbereitschaft wird zumeist mit dem *Helfersyndrom* gleichgesetzt, dem viele Menschen verfallen, die sich von Berufs wegen mit dem Helfen beschäftigen (Ärzte, Krankenschwestern, Psychotherapeuten, Sozialhelfer, Behindertenbetreuer, Bewährungshelfer, Geistliche …). Aber auch Menschen in ganz anderen Berufen (darunter Manager) werden im Laufe der Zeit zu »Beichtvätern« und Helfern ihrer Mitarbeiter.

### Fallbeispiele

**Wenn es nur einem hilft …**

✳ Einer meiner Freunde hat stets eine Menge Münzen bereit. Er gibt jedem, der ihn mittelbar oder unmittelbar (wie ein am Boden sitzender Geiger auf der Frankfurter Zeil) um Geld angeht, eine Mark. Auf die Frage, warum er das tue, obwohl auch er wisse, dass die meisten das Erbettelte in Alkohol oder Drogen anlegen würden, antwortete er: »Wenn auch nur einem Prozent der Bettler durch meine kleine Gabe etwas geholfen werden kann, würde ich mich selbst verachten müssen, wenn ich vergebens um Hilfe fragen ließe und nicht geholfen hätte!« Wurde hier Charakter zum Handicap? Ließ sich hier – wie der nicht selten gehörte Vorwurf lautete – ein Mensch missbrauchen, weil er gutmütig war? Nun ist sicherlich *Gutmütigkeit* (aus Schwäche) nicht dasselbe wie Güte, die stets zumindest nicht der Vernunft widerspricht. Biophilie, die sich mit Weisheit gepaart zum höchsten sittlichen Gut entfaltet hat, wird von einem Menschen auch verlangen, *gut* zu sein. *Güte* bezeichnet die Verbindung von Mensch und Wert im Handeln. Er wird nicht nur in solchem Handeln vom Wert geführt, sondern die Güte erfüllt ihn und sein verantwortetes Handeln von innen her (und nicht wie durch ein äußeres Gebot verlangt) (Seneca).

**Sterbebegleitung**

✳ Ich wachte bei einer Frau, die an einem damals inoperablen Magenkarzinom litt und dem Tode sehr nahe war. Mein Bemühen, ihre Stirn zu kühlen, ihr die Hand zu halten und ihrem oft schon unverständlichen Sprechen zuzuhören, wurde beschämt von einer katholischen Krankenschwester, die ihr Habit ablegte und sich zu der entsetzlich stinkenden Frau, sie in die Arme nehmend, ins Bett legte. Die Kranke beruhigte sich sehr bald und kam zu einer Art innerem Frieden,

den ich nicht hatte vermitteln können. Sie ist nach gut einer Stunde in Ruhe gestorben. Ich bin mir nicht sicher, ob ich auch zu solch einem Handeln fähig gewesen wäre, die Einsamkeit des Sterbens in tiefem Mitleiden zu empfinden. Obwohl die Ordensschwester von ihren Mitschwestern als Außenseiterin abgelehnt wurde, vermute ich, dass ich hier dem begegnet bin, was *heilig sein* bedeutet.

**Bewährungshilfe** ✳ In meinen Aufbauseminaren für Manager versuche ich in aller Regel deutlich zu machen, dass erst durch die Bereitschaft, auch im nichterwerblichen Bereich zu helfen, wirkliche menschliche Reife erreicht werden kann. Je nach der Begabung des Einzelnen mag man sich vorstellen, für straffällig gewordene – auf Bewährung freigelassene – jugendliche Straftäter als Bewährungshelfer und oft genug auch als Vormund tätig zu werden. Das Bemühen, dass der Jugendliche einen Arbeitsplatz und ein Unterkommen nicht nur erhält, sondern vor allem, dass er beides auch behält, kann mancherlei Wege und Bitten um Verstehen mit sich bringen. Aber von zehn Wegen ist sicherlich einer erfolgreich. Auch hier wird Charakter nicht zum Handicap, sondern ermöglicht eine optimale personale Entfaltung, die sich im Beruf und in der familiären Routine selten erlangen lässt. Der Nutzen ist beiderseitig: beim Helfenden wie beim Hilflosen.

**Burn-out-Syndrom** ✳ Mir ist ein Sozialhelfer bekannt, der täglich sicherlich mehr als zwölf Stunden als Streetworker tätig ist. Er bemüht sich um Obdachlose wie um rauschgiftabhängige Jugendliche, um Betrunkene wie um Stadtstreicher. Sein Familienleben ist zerbrochen, weil seine Partnerin – wohl nicht ganz zu Unrecht – forderte, dass er auch seiner Familie helfe. Er war kaum 40 Jahre alt, als er unter den Symptomen eines »Burn-out-Syndroms« zu leiden begann. Das erste bedenkliche Anzeichen eines solchen Syndroms ist zumeist, dass der Betroffene sich nicht selbst helfen lassen möchte. Er versteht sich ausschließlich als Helfer, nicht aber als einen, der der Hilfe bedarf. So weigerte er sich, gegen den Willen seiner Vorgesetzten, Urlaub zu nehmen, um wieder aufzutanken. So versuchte er eine rheumatische Erkrankung seines Kniegelenkes zu verleugnen, obwohl ihm sein Beruf manche Gänge abverlangte. Die nächste Stufe des Burn-out-Syndroms war erreicht, als ihm seine Arbeit keine Freude mehr machte, sondern das Pflichtgefühl die Rolle des wichtigsten Selbstmotivators übernahm. Am Ende stand eine Art des Ausgebranntseins, die es ihm nahezu unmöglich machte, seinem Beruf auf der Straße nachzukommen. Eine Versetzung in die Verwaltung stand an. Er akzeptierte sie aber erst nach einiger therapeutischer Hilfe. Hier wurde eine charakterliche Schwäche zum Handicap.

**Samariter heute**

✳ Dass Hilfsbereitschaft ihre Grenzen haben kann, erlebte ich in geradezu dramatischer Form, als ich Zeuge eines schweren Verkehrsunfalls wurde. Ein Mensch, den die herumstehenden Gaffer als »Türken« identifiziert hatten, ließ keinerlei Hilfsbereitschaft aufkommen. Erst als ich einem der Herumstehenden sein Handy gleichsam abnahm, um Hilfe und Polizei herbeizutelefonieren, kam etwas Bewegung in die träge Menge. Tatsächlich gab es einen Helfer, der mich dabei unterstützte, den Verunglückten in die stabile Seitenlage zu drehen, seinen Mund von Erbrochenem zu säubern und andere Erste-Hilfe-Maßnahmen durchzuführen. Es blieb aber bei einem – und der war jung und hatte seine Haare im Irokesenschnitt grün gefärbt. Als ich später über den Zwischenfall nachdachte, bemerkte ich die Lebensnähe eine Jesus-Gleichnisses. Es erzählt von einem Juden, der unter die Räuber fiel. Ein vorbeikommender jüdischer Priester und ein ebenso vorübergehender Levit halfen ihm nicht, wohl aber ein von den *rechtgläubigen* Juden verachteter Samariter (vgl. Luk 10, 30–37). Eine ganz ähnliche Unfähigkeit zur Hilfe erlebte ich in der berüchtigten Pogromnacht am 9. 11. 1938, der so genannten Kristallnacht. Ich stand am Fenster und sah, wie SA-Männer das Textilhaus des jüdischen Mitbürgers Lenneberg in Olpe plünderten und niemand – sonst seines Christseins stolz – ihm aus Angst vor den Nazis zur Hilfe eilte.

**Pannenhilfe**

✳ Als ich mir auf dem Wege zu einem Seminar an einer scharfen Bordsteinkante den Reifen meines Autos aufgeschlitzt hatte und einigermaßen hilflos am Straßenrand stand, hielten innerhalb weniger Minuten vier Autofahrer an, die mir Hilfe anboten. Zwei wechselten in wenigen Minuten den Reifen – eine Arbeit, zu der ich sicher eine halbe Stunde benötigt hätte. Die Hilfsbereitschaft der Miltenberger Fahrer einem F-Kennzeichen gegenüber beschämte mich, denn ich erinnerte mich, an so manchem Pannenauto vorbeigefahren zu sein, selbst wenn der Fahrer allein und hilflos neben seinem Auto stand.

**Unerbetene Hilfe, ein Bumerang**

✳ Unerbetene Hilfsbereitschaft kann merkwürdige Formen annehmen. Vielleicht kennen Sie die folgende Anekdote aus dem Leben eines Pfadfinders, der bekanntlich gehalten ist, täglich wenigstens eine gute Tat zu leisten. Er bringt eine an der Bordsteinkante stehende alte Dame auf die andere Straßenseite. Die fragt nur: »Und wie komme ich wieder zurück?« Sie hatte nämlich in keiner Weise die Absicht, die Straße zu überqueren. Das Beispiel macht deutlich, dass helfende Menschen, und das gilt vor allem auch für die pathologischen Formen des Helfens, gern ihren Wunsch nach Hilfe in den anderen Menschen hineinprojizieren, ohne dass dieser sich im entferntesten nach Hilfe sehnte. Ein Hauptabteilungsleiter eines großen pharmazeutischen Unternehmens hatte an einem wenig nützlichen Managerseminar teilgenommen und dort »gelernt«, dass Hilfsbereitschaft eines Vorgesetzten eine gute Hilfe bei der Selbstmotivation der Mitarbeiter sei. Nun ist das Gelernte nicht ganz falsch. Wenn Hilfsbereitschaft verstanden wird als Selbstverständlichkeit in einem Vertrauensfeld, dann wird sie dem Vorgesetzten auch abverlangt. In diesem Fall aber wurde der Hauptabteilungsleiter von nicht wenigen Mitarbeitern emotional und sozial nicht akzeptiert. Seine Versuche, hilfsbereit zu sein, wurden als Manipulation von Meinung und Einstellung erfahren. So gab er einem Mitarbeiter frei für den Tag, an dem sein Sohn das mündliche Abitur ablegen musste. Der Mitarbeiter wollte nicht, traute sich aber auch nicht abzulehnen. Der Erfolg des unerbetenen Urlaubs war dementsprechend. Den ganzen Tag lang warteten er und seine Frau auf die Heimkehr ihres Sohnes. Der aber war um elf Uhr abends noch nicht zu Hause. Das Ehepaar steigerte sich, durch das lange Warten zermürbt, in psychotische Vorstellungen etwa der Art: Ihr Sohn sei durchgefallen und wolle Selbstmord begehen. Einen Anruf bei der Schule wagten die Eltern nicht, weil sie fürchteten, ihr Sohn würde sich beschweren: Seine Dinge gingen nur ihn etwas an. Der eigentliche Grund des jungen Mannes, noch nicht nach Hause zu kommen, war trivial. Mit seinem Abiturjahrgang war er in einer Kneipe eingekehrt. Hier treffen drei charakterliche Defekte zusammen: (a) der Sohn hätte unschwer zu Hause anrufen können, (b) die Eltern steigerten sich in paranoider Kommunikation in grundlose Wahnvorstellungen hinein, und (c) der Vorgesetze hätte wissen müssen, dass solche kritischen Situationen leichter im Unternehmen mit seinen ablenkenden Pflichten bewältigt werden können als zu Hause, wo keine Ablenkung zur Verfügung steht.

**Gefahr: Besserwisserei**  ✳ Ein anderer Manager sah gerade in der Hilfsbereitschaft ein wichtiges Element der personalen Verantwortung. Sicher gilt das für erbetene und rational begründete Formen der Hilfsbereitschaft. Hier entartete jedoch die Hilfsbereitschaft in kurioser Weise, die selbst den »Kleinen Prinzen« von St. Exupéry zu Staunen bewogen hätte. (Auf seiner Reise, erzählt der kleine Prinz, habe er einen Menschen gefunden, der bei seinem Anblick voller Begeisterung ausrief: »Da kommt ein Hilfloser. Dem muss ich helfen.«) Er kümmerte sich um alles, was seine Mitarbeiter im Unternehmen taten: Er belästigte nahezu alle mit seinen Hilfsangeboten, die nicht selten zu gut gemeinten, aber keineswegs guten Ratschläge entarteten. Er kümmerte sich weniger um das Betriebsklima als um das, was der Meister an seiner Maschinen machte. Da wusste er alles besser: Welcher Handgriff effizienter sei, wie er mit seinen Mitarbeitern umzugehen habe, auf welche Schule er seine Kinder schicken sollte … Da auch gutes Zureden nicht bewirkte, dass der

Mann seine Hilfsbereitschaft auf die reale Hilfsbedürftigkeit seiner Mitarbeiter reduzierte, galt er bald im Unternehmen als Störgröße, die bei nächster Gelegenheit zu entlassen sei. Der unausgesprochene Grund der Entlassung war ein Charakterdefekt, der ihn ständig zwanghaft Situationen wahrnehmen ließ, in denen seine Hilfe verlangt wurde.

**Neue Mitarbeiter** ✳ Es gibt selbstverständlich auch Situationen, in denen Hilfsbereitschaft im Unternehmen (möglichst aufgrund einer tatsächlich realisierten Unternehmenskultur) eingefordert wird. Nicht selten begegne ich frisch eingestellten Mitarbeitern, bei deren Auswahl man sich unendlich viel Mühe gemacht hat, um den Richtigen zu finden. Einmal im Unternehmen, kümmerte sich keiner mehr ernsthaft darum, die Neuerwerbung einzuführen. Die Neuen sind darauf verwiesen, über die Versuchs-Irrtum-Methode die Weisen und Regeln kennen zu lernen, die das Miteinander-Umgehen und die Art der Erledigung von Aufgaben kennzeichnen. In allen von mir beratenen Unternehmen hängt eine Liste mit potentiellen Coachs aus, von denen sich die neu eingestellten Mitarbeiter in ihre Tätigkeit und die Unternehmenskultur begleiten lassen. Sie erfahren, wie sie inoffiziell von den Kollegen und Vorgesetzten gesehen werden. Sie lernen die Formen der Zusammenarbeit mit anderen, etc. Die Hilfsbereitschaft und -fähigkeit eines solchen Coachings sind sicherlich positiv zu werten. Vom Gelingen dieser etwa ein Jahr während Coaching-Zeit hängt es ab, ob eine positive Selbstmotivation aufgebaut wird. Sicher ist es Aufgabe der Vorgesetzten, ein Vertrauensfeld aufzubauen, aber neue Mitarbeiter entwickeln sehr oft noch keine Antenne, um diese ihnen zugedachten Signale richtig zu interpretieren.

**Jeder gegen jeden?** ✳ In manchen Unternehmen ist die Hilfsbereitschaft einer Unternehmensberatung zum Opfer gefallen, mit dem nahezu ausschließlichen Ziel, die Kosten-Leistungsrechnung durch Minderung der Personalkosten zu optimieren. Alle sind nur noch daran interessiert, dass man ihnen möglichst nicht kündigt. Der Motivator *Angst* treibt sie dabei mitunter – wenn auch recht vorübergehend – zu erheblichen Leistungen an. Hilfsbereitschaft mindert die Chancen des eigenen Überlebens im Unternehmen. Wer sollte unter diesen Umständen noch hilfsbereit sein? Es kommt darauf an, im Horizont innerbetrieblichen Wettbewerbs ein besseres Bild abzugeben. Und da ist Helfen ebenso wettbewerbswidrig wie Hilfe für seinen außerbetrieblichen Wettbewerber, seinen Konkurrenten. Doch darf man diesen recht verständlichen Mechanismus nicht verallgemeinern. Ich kenne Unternehmen, in denen bei »betriebsnotwendigen Entlassungen«[42] auch und vor allem auf die soziale Intelligenz und die sozialen Begabungen der verbleibenden Mitarbeiter hoher Wert gelegt wird. In diesen Unternehmen ist Charakter kein Handicap.

**Eine Hand wäscht die andere**

✳ »Jeder ist sich selbst der Nächste« ist sicherlich eine der Lieblingsparolen von Menschen, die nur dann hilfsbereit sind, wenn es sich lohnt. Ich habe im Verlauf meiner unternehmensberatenden Tätigkeit nicht wenige Menschen kennen gelernt, die Hilfsbereitschaft nicht als Tugend verstanden, sondern als Strategie, um Karriere zu machen. Sie waren hilfsbereit – aber ausschließlich aus Gründen der beruflichen Lebensökonomie. Solchen Menschen kann man schnell ihren defizitären Charakters verdeutlichen. Wenn Hilfsbereitschaft nichts an Anerkennung, an gutem Ruf, an sozialen Erfolgen einbringt, wird sie nicht erheblich. So etwa im Familienleben oder in der Gestaltung der Partnerschaft. Solche charakterlich geschädigten Menschen sind keineswegs selten.

## Das Vertrauen

**Sich selbst und anderen vertrauen**

*Vertrauen* bezeichnet die feste Überzeugung von der Verlässlichkeit und Zuverlässigkeit eines Menschen.[43] Dieser Mensch kann der Vertrauende selbst sein (»Selbstvertrauen«) oder ein anderer. Die Fähigkeit zum Vertrauen ist eine Folge des schon erwähnten *Urvertrauens*, das ein Mensch im Verlauf des ersten Lebensjahres entwickelt. Wird es nicht entwickelt, spricht man von *Urmisstrauen*. In beiden Fällen geht es also zunächst nicht um ein Charaktermerkmal, sondern um eine psychische Disposition. Doch kann sich die psychische Disposition des Urvertrauens zu dem charakterlichen Merkmal des Vertrauens entfalten. Vermutlich sind auch als charakterliche Merkmale die Fähigkeit, sich selbst und anderen Menschen zu vertrauen, eng miteinander verwoben. Sich selbst vertrauend ist ein Mensch, der seinen Fähigkeiten, seinen intel-

42 Solche »betriebsbedingten Entlassungen« werden von Unternehmen sehr unterschiedlich gehandhabt. Unternehmen, die – bar aller Kultur – ausschließlich den Unternehmenswert oder den Bilanzgewinn vergrößern wollen (deren Vorantwortungsträger sich vor allem der Verantwortung gegenüber der Produktionsbedingung »Kapital« in einer Shareholder-Value-Ideologie verschrieben haben), werden sehr viel früher an betriebsbedingte Entlassungen denken als jene Unternehmen, die nicht monopolar kapitalorientiert denken, sondern auch die übrigen Faktoren (Arbeit, Umwelt, Mobilität, Kreativität, Unternehmenskultur) einbeziehen. Ein ziemlich hoher Anteil der hohen Erwerbslosenzahlen in Deutschland ist auf monopolares Denken und Handeln zurückzuführen. Das aber ist ein deutlicher Defekt in der Charakterstruktur des Entscheiders.

43 Es gibt auch ein Vertrauen in eine Sache. So kann man der Fahrtüchtigkeit oder der relativen Pannensicherheit seines Autos vertrauen. Doch dieses Vertrauen in eine Sache oder die Eigenschaften einer Sache ist hier nicht gemeint.

lektuellen wie charakterlichen, seinen physischen wie psychischen Begabungen zureichend traut, um nicht nur mit den Gegebenheiten des Alltags (biophil) fertig zu werden, sondern auch neue Gegebenheiten zu schaffen, von denen er vermutet, dass er auch ihnen gewachsen sein wird. Diese Aktivität, neue Situationen im Vertrauen auf sein eigenes Vermögen zu schaffen, ist ein wichtiges Element des Selbstvertrauens. Sicherlich gibt es auch einen Charakterdefekt, der Menschen dazu bringt, in Überschätzung ihrer eigenen Fähigkeiten und Fertigkeiten Situationen zu erzeugen, denen sie nicht gewachsen sind. Man spricht dann gemeinhin von *Selbstüberschätzung*.

Das Vertrauen in andere Menschen setzt sicher, wenn es ein Charaktermerkmal sein soll, eine realistische Einschätzung der Möglichkeiten und Fertigkeiten des anderen voraus. Es ist sicher kein Zeichen von Vertrauen, wenn man einen Menschen mit einer Aufgabe betraut, der er voraussichtlich nicht gewachsen ist. Andererseits ist jedoch auch der Fall zu bedenken, dass man in der Frage nach der Vertrauenswürdigkeit nicht allzu sehr abhängig wird vom Urteil Dritter. Es gehört also ein gesundes Maß an einem an Erfahrung geschultem Urteilsvermögen dazu, einem Menschen zu vertrauen. Sonst kann das vermeintliche Vertrauen zur *Vertrauensseligkeit* degenerieren.

**Facetten des Vertrauens**

Das *Vertrauen* repräsentiert sich in sehr verschiedenen Facetten, etwa:
- Das Anvertrauen eines Geheimnisses. Eine sehr intensive Form des Vertrauen wird aktiviert, wenn ein Mensch einem anderen ein Geheimnis anvertraut. Nun gibt es sehr verschiedene Arten von Geheimnissen:
  - Betriebsgeheimnisse, die z. B. die Arbeit der Forschungsabteilung betreffen,
  - Beziehungsgeheimnisse, welche die eigenen oder fremden Beziehungen zu Menschen berühren,
  - Geheimnisse, welche die Eigenschaften und Versagen von Menschen in einem sozialen System (etwa einem Unternehmen, einer Partei, einer Kirche) beinhalten und endlich jene
  - Geheimnisse, die den Mitteilenden persönlich betreffen. Diesen letztgenannten Geheimnissen gilt unsere besondere Aufmerksamkeit. Die Form des Vertrauens ist existentiell notwendig, denn wir alle benötigen, um psychisch und sozial gesund zu bleiben, wenigstens einen Menschen, dem wir unbedingt und ohne jede Einschränkung vertrauen können: Er wird niemals das Anvertraute weitergeben (Verschwiegenheit). Seine Einstellung zu dem, der Vertrauen erwartet, kann durch nichts Anvertrautes erschüttert werden (Achtung vor der Würde eines Menschen).
- Das Vertrauen auf Fertigkeiten und Begabungen.

- Das Vertrauen, dass ein gegebenes Wort (Zusagen und Versprechungen) erfüllt wird.
- Das Vertrauen, das annimmt, ein Mensch sei verlässlich, standhaft und in seinem Mühen, einen Auftrag zu erfüllen, ausdauernd.

### Fallbeispiele

**Blindes Ver- und Misstrauen**

✳ Die meisten Menschen bringen anderen, wenn sie ihnen nicht unsympathisch sind, einen gewissen Vertrauensvorschuss entgegen. Ich erinnere mich an einen Fall, in dem ein Vorstand seinem Assistenten in einem Umfang vertraute, dass er alle seine Probleme – auch die vertraulichen – mit ihm besprach. Zwischen beiden baute sich ein enges Sympathiefeld auf. Dieses zerbrach jedoch von einem Augenblick auf den anderen, als der Vorstand – übrigens zu Unrecht – vermutete, sein Assistent habe ein ihm anvertrautes Geheimnis, welches ein berufliches Versagen eines Kollegen betraf, weitererzählt. Das Sympathiefeld wechselte in ein Antipathiefeld, das um so tief greifender wurde, als der Assistent heftig den ihm vorgestellten Sachverhalt leugnete. Es kam zu einer Abmahnung (einen anderen Sachverhalt betreffend) und endlich zu einer Kündigung. Wo lag hier der Charakterfehler? Sicherlich hätte der Vorstand nicht unbesehen einen solchen, nur in Sympathie wurzelnden Vertrauensvorschuss leisten sollen, wenn er auch in diesem Fall durchaus gerechtfertigt war. Ferner ist ein so plötzliches Umspringen von Sympathie in Antipathie eher ein Zeichen dafür, dass hier eine unreife Form der Akzeptanz eines Menschen vorlag. Der Charakterfehler lag zweifelsfrei beim Vorstand, der sich keineswegs zureichende Mühe gab, den streitigen Sachverhalt aufzuklären. Dann hätte er nämlich unschwer erfahren, dass sein Kollege selbst die ihm unterlaufene Panne erzählte. Hier wurde ein Charakterfehler zu einem erheblichen Handicap, denn der Verlust eines wertvollen Mitarbeiters ist mehr als eine organisatorische Panne.

**Fehlbesetzung**

✳ Ein leitender Mitarbeiter eines Unternehmens hatte sich im Bereich der Produktion als Führungskraft mit personaler Verantwortung sehr bewährt. Der Vorstand des Unternehmens hielt ihn für geeignet, die Verantwortung für eine Sparte der vom Unternehmen hergestellten Produkte zu übernehmen. Der neuen Art der Verantwortung war er jedoch kaum gewachsen. So war er der Meinung, er müsse in einer bislang von ihm nie entwickelten Genauigkeit nicht nur Prozessabläufe, sondern auch die Zuverlässigkeit der wichtigsten Mitarbeiter in der Arbeitsvorbereitung und -durchführung überprüfen. Dabei mischte er sich in bewährte Planungen und Abläufe ein – nicht etwa im Sinne eines

Reengineering seiner Sparte willen, sondern mit dem Vorsatz, die beste-henden Abläufe zu verbessern. Er betraute Mitarbeiter mit Aufgaben, die ihnen weder lagen noch für die sie sonderlich geeignet waren. An-deren wiederum entzog er Kompetenzen, indem er ihren Verantwor-tungsbereich neu definierte und dabei beschnitt. Innerhalb eines halben Jahres war das Spartenklima – sicherlich auch durch Neidreaktionen von anderen Spartenmitgliedern, die sich übergangen fühlten, verur-sacht – total vergiftet. Die Interaktionskosten[44] wuchsen signifikant an. Es blieb dem Vorstand nichts anderes übrig, als dem erfolglosen Spartenchef – übrigens mit dessen Zustimmung – eine andere, schlech-ter honorierte Position in der Qualitätskontrolle zu übertragen. – Hier lag der Vertrauensfehler zweifelsfrei an erster Stelle beim Vorstand. Ein Mensch, der sich in einer Position bewährt, ist lange noch nicht geeig-net, eine andere mit anderen Aufgaben und vor allem mit anderen Mitarbeitern zu übernehmen. Hier verbindet sich Vertrauen mit man-gelnder Weisheit. Ein Vertrauensfehler liegt jedoch auch bei dem Mit-arbeiter, dessen Selbstvertrauen offenbar so geschönt war, dass er sich der neuen Aufgabe gewachsen fühlte. Auf beiden Seiten können wir ei-nen Charakterfehler erkennen: Das Vertrauen des Vorgesetzten war blind, d. h. nicht von Weisheit geführt. Das Selbstvertrauen des Spar-tenleiters war unrealistisch, auch wenn es seinem Selbstkonstrukt ent-sprochen haben mag.

**Geheimnisverrat** ❋ Besonders schwer kann die Vertrauensfähigkeit eines Menschen be-schädigt werden, wenn jemand, dem er persönliche Geheimnisse anver-traute, diese weitergibt oder auch nur zur Grundlage seiner eigenen, für den Vertrauenden schädlichen Entscheidungen macht. Ich erinnere mich hier eines Vorstandes, der ein Geheimnis in einer Aufsichtsratssit-zung (zu der in aller Regel die Mitglieder des Vorstands eingeladen wurden) in Abwesenheit des Vertrauenden weitergab. Ein Vorstands-kollege hatte ihm, im Vertrauen auf die gemeinsame Freundschaft, mit-geteilt, er sei HIV-positiv. Dieser Vertrauenbruch hatte verheerende Konsequenzen. Nicht allein wurde der Vertrag des Mitvorstandes nicht mehr verlängert, sondern auch die Vertrauensfähigkeit des Verratenen litt so erheblich, dass er sein Misstrauen nahezu allen Menschen ge-genüber kultivierte. Erst eine längere gesprächstherapeutische Beglei-tung konnte ihn dahin führen, wenigstens in seinem Therapeuten einen Menschen seines unbedingten Vertrauens zu sehen. Dass Vertrauens-missbrauch zum eigenen Nutzen in manchen Kreisen häufig vorkommt,

---

44 Diese Kostenposition operationalisieren wir in meinem Institut, indem wir (a) die Ko-sten für Fehlzeiten, (b) die Kosten für Ausschussproduktion und (c) die Kosten für inne-re oder äußere unerwünschte Kündigungen von Mitarbeitern (und andere Migrations-kosten) ermitteln.

zeigt nur die Unkultur dieser Kreise, in denen man meist nichts anderes mehr schätzt als die Sicherung der eigenen Karriere. Andererseits kann auch ein Charakterfehler beim Vertrauenden nicht ausgeschlossen werden. Freundschaften auf der Vorstandsebene sind stets problematisch, weil manche Menschen, nur um eine Vertragsverlängerung zu erreichen, zu jedem Verrat bereit sind.

**Voreiliges Versprechen** ❋ Manche Menschen geben ihr Wort in Situationen, die sie nicht überschauen. Der Leiter der Abteilung Forschung & Entwicklung eines größeren Unternehmens versicherte, ein geplantes Projekt werde in zwei Monaten so weit entwickelt sein, dass man entscheiden könne, ob es in die Produktion gehen solle oder nicht. Die Abteilung Produktionsplanung & Produktion richtete sich auf diesen Termin ein. Da das Projekt jedoch zu diesem Zeitpunkt keineswegs abgeschlossen war, sondern mehr als drei Monate länger im Bereich Entwicklung zubrachte, entstand dem Unternehmen durch die Selbst-Fehleinschätzung des Abteilungsleiters F&E ein erheblicher Schaden. Die Folgen waren dramatisch: Der Abteilungsleiter, der bislang für seine Zuverlässigkeit sehr geschätzt wurde, erhielt – obwohl sich selbst von seiner wissenschaftlichen Arbeit her definierend – eine andere Position in der Qualitätskontrolle. Da er sich hier total unterfordert fühlte, wechselte er bald darauf das Unternehmen. Auch dieser Fall macht deutlich, dass charakterliches Versagen oft beide einander streitig gegenüberstehende Personen oder Parteien betrifft. Der Abteilungsleiter erkannte nicht die Grenzen der Leistungsfähigkeit seiner Abteilung, Der ihn versetzende Vorstand schloss aus einem einzigen, wenn auch recht kostspieligen Fehler, der Abteilungsleiter sei unfähig, die ihm anvertraute Abteilung zu führen.

**Jasager** ❋ Ein Mann in den besten Jahren, der sowohl in seiner privaten wie beruflichen Umwelt sehr geschätzt wurde, passte sich der jeweiligen sozialen Situation und den allgemeinen, hier geltenden Vorurteilen an. Alles, was er sagte, stand also unter dem Vorbehalt der allgemeinen Akzeptanz. Die Fähigkeit und Bereitschaft, die eigenen Überzeugungen nur dann zu wechseln, wenn der Wechsel von außen her angezeigt war, waren stark entwickelt, und dank der Fähigkeit, den Zustand sozialer Passung instinktiv zutreffend zu bewerten, wurde der Mann für jedermann ein pflegeleichter Partner. Dass auch hier ein Charakterfehler das Verhalten bestimmte, ist offensichtlich. Aber der Fehler führte zu Erfolgen. Es gibt also soziale Situationen, in denen die Charakterlosigkeit kein Handicap ist. Diese Schnittstellen zwischen einer Person und einem System lassen oft auf die im System erheblichen und dieses System definierenden Strukturmerkmale schließen.

**Sportler-
kameradschaft**

✳ Die Kameradschaftlichkeit kann auf der Basis von gegenseitigem Vertrauen zwischen zwei Menschen eine Beziehung entstehen lassen, die ausgesprochen biophil ist. Hier seien nur Bergkameraden, Tauchergruppen oder auch Soldaten im Fronteinsatz erwähnt. Ich möchte Ihnen ein selbst erlebtes Beispiel für solche Kameradschaftlichkeit berichten, bei der die Partner bereit sind, sich selbst in Gefahr zu bringen. Während eines Tauchgangs auf den Malediven war die Gruppe im Vertrauen auf die Kenntnis des Revierverhältnisse mit einem 3-Punkte-Taucher zum Hausriff abgetaucht. Plötzlich setzte eine im Vadookanal nicht unbedingt häufige, starke Top-down-Strömung ein. Um die Maske nicht zu verlieren, musste man genau gegen die Strömung blicken. Der Führer des Tauchgangs ließ sich von der für die meisten Taucher ungewohnt starken Strömung in aller Ruhe mittreiben. An der Oberfläche bei Beachtung der erlaubten Auftauchgeschwindigkeit durch die entgegengesetzte Down-Top-Strömung angekommen, konnte diese Gruppe teils schnorchelnd, teils dicht unter der Wasseroberfläche tauchend das sichere Ufer erreichen. Nur einer der Taucher versuchte mit erheblichen Luftreserven ein Auftauchen gegen die Strömung. Als er das Riff erreichte (Tiefe ca. 25 m), zeigte sein Barometer noch 30 bar an. Er kletterte am Riff hoch und erreichte die sichere Oberfläche mit 2 bar Druck auf seiner Pressluftflasche. Was war geschehen? Beide, die Gruppe und der Einzeltaucher, brachten sich in Lebensgefahr, um die Übrigen zu retten. Der allein Auftauchende hätte unschwer eine Suche nach den Abtreibenden starten lassen können. Ebenso hätte die Gruppe – die zuerst wieder festen Boden unter den Füßen hatte – veranlassen können, dass ein Hilfstaucher am Riff abstieg, um den Einzelnen mit einer gefüllten Preßluftflasche zu versorgen. Der Kameradschaftlichkeit stiftende Charakter beider war durchaus biophil.

**Teamwork**

✳ In Unternehmen ist wechselseitiges Vertrauen auf der gleichen Führungsebene eher selten anzutreffen. Bedeutet doch »Kameradschaft« die Bereitschaft, sich für den anderen und sein Schicksal verantwortlich zu wissen, und das bei vergleichsweise wenig emotionaler Bindung (etwa im Gegensatz zur Freundschaft, bei der die Bindung stärker und die Bereitschaft, selbst sein Leben für den anderen einzusetzen, deutlich geringer ist). Was bedeutet das für die alltägliche Praxis? Vor allem im Teamwork, welches das Ziel hat, durch Minderung von Täuschungen und Irrtümern eine optimale Lösung einer gestellten Aufgabe zu finden, ist die Kameradschaftlichkeit die beste Voraussetzung, das erwünschte Ziel zu erreichen. In gut funktionierenden Teams ist die Bereitschaft, eigene Interessen zurückzustellen, besser entwickelt als die durch personale Bindungen (Freundschaft, Liebe) bestimmte soziale Einheit. Die Teamfähigkeit korreliert signifikant mit der Fähigkeit, ein kameradschaftliches Verhältnis miteinander aufzubauen. Dieser Sachverhalt wird in den wenigsten Unternehmen ernst genommen. Die hier zusammengestellten »Teams« werden nach fachlicher Kompetenz zusammengestellt. Dabei handelt es sich – in der Sprache der Soziologie – in aller Regel um Primärgruppen, denen die Optimierung der Zielvorgabe weniger wichtig ist als Herrschaftseigenschaften (Sich-Durchsetzen, Recht behalten, das eigene Claim sichern ...). Damit wird Teamarbeit unmöglich. Dass man Menschen, die zwar gruppen-, aber nicht teamfähig sind, zusammenstellt, ist einer der wichtigsten Führungsfehler der Gegenwart. Ein Team ist als soziales System optimal gesichert, solange jedes Mitglied darauf vertraut, dass die anderen sich jeder dogmatischen Problemlösung verweigern.

**Partnerproblem Misstrauen**

✳ Sehr oft wird mangelndes Vertrauen in privaten Partnerschaften zum Anzeichen für deren Ende. Der Aufbau von Vertrauensfeldern ist eine wichtige Voraussetzung für eine biophil-gelingende Partnerschaft. Nicht selten tauchen in meinen Sprechstunden Paare auf, zwischen denen das Vertrauensverhältnis massiv gestört ist. Vor allem die Eifersucht ist der ärgste Feind jedes Vertrauens und jeder auf Vertrauen aufbauenden Liebe (eine andere dürfte es kaum geben). In der Partnerschaftstherapie wird sehr oft der Aufbau eines Vertrauensfeldes wichtiger sein als jede Beschwörung ehelicher Treue. Das Charaktermerkmal »Vertrauen« ist offensichtliche Voraussetzung einer gelingenden Partnerschaft, in der beide Partner sich sozial und emotional weiter entfalten. Charakter ist hier alles andere als ein Handicap.

## Die Realisierung von Idealen in Werten

Ein Mensch, der versucht, sich an der Biophilie-Maxime zu orientieren, findet dadurch zu *Idealen*, die diese Maxime in seiner alltäglichen Welt ausformen. Ideale[45] bestimmen das Selbstkonstrukt der meisten Menschen und vieler sozialer Systeme. Ideale sind also (oft nicht erreichbare) Ziele, an denen es sich so zu orientieren gilt, als seien sie erreichbar. Wir unterscheiden drei Typen von Idealen.

---

45 Heute spricht man weniger von Idealen als von »Visionen«. Dieser zunächst religiöse Terminus wurde profanisiert, ohne zu bedenken, dass »Visionen« im Profanen nichts anderes bedeuten als »Halluzinationen«. Nun darf man weder einem Menschen noch einem Unternehmen oder einer Partei das Recht absprechen, sich von Halluzinationen in ihrer Orientierung für die Zukunft leiten zu lassen. Doch gilt es immer auch zu bedenken, dass solche Halluzinationen realitätsabgelöst und insoweit neurotisch sind.

**Soziale Ideale**

- Die sozialen Ideale. Dazu gehören:
  - Die Hilfsbereitschaft.
  - Der praktisch gemachte Wille, die Würde und die Freiheit des anderen nicht zu mindern. Das setzt jedoch das Wissen um die Bedeutung von *Würde* und *Freiheit* voraus.
  - Die Bereitschaft, den Faktor *Arbeit* vor den Faktor *Kapital* zu stellen. Sicherlich gilt es das betriebsnotwendige Kapital »gerecht« zu bedienen, doch darf dabei niemals der gerechte Lohn[46] vergessen werden.
  - Die aktive Teilnahme am politischen Leben. Es gibt so viele Bürger, welche die jeweils konkrete Politik, die in den Gebietskörperschaften geschieht, mit oft bösartigen Worten und Witzen zu erledigen und als schlecht zu denunzieren versuchen. Ich vermute, dass das Recht zu solchem Urteilen nur Menschen zusteht, die selbst bereit sind, politisch tätig zu werden.
  - Die Fähigkeit und Bereitschaft, Vertrauensfelder aufzubauen.
  - Die Gerechtigkeit.
  - Die Verlässlichkeit.

**Personale Ideale**

- Die personalen Ideale wie
  - Die Selbsterkenntnis, verstanden als die Fähigkeit und Bereitschaft, sein Selbstbild (Selbstkonstrukt) ständiger Überprüfung zu unterstellen, um herauszufinden, ob es mit dem realen Selbst wenigstens entfernte Ähnlichkeiten aufweist. Den Griechen des Altertums galt die Selbsterkenntnis als wichtigstes religiöses und philosophisches Ziel. Deshalb schrieben sie über das Portal des Apollo-Tempel zu Delphi das *gnothi sauton* (= erkenne dich selbst!). In der Tat ist ein gewisses Maß an Selbsterkenntnis notwendig, um die beiden folgenden Selbst-Tugenden möglich zu machen.
  - Die Selbstannahme, verstanden als die Fähigkeit und Bereitschaft, sich selbst mit seinen Fähigkeiten und Begabungen samt deren Grenzen zu akzeptieren. Diese Fähigkeit macht es möglich, auch andere Menschen in ihrem So-Sein (also auch in ihrem Anders-Sein) zu akzeptieren, solange dieses Anders-Sein nicht den Normen der Sittlich-

---

46 Über das Thema, welcher Lohn denn nun gerecht sei, ist inzwischen seit über 100 Jahren gestritten worden. Tatsächlich gibt es kein objektives Kriterium, sondern allenfalls das subjektive, nach dem der Lohn so zu bemessen ist, dass die lohnabhängige Arbeit einer Familie ermöglicht, ihre physischen (Essen, Trinken, Wohnen), sozialen (Pflege von Freundschaften, Besuche bei Verwandten, Bildung der eigenen Kinder), aber auch kulturellen (Lesen, Fernsehen, Konzert hören …) Bedürfnisse zu befriedigen. Um dennoch den Versuch zu wagen, den Begriff »gerechter Lohn« zu sich und zur Sprache zu bringen, sei er hier einmal von seinem Minimum her definiert: Gerecht sei der Nettolohn, der die Kosten der Sozialhilfe in allen ihren Maßnahmen um wenigstens 50 % übersteigt.

keit widerspricht. Die Selbstannahme ist die entscheidende Voraussetzung jeder personalen Toleranz, die den anderen Menschen akzeptiert, solange sein Handeln nicht sozialunverträglich ist. Die personale Toleranz ist also nicht identisch mit der Meinungstoleranz, die eine fremde Meinung als der eigenen gleichberechtigt akzeptiert, solange sie nicht zu sozialunverträglichem Verhalten führt. Die heute in der EU so verbreitete Unfähigkeit, das Anders-Sein des anderen (etwa mancher Türken oder Polen) zu akzeptieren, wirft ein Schlaglicht auf die Unfähigkeit der vielen, sich um Selbsterkenntnis zu mühen.

– Die Selbstverwirklichung, verstanden als die Fähigkeit und Bereitschaft, die eigenen biophilen Möglichkeiten und Fertigkeiten zu eigenem und fremdem Nutzen zu mehren. Selbstverwirklichung kann sich niemals gegen andere Menschen richten, wie es die »Selbstverwirklichungswelle«, die in den 70er Jahren von den USA auch auf die BRD überschwappte, behauptete. Selbstverwirklichung impliziert immer auch die Fähigkeit und Bereitschaft, den fremden Nutzen zu mehren, vielleicht gar das Selbstverwirklichungsmühen anderer zu unterstützen.

**Transzendente Ideale**

• Die transzendenten Ideale. Diese Ideale sollen *transzendent* heißen, weil sie alle unsere menschlichen Erkenntnisgrenzen und Sprachgrenzen überschreiten.[47] Manche Menschen vermuten, dass es jenseits unserer Erkenntnis- und Sprachmöglichkeiten nichts geben könne. Diese Annahme ist grundfalsch. Denn wir leben mit Bildern von uns selbst, von anderen Menschen und von den Beziehungen zwischen Menschen. Diese Bilder sind Konstrukte, d. h. keine Abbilder einer erkenntnisunabhängigen Realität. Auch wenn wir sprechen, bleiben wir in dem genannten Sachverhaltsbereich und gelangen nicht über die Grenzen unseres Erkennens hinaus – es sei denn, wir lösen uns bewusst oder unbewusst von den Wirklichkeitsgrenzen (etwa in der Phantasie, in Wahnvorstellungen, im Traum). Was aber für alle konkreten Bereiche des Menschlichen gilt, gilt auch für einige seiner Ideale.

Ideale sind dann transzendent, wenn wir sie weder durch unsere Erkenntnis noch durch unsere Sprache adäquat einholen können, obwohl sie unser Handeln mitbestimmen. Was sind solche »Ideale«? Hier ist an erster Stelle das Göttliche zu nennen. Es orientiert – wenigstens gelegentlich – das Verhalten und Handeln jedes Menschen,

47 Wir folgen hier Ludwig Wittgenstein. Er schreibt in seinem Tractatus logico-philosophicus: »Die Grenzen meiner Sprache bedeuten die Grenzen meiner Welt« (5.6). »Es gibt allerdings Unaussprechliches. Dieses zeigt sich, es ist das Mystische« (6.522).

der religiös gebildet worden ist, unabhängig davon, ob er sich (das heißt: sein Konstrukt von sich selbst) als theistisch oder atheistisch orientiert zu verstehen versucht. Aber es »gibt« auch eine Reihe weltimmanenter und erkenntnistranszendenter handlungsorientierender Ideale. Das können sein: die Menschheit, die Geschichte, die Verantwortung für die reale Welt, die Liebe, soziale Systeme …

Ideale zu haben ist immerhin ein erster Schritt. Sie aber auch zu leben bringt Ideale erst zur Realität und damit zu sich. Dieser Weg vom Meinen zum Sein gelingt vielen Menschen nicht, denn er ist steinig. Ihn zu gehen fordert viel Tapferkeit und Redlichkeit ein. Es gibt viele Menschen, die ganz besonders hehre Ideale ausmachten und ihre eigene Existenz in einer Art wahnhafter Verkennung von Realität von diesen nicht-realisierten Idealen her definieren (bzw. die Ideale als wesentliche Elemente ihres Selbstkonstruktes betrachten). Das Denken von Idealen kann wie das Zusprechen von Idealen bedeuten, dass ich sie in Sprache eingekerkert habe, wo sie mich nicht mehr belästigen. Khali Gibran fasste diesen Mechanismus, Ideale in Worte einzusperren, um sie nicht leben zu müssen, in die bekannten Worte: »Jeden Gedanken, den ich in Sprache eingekerkert habe, muss ich durch meine Taten befreien!«[48] Ideale sind niemals real vorhanden. Ihre Welt sind die virtuellen Bereiche des Denkens, des Erdenkens. Sie haben also Konstruktcharakter. Sie erreichen nur dann die handlungsleitende So-Seins-Sphäre, wenn sie sich als *Werte* in personalem Handeln oder systemischem Entscheiden vorstellen. *Werte* an sich gibt es nicht als Besitz, sondern nur als Qualitäten von Handeln, Entscheiden, Unterlassen. Erst in der Umsetzung des idealen Gedankens in wertbestimmte Taten erweist sich die ethische Orientierung eines Menschen oder eines Unternehmens, einer Organisation, etc. Die Verwechslung des Konstruktcharakters von Idealen mit Werten ist der häufigste Grund für das Fehlen einer Unternehmenskultur. Die schweigenden Ideale und die passive Zuordnung von Werten führen häufig zu einer »Unternehmenskultur«, die ausschließlich in Kunstdruckbroschüren ihr meist ungelesenes Dasein fristet.

### Fallbeispiele

**Jugendkult**  ✳ Es gibt in unserem Kulturkreis das Ideal *Jugend*. Seine Quelle ist ebenso schwer zur erschließen wie das Ideal *Alter* im Konfuzianismus. Hinter beiden Idealbildern stecken Elemente, die sich der Vordergrün-

---

48 Z. Khali Gibran (* 6. 12. 1883 in Bsherri im Libanon, + 10. 4. 1931 in New York) ist
   ein in Europa leider kaum bekannter Dichter und Maler.

digkeit, der von uns in ihrem So-Sein kulturspezifisch konstruierten Welt, nicht rational erklären lassen. Sie gründen in den Bereichen des »fühlenden Wahrnehmens«, die erkenntnistranszendent sind. Ähnlich wie früher dem Kult des Göttlichen, so huldigt man heute in unserem Kulturkreis dem Kult der Jugend. Gemeint ist hier natürlich nicht das einfache Faktum des Jungseins, sondern das Jungsein muss sich mit Elementen verbinden, wie *kreativ, belastbar, gesund, nach vorne schauend, veränderungsfreudig* und *anpassungsfähig*. In einem von mir beratenen Unternehmen erzählte mir der für das Personalwesen Verantwortliche, wie er ältere Mitarbeiter (das sind Mitarbeiter ab 49) durch jüngere ablöste. Er konstruierte für eine bestimmte Stelle ein Profil, in das der bisherige Stelleninhaber nicht hineinpasste. Die Differenz war so erheblich, dass selbst der Betriebsrat, ohne zu zögern, der Entlassung zustimmte. Die Position wurde innerhalb weniger Wochen von einem jungen Mann besetzt, der gerade von der Universität kam und vom Funktionieren eines realen Prinzips auch nicht die geringste Ahnung hatte. Obwohl er vom scheidenden Stelleninhaber, so gut der es eben vermochte, eingearbeitet wurde, zeigte sich bald, dass er in keiner Weise das fachliche und soziale Wissen und Können seines Vorgängers hatte. Da sich die Personalabteilung mancher Unternehmen niemals irrt, behielt der junge Mann gegen den offenen Widerstand seiner Kollegen und Mitarbeiter die Stellung so lange, bis es beim besten Willen nicht mehr möglich war zu leugnen, dass es sich um eine Fehlbesetzung handelte. Seine Stelle wurde mit einem Endvierziger besetzt. Der junge Mitarbeiter wurde im Finanzcontrolling sozialunschädlich untergebracht. In diesem Fall lag der Charakterdefekt in der Unfähigkeit des Personal-Verantwortlichen begründet, nicht strategische, sondern an den betrieblichen Notwendigkeiten orientierte Personalpolitik zu machen.

**Diskrepanz Leben – Lehre** ✳ Ein Management-Trainer verkündete während seiner Kurse recht hohe Ideale. So lehrte er (insofern zutreffend) etwa, dass in unternehmenserheblichen Entscheidungen nur eine sittliche Verantwortung neben der ökonomischen erlaube, eine Unternehmensphilosophie zu entwickeln. Nun ist jede Unternehmensphilosophie ein Ideal, das sich selten rein verwirklichen lässt. Es bedarf vielmehr der Einsicht, dass die ideale Zielvorgabe im Realen nur in langsamer Annäherung und auch dann noch unvollkommen erreicht wird. Die *normative Kraft des Faktischen* kann so erheblich werden, dass es unmöglich wird, irgendwelche sittlichen Ansprüche ausdrücklich zu realisieren. Aber das ist nicht der primäre Grund, diese Geschichte zu berichten. Das eigentliche Problem war der Trainer, der zwar hohe Ideale und diese recht glaubwürdig lehrte, aber sie in seiner Lebenspraxis weder lebte noch zu leben versuchte. Seine Lehre wurde nicht von ihm gelebt, sondern wurde zur gut sprudelnden finanziellen Quelle. Hier liegt das Charakterdefizit in der Unfähigkeit, Lehre und Leben einander anzupassen.

**Allmachtswahn der Technik**

✳ Es gibt nicht wenige Menschen, die davon überzeugt sind, dass es »über« ihnen keine Instanzen gibt, die ihnen Lebensorientierung vermitteln. Der Allmachtswahn der Technik führte zu einem personalen Allmachtswahn, dem jeder Mensch zwingend verfallen muss, der keine über ihm gebietende und Normen gebende Instanz anerkennt. In diesem Fall bleibt ihm nichts anderes übrig, als sich selbst an die Stelle des »höchsten Wesens« zu setzen. Nicht wenige erfolgreiche Unternehmenssanierer sind diesem Wahn verfallen. Wer daran zu rühren wagt, verfällt dem Verdikt der Unfähigkeit oder der Aufsässigkeit. Einer der bekanntesten deutschen Sanierer vertritt ebenso eigentümliche wie betriebswirtschaftlich problematische Meinungen. Hierhin gehören etwa:

- Ein Unternehmen sollte sich auf die Herstellung von Produkten beschränken, die in den eigentlichen Kernbereich seiner Produktion gehören. An die Stelle solcher Konzepte sollte unbedingt eine Prozesskostenanalyse treten, die es erlaubt, den eventuell abzustoßenden Produktbereich in seiner Bedeutung für die betriebliche Wertschöpfung auszumachen. Erst dann kann eine Trennung von diesem Produktionsbereich (Schließen, Verkaufen, Ausgliedern) als rational und ökonomisch vernünftig vertreten werden.
- Ein Unternehmen solle an erster Stelle die Kosten-Leistungsrechnung durch Minderung der Arbeitskosten (das bedeutet in aller Regel »betriebsnotwendige Entlassungen«) vor dem Anspruch der Optimierung des Shareholder Value verbessern. Auch hier liegt ein Fehlschluss vor, denn die Kostenleistungsrechnung kann – wenn auch meist etwas aufwändiger als die Einsparung von Personalkosten – durchaus optimiert werden, wenn es gelingt, die »Leistung« (die Wertschöpfung) durch Veränderung der Unternehmensstruktur, durch Umbesetzungen, durch Schaffung einer effizienten Unternehmenskultur zu verbessern.

Offensichtlich liegen in der Persönlichkeit vor allem der im Unternehmen strategisch Führenden charakterliche Defizite vor, wenn sie ihr Handeln und Entscheiden hauptsächlich von der normativen Kraft des Faktischen und nicht auch von Idealen abhängig machen, die in Werte übersetzt wurden. Der Verlust von kreativem Denken und Innovationsfreudigkeit ist in aller Regel eine unausweichliche Konsequenz des reinen Kosten-Minderungs-Denkens.

**Unternehmens-Leitlinien**

✳ Häufig gelingt es Unternehmen nicht, von den in virtuellen Welten siedelnden Idealen der Unternehmensphilosophie in die realen, systemstiftenden Werte der Unternehmenskultur und damit der realisierten

Formen des menschlichen Miteinanders zu gelangen. Die Menge der missgebildeten Unternehmen, in denen dieses Versagen vorkommt, geht in die Legion. An einem Beispiel möchte ich das Gemeinte verdeutlichen: Ich beriet einmal ein Unternehmen, das sich mit besonderem Stolz einer in einer Hochglanzbroschüre vorgestellten Leitlinie verpflichtet fühlte. Über die Ergebnisse der Untersuchung habe ich schon auf S. 144/145 berichtet. Das Fazit war: Die Ideale wurden nicht in Werte übersetzt. Und wenn, dann waren diese Werte nicht handlungsleitend. Hugo Tschirky ließ sich von großen schweizerischen Unternehmen die Führungsgrundsätze zusenden, die sich meist irgendwo in Unternehmensleitlinien oder auch in anderen Darstellungen des Unternehmens versteckten und nur gelegentlich eigens formuliert wurden. Wo es um die das Unternehmen bestimmenden Ideale ging, standen auch da gewöhnlich Sätze wie »Unsere Mitarbeiter sind unsere wichtigste Ressource, und deshalb wird bei uns kooperativ (oder ähnlich) geführt.« Eine Befragung in einigen zufällig ausgewählten Unternehmen ergab ein typisches Resultat: Der tatsächliche Führungsstil orientierte sich nicht an den Führungsleitsätzen, sondern an der fachlichen und sozialen Begabung der Mitarbeiter und der Führungskräfte. Wo liegt hier ein charakterliches Versagen? Sicher zum einen in der Vermutung, dass ein erheblicher Teil der Mitarbeiter diese Leitsätze überhaupt zur Kenntnis genommen hatte. Und zum anderen darin, dass eine Führungspersönlichkeit so führt, wie es ihren und der Mitarbeiter sozialen und fachlichen Begabungen entspricht, die vor dem Anspruch einer Problemlösung erheblich wurden.

## Die Treue

**Der Mensch will dazugehören**

Die *Treue* kann mancherlei Objekte haben. Man kann seinem Freund, seinem Partner, seinem Unternehmen, seiner Partei, seiner Kirche, einem Versprechen und schließlich auch sich selbst treu sein. Ein Mensch ist treu, wenn er verlässlich und beständig die Bindung an seine Treue-Objekte in seinem Handeln, seinem Entscheiden, seinem Unterlassen realisiert. Dabei ist wiederum zu beachten, dass Treue zwar im Selbstkonstrukt eines Menschen eine erhebliche Rolle spielen kann. Doch diese Art abstrakter Treue ist hier nicht gemeint. Treue ereignet sich in Interaktionen zwischen Menschen. Treue verlangt nicht selten eine reife Form der Internalisierung des Treueobjekts (s. S. 166), die keineswegs die Regel zwischenmenschlichen Verhaltens ist. Treue kann durchaus eine opferbereite und auf das Verzichten ausgerichtete Einstellung sein (darin ähnlich der Freundschaft und der Liebe), die manche Menschen nicht bereit sind, aufzubringen. Treue verbalisiert sich in Zugehörigkeitsformeln. Da das Dazugehören ein wichtiges Bedürfnis nahezu aller Menschen ist, ist die Treue stiftende Internalisation von erheblicher Bedeutung. Viele Menschen internalisieren andere Menschen oder Systeme. Die Reife der Treue ist zumeist erkennbar an der Art der Internalisation eines Subjekts, dem Treue geschenkt wird. Wir kennen drei Formen solcher Internalisierung.

– Die *Inkorporation*. Hier wird das Anders-Sein des anderen in das eigene So-Sein hineingenommen, sodass die Differenz zwischen dem Treue Gebenden und dem Treue Empfangenden weitgehend aufgehoben ist. Es ist die Treue kleiner Kinder gegenüber den Eltern. Wird diese Form der Internalisation auch noch im Erwachsenenalter beibehalten, kann das ein recht aussagekräftiges Indiz für eine Charakterneurose die Typs *Borderline-Syndrom* sein. Typisch ist hier das meist unvermittelte Umschlagen von Liebe in Hass.

– Eine weitere Form der Internalisierung ist die *Introjektion*. Hier wird das Objekt der Treue zumeist überaus verehrt und geachtet. Wird der solchermaßen Treue jedoch tief vom Treuepartner enttäuscht, kann die Zuwendung – wie bei Pubertierenden nicht selten zu bemerken – in Hass umschlagen.

– Die reife Form der Internalisierung ist die *Identifikation*. Wird ein bestimmtes Maß von Enttäuschungen überschritten, dann wird die Treue aufgegeben zugunsten einer Gleichgültigkeit.

### Fallbeispiele

**Wenn Liebe zu Hass wird** ✳ Eine der wichtigsten Formen der Treue ist sicherlich die partnerschaftsbezogene (etwa die eheliche) Treue. Diese Treue gilt in zwei Richtungen. Die eine ist die Treue gegenüber dem einmal feierlich gegebenen Wort (etwa vor dem Standesbeamten oder einem Geistlichen), die andere die Treue gegenüber der Person, der man sich zur Treue verpflichtet weiß. Das Problem dieser Form der Treue ist die Art der sie schaffenden Internalisation. Nicht selten setzt die gefährdete Form der Treue die Introjektion als Internalisierungsform voraus. Die Partnerschaft kann scheitern, d. h. der Partner wird aggressiv-emotional extrajiziert und aus dem Bereich der biophilen Emotionalität entlassen. Die streitige Scheidung ist nicht selten Zeichen einer zerbrochenen Partnerbindung, die auf Introjektion (= den anderen zum Introjekt machen) beruht. Diese Form der Internalisierung ist eher biologisch als ethisch begründet. Sie weist nicht Charakter aus, sondern eben dessen Fehlen oder dessen Unreife.

**Recht und Gesetz**  ✻  In der Gesetzgebung und damit auch in der Rechtsprechung taucht der Begriff der Treue in der Kombination *Treu und Glauben* auf. Gemeint ist hier ein Rechtsgrundsatz (der durchaus aus dem Bereich des Funktionalen in den des Personalen wechseln kann), nach dem der Rechtsprechende nicht starr einem Gesetz folgen darf, wenn das Ergebnis eines solchen Vorgehens dem allgemeinen Rechtsempfinden widerspricht oder allgemein als unbillig empfunden wird. Dass zu einem solchen Verhalten Charakter gehört, ist unbestritten, denn starr und stur dem Wortlaut des Gesetzes zu folgen ist sehr viel einfacher. Ich hielt einmal für Richter ein Kommunikations-Seminar ab. Als These stellte ich den Satz auf: »Dasjenige Urteil ist optimal, das den potentiellen Schaden, der aus dem Urteil erwachsen könnte, möglichst klein hält.« Ich wollte meine Zuhörer provozieren, aber das lief ins Leere, denn nicht wenige Richter stimmten mir zu. Andere hielten den erwähnten Grundsatz nicht für generalisierbar und glaubten sich auf der revisionssicheren Seite, wenn sie sich so weit als möglich an den Wortlaut des Gesetzes hielten. In dieser Form der Treue gegenüber dem Gesetz standen sich zwei Positionen gegenüber: Für die erste Gruppe stand im Vordergrund der Sinn des Gesetzes, der sicherlich nicht erfüllt ist, wenn man, soweit als irgendmöglich, dem Wortlaut folgt. Die Beachtung der Primärtugend *Epikie* (s. S. 114 ff.) war für diese Gruppe keine leere Forderung.

**Am Arbeitsplatz**  ✻  Aus einem Dienstvertragsverhältnis erwächst den vertragschließenden Parteien eine Treuepflicht. Hier handelt es sich um eine Verpflichtung, die nicht unmittelbar aus dem Dienstvertrag hergeleitet werden kann oder auch – wenn möglich – nur sollte. So leitet sich aus dem Vertragsverhältnis nicht unmittelbar die Fürsorgepflicht des Arbeitgebers her. Der Arbeitnehmer realisiert seine Treuepflicht, indem er sich für die Interessen[49] des Arbeitgebers nach innen und außen einsetzt und alles unterlässt, was diesem zum Nachteil gereichen könnte. Mir wurde vor einigen Wochen ein Fall bekannt, in dem ein Arbeitnehmer diese Treuepflicht ganz offensichtlich verletzte. Er gab in der Vorbereitung eines Arbeitskampfes ein Presseinterview, in dem er das Unternehmen und die hier leitend Tätigen als »Schweinehunde« bezeichnete. In einem anderen Fall verriet ein Mitarbeiter den Stand der Forschung und Entwicklung eines für das Unternehmen wichtigen Projekts. Gelegentlich verstoßen auch Vorgesetzte gegen ihre Treuepflicht. Ein offensichtlich überforderter Mitarbeiter litt zunehmend – selbst für einen Laien erkennbar – unter Depressionen. Obwohl sein Vorgesetzter ihn mehrmals am Tage sah, sprach er ihn niemals auf diesen Sachverhalt hin an.

---

49 Davon wird nicht berührt das Interesse des Arbeitnehmers, seine eigenen Interessen, soweit sie nicht von Gesetz oder Vertrag eingegrenzt werden, zu verfolgen.

**Zerstörerischer Ehealltag**

✳ Ein Ehepaar kam häufiger zum mir und begehrte eine Partner-schaftstherapie. Der Streitpunkt, um den sich alles drehte, war die *Unzuverlässigkeit* des männlichen Partners. Er hielt sich in den meisten Fällen nicht an getroffene Vereinbarungen und Regeln. Er war unpünktlich, führte zugesagte Arbeiten im Haushalt nicht aus, wurde zu einem Vorbild seiner Kinder im Erzeugen von Unordnung. Das alles hielt er für »normal«. Dass für seine Frau das Beachten von Vereinbarungen und ein gewisses Maß von Ordnung wichtige Eigenschaften eines »normalen« Menschen waren, erklärte er für zwangsneurotisch. Nach einigen Gesprächen gab ich auf. Es war mit nicht möglich, die Ursachen des Partnerverhaltens dem anderen so weit verständlich zu machen, dass zumindest keine aggressiven Ausbrüche mehr vorkamen. Es gelang mir nicht, die Partnerin mit der Unordnung ihres Mannes und seiner Unfähigkeit, sich an Vereinbarungen zu halten, zu versöhnen. Durch das jahrelange Bemühen, allein die heimischen Zustände auf ein für sie erträgliches Maß zu normalisieren, war sie zu sehr verwundet, um das Fehlverhalten ihres Mannes zu tolerieren. Der Charakter ihres Mannes, wenn man hier schon das Wort »Charakter« gebrauchen möchte, war nicht verträglich mit ihrem. Ihr Charakter wurde ihr zu einem nicht lösbaren Handicap. Es war mir nicht möglich, den Ehepartner davon zu überzeugen, dass sein Verhalten an der unteren Grenze der Normalität siedelte. Ihm galt der Charakter seiner Frau als Handicap für eine gelingende Partnerschaft.

**Der Erste Weltkrieg**

✳ Es gibt auch eine Treue, die, weil völlig irrational, lebensmindernd und daher abzulehnen ist. Gemeint ist hier nicht irgendeine Form von *Gaunertreue*, sondern das, was – wenn auch formal gesehen von Gaunertreue nicht allzu sehr entfernt – gemeinhin mit *Nibelungentreue* bezeichnet wird. Als klassisches Beispiel solch einer nicht mehr rationalen Treue gelten die Vorgänge, die zum Ausbruch des Ersten Weltkriegs führten. Am 28. Juni 1914 wurde der österreichische Thronfolger Franz Ferdinand in Sarajevo ermordet. Die österreichische Heeresleitung sah jetzt den günstigen Zeitpunkt gekommen, Serbien als Staat zu vernichten. Dazu war es nötig, dass zumindest Russland nicht der serbischen Seite beitrat. Das aber wiederum hing davon ab, ob Deutschland den österreichischen Plan stützte. Nun setzte sich in der deutschen Heeresleitung die Überzeugung durch, dass ein Krieg gegen Russland wünschenswert sei. Am 28. Juli erklärte Österreich-Ungarn Serbien den Krieg. Vermutlich aus einer Art von Treue erklärte nun das Reich Russland (am 1. August) und Frankreich (3. August) den Krieg. Aus einem Balkankrieg wurde ein zunächst europäischer, zuletzt ein Weltkrieg. Hier wäre es sicherlich einer von Weisheit getragenen Treue selbstverständlich gewesen, mit allen Mitteln einen europäischen Krieg zu vermeiden. Der Charakter des deutschen Kaisers wurde zum Handicap der halben Welt. Wir begegnen hier einer Treue, die Leben mindert, und damit einer Charakterstruktur, die falsch orientiert ist.

**Der 20. Juli 1944**   ✳   Eine vergleichbar problematische Charakterstruktur führte zum Attentatsversuch von Claus Graf Schenk von Stauffenberg auf Adolf Hitler am 20. Juli 1944. Obwohl die politische Organisation Deutschlands nach einem gelungenen Attentat halbwegs gesichert gewesen wäre, war das Attentat selbst eher unprofessionell vorbereitet. Der Versuch Stauffenbergs war keineswegs strategisch wie taktisch optimal geplant. Aber seine Treue gegenüber seinen militärischen und politischen Freunden (besonders denen des Kreisauer Kreises) ließ ihn das anscheinend übersehen. Unweise Treue wurde auch hier zum Handicap, das Stauffenberg vor das Standgericht brachte. Stauffenberg wurde noch am 20. Juli 1944 erschossen. Die ärgste Folge aber war, dass viele hundert Menschen ihr Leben lassen mussten, weil Hitler die Gelegenheit wahrnahm, die weitgehend latente Opposition, die sich gegen ihn aufgebaut hatte, töten zu lassen.

## Die Diskretion

**Eine unzeit-**    *Discretio* bezeichnet im Lateinischen die Fähigkeit zu unterscheiden,
**gemäße Tugend?**   was im Augenblick angemessen, angebracht, rücksichtsvoll ist – und was nicht. *Diskretion* bezeichnet heute zumeist die Tugend der Verschwiegenheit, aber auch die Kunst, Dinge so unauffällig zu behandeln, dass dies von anderen nicht bemerkt wird. Hier sei nur die letztgenannte Form der Diskretion behandelt. Im Zeitalter des unverantworteten Geschwätzes, in dem wir leben, begegnet uns die Diskretion, als Verschwiegenheit verstanden, allenfalls noch im Rahmen beruflicher Tätigkeit. In diesem Sinne ist die Verschwiegenheit das Gegenteil von Geheimnisverrat. Solcher Verrat wird zumeist nur dann beanstandet, wenn Diskretion beruflich erwartet werden kann. Sie ist dann nicht mehr Sache des Charakters, auch nicht mehr Tugend, sondern unterliegt den Standards eines beruflichen oder standesdefinierten Ethos (etwa im Bereich der Medizin oder der Forschungsabteilungen von Unternehmen, oder dem des »Beichtgeheimnisses«). Vergleicht man aber mit dieser berufsbedingten Verschwiegenheit das, was unter dem Titel der Meinungsfreiheit etwa von den Massenmedien angeboten wird, ist Verschwiegenheit aus dem Blickwinkel eben dieser Massenmedien eher eine verwerfliche Begrenzung der »Informationspflicht«, auf die sie sich unter Missbrauch des Wortes Pflicht berufen, oder eine Beschränkung der Meinungs- oder Pressefreiheit. Die Tugend der Verschwiegen-

heit droht auszusterben. Das Gerede, ja das Gerücht hat seine große Zeit. Diese Zeit, jenseits der Neuzeit, kennt keine Normen mehr – außer denen des öffentlichen Urteils. Und so scheinen manche Menschen ihre Einstellungen und ihr Verhalten nach der Maxime zu bestimmen: »Die Öffentlichkeit hat ein Recht auf vollständige Information!« Das stimmt genau, insoweit sie das Recht hat, möglichst vollständig über alle erheblichen – nicht vertraulichen – Sachverhalte unterrichtet zu werden, die eine realitätsdichte Orientierung in Politik, Ökonomie, Sozialleben und Kultur ermöglichen. Aber genau das ist nicht der Fall. Es wird selektiert. Es werden Sachverhalte (wie etwa Prinzessin Dianas Tod) meist noch mit Gerüchten oder Unterstellungen verzerrt, lang und breit dargestellt. Es wird von allen Skandalen berichtet, die für die Ausbildung eines verantworteten politischen oder ökonomischen Urteils nicht nur bedeutungslos sind, sondern das real Bedeutende mit real Unbedeutendem verschütten.

### Fallbeispiele

**Gefährlicher Betriebsklatsch** ✳ Diskretion scheint nicht in allen Branchen in ähnlicher Weise verbreitet. Ein Beispiel für Indiskretion mag nicht ganz untypisch sein. Ein Abteilungsleiter wurde aus einem Unternehmen betriebsbedingt entlassen. Da die meisten Mitarbeiter seines Unternehmens die Kündigung nicht verstanden, baute sich um ihn herum ein Feld von Phantombildungen auf: Er sei unzuverlässig, er komme mit seinem Vorgesetzten nicht zurecht, er sei rechthaberisch und durchsetzungsschwach. Obwohl seine Vorgesetzten mit einer wohlrenommierten Outplacement-Unternehmensberatung[50] zusammenarbeiteten, war seine Weitervermittlung schwierig, da sich das kollektive Phantombild als so durchsetzungsstark erwies, das es in nahezu allen Unternehmen, in die er vermittelt werden konnte, verbreitet worden war. Es blieb ihm nichts anderes übrig, als sich bei einem Unternehmen in den USA zu bewerben. Diese Bewerbung hatte Erfolg, wennschon seine Familie sehr darunter litt. Die Charakterlosigkeit seiner ehemaligen Kollegen richtete argen Schaden an.

---

50 »Outplacement« bezeichnet eine weitgehend (oft z. T. durch die Arbeitsämter) oder ausschließlich vom Arbeitgeber finanzierte Beratung und Unterstützung eines zu entlassenden Mitarbeiters bei der Suche nach einem neuen Arbeitsplatz. Die bekanntesten deutschen Unternehmen, die erfolgreich diese Vermittlung in Gang setzen, sind die Firmen »Rundstedt & Partner GmbH« in Düsseldorf und »Diemer Unternehmensberatung« in Frankfurt.

**Erfolgsträchtige**
**Diskretion**

✳ Ein Vorstand eines größeren Unternehmens (ca. 1 500 Beschäftigte) hatte es sich – sittlich begründet – vorgenommen, niemals in Gegenwart Dritter moralisch verurteilend über andere Menschen zu sprechen. Dieser Vorsatz hatte sich im Laufe seiner Tätigkeit zu einem Charaktermerkmal verfestigt. Es gehörte zur Struktur seiner Persönlichkeit. Als ich im Verlauf einer Unternehmensberatung diese Fähigkeit bemerkte, interessierte es mich, was seine Vorstandskollegen, aber auch seine Mitarbeiter davon hielten. Das Ergebnis meines Ausforschens überraschte mich sehr, denn es gibt Unternehmen (mit einer mangelhaft entwickelten Kultur), in denen die Verweigerung moralischer oder moralnaher Urteile dazu führte, dass man den Verweigerer für eine führungsschwache und gutmütige Persönlichkeit hielt. Hier aber war genau das Gegenteil der Fall. Der Vorstand wurde von allen seinen Mitarbeitern und Kollegen geachtet. Selbst wenn es um betriebsbedingte Kündigungen ging, fand er Methoden, die niemals die Persönlichkeit des zu Kündigenden minderten. Die von ihm praktizierten »Abschiedsgespräche« (so nannte er sie selbst) versuchten dem Mitarbeiter deutlich zu machen, dass der Abschied für alle Beteiligten die beste Lösung sei. Er gab sich redliche und meist auch erfolgreiche Mühe, dem Mitarbeiter eine neue Anstellung zu vermitteln. Ich vermute, dass er niemals bei solchen Gesprächen die Würde eines anderen oder seine eigene (durch unwahre Aussagen oder verdeckte Kommunikation) verletzte.

**Segensreiche**
**Urteilskraft**

✳ Dass Diskretion nicht nur taktvolle oder sittlich begründete *Verschwiegenheit*, sondern auch die Fähigkeit zur eigenen Urteilskraft bezeichnet, erlebte ich in einem anderen Unternehmen. Urteilskraft sei hier verstanden als das Vermögen, komplexere Zusammenhänge zu beurteilen, die an der Schnittstelle von Menschen und Sachen (etwa Maschinen, anderen Elementen, Anlagevermögen, Computern …) auftreten. Es geht hier also um die Schnittstelle zwischen rationaler, sozialer und »emotionaler«[51] Intelligenz, die einzusetzen ist, um einen Sachverhalt (etwa die Folgen eines Ungeschicks, einer Unaufmerksamkeit, einer mangelnden Kenntnis, aber auch einer Art intuitiver Beherrschung solcher »Sachen«) zutreffend zu beurteilen.[52] Dieses Vermögen ist nicht

51 Eine »emotionale Intelligenz« gibt es (trotz Goleman und anderen) natürlich nicht. Gemeint ist hier das Vermögen, die emotionalen Besetzungen, die durch Sinneseindrücke (verstanden als Signale) durch das limbische System emotionalisiert sind, so von den Zwängen dieser Emotionalisierung zu befreien, dass diese zu Ausbildung einer Information führen, die nicht von diesem Automatismus diktiert wird und so erst der rationalen und sozialen Intelligenz Raum schafft für nicht-determiniertes Erkennen.

52 Der Terminus »Urteilskraft« wurde im heutigen Gebrauch durch die Philosophie Kants bestimmt. Er versteht die Vermittlungsinstanz zwischen Erkenntnis- und Begehrungsvermögen als »Gefühl«: die zwischen dem Verstand (als dem Vermögen, Urteile zu bilden) und der Vernunft (als dem Vermögen, etwas zu verstehen) stehende Urteilskraft.

nur erheblich für die sinnvolle personale Besetzung etwa in einem Unternehmen, sondern auch für die Fähigkeit, das Geschehen an den Schnittstellen von Personalem und Funktionalem zutreffend zu erkennen. Diese Schnittstellen sind so häufig, dass die Frage nach der Urteilskraft als einem wesentlichen Element der Unterscheidungsfähigkeit selten bewusst gemacht und noch seltener gefördert wird.

Eine besondere Begabung für die entwickelte Urteilkraft begegnete mir bei einem Meister, der seine Arbeit in einem Maschinenbauunternehmen gewissenhaft und erfolgreich verrichtete. Das heißt: Sein Beitrag zur innerbetrieblichen Wertschöpfung lag erheblich über dem Durchschnitt der Kollegen mit ähnlichen Verantwortungsbereichen. Mit einer bewundernswerten *Instinktsicherheit* verband er seine Mitarbeiter und die keineswegs leicht zu bedienenden Maschinen. Obwohl er seit vielen Jahren in seiner Position tätig war, gelang es ihm, Unfälle und Pannen sowie die Produktion von Ausschuss zu vermeiden. Meine Frage, was man machen müsse, um dieses Ziel – von dem andere nur träumen konnten – zu erreichen, antwortete er etwas verlegen, dass es halt darauf ankomme, die richtigen Mitarbeiter an den richtigen Ort und die richtige Maschine zu bringen. Auf den ersten Blick schien dieser Erfolg kaum etwas mit Charakter zu tun zu haben. Und es bedurfte eines ziemlich langen Prozesses wechselseitigen Kennenlernens, bis ich herausfand, dass es seine Achtung vor dem Mitarbeiter war, die zu solchem Verhalten führte.

## Die Authentizität

**Im Einklang mit sich selbst**

*Authentisch* interagiert ein Mensch, der sein Selbstkonstrukt unverstellt in eine gelingende Interaktion einbringt. *Authentisch* ist (und meistens: wirkt) ein Mensch also zum einem genau dann, wenn er sich im Interagieren genau so darstellt, dass er – innerhalb der ihm sozial und emotional gezogenen Grenzen – er selbst ist und bleibt, und zum zweiten, wenn er versucht, nur das zu sagen, von dessen Gültigkeit er überzeugt ist.[53] Nicht authentisch und deshalb trotz allen möglichen Scheins unglaubwürdig sind die Interaktionen eines Menschen, der eine Rolle zu spielen versucht, die nicht Ausdruck seines Selbstkonstruktes ist, die also außerhalb seiner Selbstwahrnehmung liegt. Er *spielt* – oft genug unbewusst – *eine Rolle* und die zugehörigen Episoden und sozialen Darstellungsformen, ohne sie in seinem personalen Fundament

53 Das Wort »authentisch« ist schon der griechischen Antike bekannt. Es hat eine recht bewegte Geschichte, in deren Verlauf es sehr verschiedene Begriffe bezeichnete. Nach C. Lévi-Strauss sind persönliche und direkte Kontakte nur in »primitiven« Kulturen möglich, nicht aber in modernen Gesellschaften (Strukturale Anthropologie 1969, 399).

wurzeln zu lassen. So spielt er Emotionen, ohne sie zu haben. Er ist ein Schmierenkomödiant auf der Bühne des Lebens und kein Schauspieler, denn der bleibt immer er selbst, auch wenn er sich rollengerecht verhält. Das meist unbewusste Falschspiel, das der Authentizität entgegensteht, kann mancherlei Gründe haben:

– Es kann in gruppendynamischen Prozessen wurzeln. Die Soziodynamik der Gruppe ordnet ihm eine bestimmte Position zu, die er sich meist unbewusst zu eigen macht. Wird eine Internalisation verweigert, kommt es nicht selten zu folgenreichen soziodynamischen Abläufen, in denen entweder der Protest der verweigerten Internalisation zur Exkommunikation führt oder aber – und das ist seltener – die Gruppe die soziodynamischen Prozesse selbstreferentiell überprüft und ändert.

– Ein Mensch kann mit der der Authentizität verbundenen Offenheit üble Erfahrungen gemacht haben. Solche Verwundungen versucht er zu vermeiden, indem er sich den an ihn gestellten Erwartungen anpasst. Er wird zu einem Schmierenkomödianten, dessen oberstes Ziel es ist, nicht verwundet oder anderswie sozial bestraft zu werden.

– Im Verlauf einer der verschiedenen Sozialisationen wurde ein bestimmtes Verhalten belohnt. Daraus kann ein ich-schwacher Mensch schließen, dass das belohnte Verhalten allgemein sozial wünschenswert sei, und es zu reproduzieren versuchen.

– Es gibt minderwertige Trainingsseminare, in denen einem Teilnehmer beigebracht wird, über die Körpersprache zu lügen. So lernt er etwa, Sympathie zu signalisieren, obwohl das interaktionelle Feld und/oder auch die eigenen Emotionen keineswegs »objektive Sympathiebildung« bestimmen.

### Fallbeispiele

**Rhetorik deutscher Politiker**

\* Ein guter Redner unterscheidet sich bekanntlich nicht vom schlechten dadurch, dass er alle Lehrbuchregeln der Rhetorik beherrscht und ausübt. Genau das Gegenteil ist der Fall: Je mehr Regeln beachtet werden, um so weniger authentisch wirkt der Redner. Der CDU-Politiker Rainer Barzel war im Sinne der Lehrbuchrhetorik ein hervorragender Redner. Doch alles wirkte sehr gekonnt und so glatt, dass kaum jemand in ihm den Menschen, den suchenden, den immer auch irrenden, den um seine Grenzen wissenden, erkannte. Auf der anderen Seite: der CSU-Politiker Franz-Josef Strauss. Er beachtete so gut wie keine dieser Regeln – und war ein guter Redner. Was aber macht denn einen guten Redner aus? Ganz sicher seine Authentizität. Die Zuhörer müssen fühlen, dass der Redner genau das meint, was er sagt, und dass er es so sagt, dass sie verstehen, wie es gemeint ist. Authentisch aber ist ein Redner nur dann, wenn bei ihm die drei Berührungsstellen mit seiner (sozialen) Umwelt harmonisch zusammenspielen: die Sozialität, die Emotionalität und die Rationalität. Nun ist es sicher nicht zwingend, einem Menschen, der dieses Zusammenspiel so beherrscht, dass die genannten Komponenten zu einer Einheit verschmelzen, einen guten oder schlechten Charakter zuzusprechen. Selbst ein Mörder könnte, aus einer pervers entarteten Einheit dieser drei, erfolgreich sein. Es kann sich hier also nur um eine notwendige Bedingung handeln, die unter anderen einen »guten Charakter« ausmacht. Aber eine notwendige (und keineswegs hinreichende) Bedingung eines charakterstarken Menschen ist die harmonische Verschmelzung von Emotionalität, Rationalität und Sozialität. Keines dieser drei Elemente, die eine dialektische Einheit bilden, darf desintegriert werden. Die Desintegration von Emotionalität ist leicht zu bemerken an der mangelhaften Passung von dem Gesagten und der emotionalen Besetzung des Gesagten. Die Desintegration von Sozialität ist leicht festzustellen, wenn nicht emotional erfahrbar wird, dass der Redner eine Botschaft vermitteln will und was der Inhalt dieser Botschaft ist. In diesem Sinne waren Franz Josef Strauss und der SPD-Politiker Helmut Schmidt und sind Josef Fischer von Bündnis 90/Die Grünen und Gregor Gysi von der PDS gute Redner. Ihre tatsächliche und erlernte Authentizität (erlernt wurde das Vermögen, rollengerechte Emotionen zu haben und nicht nur zu spielen) wurde zu einem Charaktermerkmal, das alles andere war als ein Handicap. Nun möchte man einwenden, dass eine solche Begabung kaum mehr etwas mit der Tugend der Wahrhaftigkeit zu tun habe. Doch dieser Einwand trifft insoweit nicht den realen Sachverhalt, als hier nicht geheuchelt und auch kein sozialschädigendes Verhalten praktiziert wurde.

**Sympathie-Strategie**

✳ In einem meiner Seminare versuchte ein Teilnehmer, Sympathie zu gewinnen, indem er sich mühte, den Erwartungen der anderen Teilnehmer gerecht zu werde und durch körpersprachliche Signale Sympathie zu vermitteln, selbst dann, wenn Anzeichen von Antipathie oder Gleichgültigkeit nicht zu übersehen waren. In einer Rückspiegelungsübung wurde er ziemlich hart kritisiert: Er verstecke sich hinter angelernten Methoden und belaste so die soziodynamischen Prozesse nicht unerheblich. Kaum eine Rückspiegelung war positiv, d. h. sein Verhalten bejahend oder auch nur akzeptierend. Sein durch strategisches Verhalten geprägter Charakter wurde ihm zum Handicap.

**Rollenverhalten**

✳ Eine nicht ganz kleine Filiale einer Kreissparkasse (14 Mitarbeiter) erhielt einen neuen Filialleiter. Dieser glaubte nun eine Chefrolle spielen zu müssen. Das misslang ihm gründlich, da die meisten sein Verhalten als »unnatürlich« und »aufgesetzt« wahrnahmen und beschrieben. Auch die Kundschaft fand seine Freundlichkeit künstlich und unwahrhaftig. Die mangelnde Authentizität wurde zum Handicap.

## Die »Hohe Minne«

**Strebend sich bemüh'n**

Die »Minne« wird uns in der Schule meist dargestellt als eine Form der erotischen Liebe, die sich, keineswegs notwendig sexuell, im alterozentrischen[54] Interagieren realisieren müsse – im Gegensatz zur niederen Minne, als deren erster großer Minnesänger meist Walther von der Vogelweide gilt. Doch »Minne« bezeichnete im Mittelhochdeutschen eine Tugend, die den Weisen anhält, ein als werthaft erkanntes Ziel (wozu durchaus auch die Erlangung der Zuwendung eines anderen Menschen gehören kann) unter personalem (im Gegensatz zum funktionalen) und verantwortetem Einsatz zu verfolgen. Insoweit ist die Minne durchaus auch der Liebe (als gr. agape verstanden) verwandt.

### Fallbeispiele

**Der Lehrer**

✳ Einer meiner Lehrer war tief ergriffen von seinem Beruf. Er nahm sich selber so weit zurück, dass deutlich wurde, er wolle seine Schüler und Schülerinnen nicht etwa nur belehren, sondern in ihren intellektuellen, emotionalen und sozialen Begabungen entfalten. Das lateinische *educere* (oder *educare*) bezeichnet das Herausführen eines Menschen aus einem suboptimalem Niveau hin auf ein höheres, menschlicheres. Dieser Gedanke wurde ihm zum Kriterium eines gelingenden Lebens. Selbst wenn manche Schüler sein Verhalten als Schwäche interpretierten und so seine Einstellung gelegentlich auf eine harte Probe stellten, war er bald der beliebteste von allen Lehrern. Er hatte mit einem Minimum an Bestrafungen den besten pädagogischen Erfolg. Sein Charakter sicherte ihm seinen beruflichen Erfolg – er war alles andre als ein Handicap.

---

54 »Alterozentrik« (s. S. 138 ff.) bezeichnet den Gegensatz zu »Egozentrik« (= ich verstehe mich als Mittelpunkt meiner Interaktionen mit Menschen oder Sachen). Die alterozentrische Interaktion versucht, Sachverhalte aus der ihnen eigenen Perspektive zu betrachten und danach das eigene Handeln zu bestimmen. Vor allem die Werteinstellungen, Interessen, Erwartungen und Bedürfnisse werden als Orientierung des anderen bedacht und berücksichtigt, wenn die Alterozentrik einer Person gilt. In moderner Sicht wird das Wort auch verwandt, wenn im Agieren von Personen ökologische, politische, kirchliche … Sachverhalte als »das andere« ins Spiel kommen.

**Der Geschäfts-**
**führer**

✳ Ein angestellter Geschäftsführer war von »seinem« Unternehmen so begeistert, dass dieser Funke auch auf die meisten Mitarbeiter übersprang, mit denen er unmittelbar zu tun hatte. Unternehmen der gleichen Branche erzeugten Interaktionskosten (vor allen durch Fehlzeiten), die nahezu doppelt so groß waren wie die seinen. Sein ökonomischer Erfolg gründete in der »Minne« zu »seinem« Unternehmen und seinen Mitarbeitern. Es wäre merkwürdig unlogisch, hier Charakter als irgendein Handicap zu verstehen.

## Die Liebe

**Das Anders-Sein**
**des Partners**
**wollen**

*Liebe* bezeichnet in der Antike die einheitstiftende Beziehung zwischen beseelten oder als beseelt gedachten Wesen. (Schon die griechische Antike unterschied drei Gestalten der Liebe: philia, eros und agape.) *Liebe* ist eines der am häufigsten verwandten Worte. Dabei lässt es eine Fülle von Begriffen und Sachverhalten anklingen. Mitunter ist es auch frei von aller Begrifflichkeit. Damit ist es sehr wohl geeignet, persönliche Befindlichkeiten sowie die Art von zwischenmenschlichen Beziehungen unscharf und unpräzise zu machen. Vermutlich entzieht sich der von dem Wort bezeichnete Inhalt jeder Objektivation. Der österreichische Dichter Heimito von Doderer bezeichnete die Liebe als *Primzahl des Lebens* und meinte damit: Jeder Mensch macht andere Erfahrungen, die mit *Liebe* beschrieben werden. Stark unterschiedliche Gefühle werden von dem Wort *Liebe* eingeholt: die sexuelle, erotische, platonische, klammernde (etwa die »Affenliebe« oder die infantile Liebe), neurotische, käufliche, zwanghafte, auf Sachen gerichtete Liebe (etwa in einer Liebe, die der Arbeit, dem Auto, dem Pferd ... gilt), die Selbst- und die Nächstenliebe. Die religiösen Schriften vieler Religionen legen ihr einen hohen Stellenwert bei, etwa der Nächsten- oder Gottesliebe. So verstanden steht sie in der Nähe der Hohen Minne.

Hier soll eine Liebe bedacht werden, die – wie alle anderen Tugenden auch – als eine Eigenschaft interaktionellen Geschehens verstanden wird. Wir wollen also von der Tugendgestalt der Liebe handeln. Als solche ist sie die Erfüllung der personalen Toleranz, die das Anders-Sein des anderen akzeptiert, solange es nicht zu sozialschädlichen Handlungen oder Entscheidungen führt. Das Lieben (als Tugend) will mehr. Es akzeptiert nicht, sondern *will* ausdrücklich das Anders-Sein des anderen. Es bejaht und verstärkt es, wenn damit ein biophiler Prozess in Gang kommt oder aufrecht erhalten wird. Diese Liebe kennt keine Bedingungen oder Einschränkungen (es sei denn, sie hätte sozialschädliche Folgen oder wäre Ausdruck eines sozialschädlichen Verhaltens). Der feste und zur Tat führende, andauernde wie nachhaltige Wille, den anderen Menschen zu sich selbst und zu seiner Entfaltung zu führen, das eben ist das Wesentliche an der Tugend der Liebe. Liebe ist wie Spielen, Beten, Meditieren selbstzwecklich und geschieht nicht, um anderes zu erreichen. Wer liebt, liebt um der Liebe willen. Sie kennt kein Warum. Jede sich in Interaktionen ereignende Liebe, die dem anderen gilt, setzt voraus, dass ein Mensch sich selbst liebt. Doch auch die Selbstliebe ist, wenn sie nicht Gefahr laufen will, selbst in narzisstischem Lieben unterzugehen, ein interaktionelles Geschehen. Sie kommt nicht nur zu sich, sondern ereignet sich nur in der Liebe zum anderen Menschen.

### Fallbeispiele

**Sich selbst lieben** ❋ Nicht selten begegnen mir Menschen, die kaum mehr liebesfähig sind, weil sie sich selbst nicht lieben können. Ich denke etwa an einen Manager, der so sehr in seine Arbeit verliebt war, dass er die Liebe zu seinen Kindern und zu seinem Partner nicht mehr darstellen konnte. Seine Geschenke etwa, die wie alle Geschenke das Geschenk der Liebe symbolisieren sollen, wurden zum Ausdruck reiner Pflichterfüllung. Zu Weihnachten, zum Geburtstag … beschenkt »man« sich. Seine Unfähigkeit zu lieben machte ihn dermaßen einsam, dass er kaum andere als funktionale Beziehungen zu anderen aufnehmen konnte. Weil er sich selbst nicht liebte, konnte er nicht nur nicht andere lieben, sondern wurde auch von niemandem geliebt. Langsam steigerte er sich in die Mentalität eines »Oderint, dum metuant« (= sie mögen mich hassen, wenn sie mich nur fürchten – ein dem römischen Kaiser Caligula zugeschriebenes Wort). Seine Entscheidungen zielten ausschließlich auf funktionale Optimierung – und waren deshalb suboptimal. Es fehlte ihm ein Charaktermerkmal, das allein auch den ökonomischen Erfolg langfristig sichern konnte – die Orientierung an der personalen Dimension seiner Entscheidungen. Ein in der Struktur seines Charakters liegendes Defizit wurde ihm zum Handicap.

**Anderen misstrauen** ❋ Wer Menschen nicht liebt, sondern soziale personal-orientierte Bindungen als Grundlage für beruflichen Misserfolg betrachtet, wird selten optimal agieren. Wer Liebe als Zeichen von Charakterschwäche interpretiert, wird kaum jemals in der Lage sein, um sich herum ein Vertrauenfeld aufzubauen. Er zimmert sich eine Welt, in der er allen und allem zunächst einmal misstraut. Da er zu einem realitätsabgelösten Weltbild kommen wird, ist – zumindest langfristig – beruflicher wie privater Misserfolg zu erwarten. Mir sind nicht wenige Menschen bekannt, deren Misstrauen sie zur Liebe unfähig machte. Sie lebten ein letztlich einsames Leben. Da die Fähigkeit, tragfähige soziale Felder aufzubauen, entweder nie erlernt oder wieder verloren gegangen ist, steht wiederum privater und beruflicher Misserfolg zu erwarten. Wieder wurde ein charakterliches Defizit, das in der Unfähigkeit bestand, aus mangelnder Liebe nicht vertrauen zu können, zu einem erheblichen Handicap.

## Die Großmut

**Wissen um die Schwäche des Menschen**

*Großmütig* ist nach Aristoteles ein Mensch, der wahrhaftig und offen, zur Freundschaft fähig und dennoch autark ist. Er ist wohltätig und hilfsbereit, weder ehrgeizig noch geschäftig. Die antike Philosophenschule der Stoa definierte die Großmut als »ein Wissen, das erhaben macht über die Dinge, die Guten wie Schlechten zustoßen«. Beide Definitionen wurden in Antike und Mittelalter zum Teil übernommen, zum anderen weitergeführt.

Wir wollen hier Großmut verstehen als eine Tugend, die sich in bestimmten Interaktionen zeigt, nämlich da, wo Großzügigkeit und Toleranz, Tapferkeit und Hilfsbereitschaft eine Rolle spielen. Großmut setzt das Verzeihen-Können als selbstverständlich voraus. Der großmütige Mensch weiß darum, dass wir Menschen ein Solidarverbund von Schwachen sind – und dass die Schwächsten all jene sind, die ihre Schwächen vor anderen zu verbergen suchen. Es gibt religiöse Gemeinschaften, in denen die Bitte um Verzeihung einen schlechten Leumund hat – denn es sei doch auch ohne Bitte selbstverständlich, dass verziehen werde.

## Fallbeispiele

**Scheinbare Unzuverlässigkeit**

✳ Ein Abteilungsleiter eines großen Unternehmens der Chemiebranche hatte einen Mitarbeiter, der sich bei der Durchführung von Aufträgen mitunter als unzuverlässig erwies. Das ist sicherlich ein erhebliches Handicap. Der Abteilungsleiter versuchte, den Grund für solches Fehlverhalten ausfindig zu machen. Er stellte fest, dass der Mitarbeiter geistig oft abwesend erschien. Auf freundliches Befragen hin stellte sich heraus, dass seine Frau Alkoholikerin war. Ihr galt die größte Sorge. Bislang hatte der Abteilungsleiter diesen Sachverhalt in seinen Interaktionen mit dem Mitarbeiter nicht bedacht, weil er ihm unbekannt war. Es gelang ihm, mit dem unzuverlässigen Mitarbeiter ein Verhältnis wechselseitigen Vertrauens aufzubauen, das es ermöglichte, über seine Sorge zu sprechen. Er musste nicht mehr in zwei Welten leben, sondern konnte seine Probleme offen aussprechen. Weil er sich nun von seinem Vorgesetzten in besonderer Weise verstanden und auch mit seinen Problemen akzeptiert fühlte, wurde der Betrieb nicht mehr zu einem fremden Raum, in dem er seine Ängste nicht offen einbringen konnte. Denn der Vorgesetzte begegnete ihm in einer ganz anderen Weise, die ihm zwar seine Nöte nicht nahm, wohl aber diese in der Art des Miteinander-Umgehens einbezog. Die scheinbar im Charakter begründete Unzuverlässigkeit entpuppte sich als Symptom einer schweren psychischen Belastung. Weil der Vorgesetzte diesen Sachverhalt berücksichtigte, schwand die scheinbare Unzuverlässigkeit.

**Diebstahl** ✳ Einer meiner Patienten wurde von einem Angestellten verschiedentlich bestohlen. Zunächst empörte er sich und dachte an fristlose Kündigung. In einem Konfliktgespräch, das er so führte, dass dem Mitarbeiter keinerlei Ängste im Interagieren aufkamen, gelang es ihm, den Grund für die Diebstähle ausfindig zu machen. Der Mitarbeiter war nicht in der Lage, die Kosten für die Behandlung eines seiner Kinder, das an Leukämie erkrankt war, aufzubringen. Der Vorgesetzte erkannte, dass das unrechtmäßig angeeignete Geld (etwa 2 000,– DM) einem Zweck zugeführt wurde, den er nachvollziehen konnte. Er sah sich nun vor eine Fülle von Optionen gestellt, wie er in der Sache verfahren könne: (a) Er konnte Strafanzeige stellen und den Mitarbeiter fristlos entlassen, (b) er konnte von der Strafanzeige absehen, sich mit dem Mitarbeiter auf einen Enlassungsgrund einigen und nach erfolgter Abmahnung eine fristgerechte Kündigung aussprechen, (c) er konnte sich der Einsicht öffnen, dass in einer solchen Notlage das Verhalten des Mitarbeiters zwar nicht legal, wohl aber in gewisser Weise legitim war. Der Mitarbeiter benötigte das gestohlene Geld sicher sehr viel nötiger als er selbst. Er entschied sich für den dritten Weg, da er erkannte, dass es ihm nicht gelungen war, ein tragfähiges und in Krisensituationen auch belastbares Vertrauensverhältnis zu seinem Mitarbeiter aufzubauen. Sonst hätte der um ein Darlehen bitten können, über dessen Rückzahlung man sich schon einigen würde.

**Ehebruch** ✳ Ein Ehemann erfuhr zufällig, dass seine Frau einen Freund hatte, mit dem sie ein gelegentlich recht intimes Verhältnis verband. Bei einem minder großmütigen Menschen wäre entweder die Liebe gestorben, oder sie hätte sich Eifersuchtsszenen vorgestellt. Gibt es doch in der Tat Menschen, welche das Verhalten der Frau als mangelnde Liebe interpretieren und die Schuld ausschließlich beim anderen suchen (und wegen ihrer Selbstblindheit auch finden). Gelegentlich höre ich sogar das abstruse Argument: »Wer nicht eifersüchtig sein kann, der liebt auch nicht.« Dabei ist das genaue Gegenteil der Fall. Eine Liebe, die nicht verzeihen kann, ist recht ärmlich in den Vorhöfen des Liebens verhungert. Der Ehemann tat das einzig Richtige: Er überlegte, was er selbst falsch gemacht haben könnte, sodass seine Frau ihre erotische Erfüllung bei einem Dritten suchte. Er entdeckte plötzlich, dass er mit seiner Frau selten – und in den letzten Jahren gar nicht mehr – über ihre Interessen, Bedürfnisse, Erwartungen gesprochen hatte. Sie waren ihm unbekannt. Das führte zwingend dazu, dass die Beziehung in die Divergenz führte. Als es ihm gelang, gegen anfängliche Widerstände seiner Frau, diese Themen zu besprechen, konnte nach einigen Monaten auch die Freundschaft mit einem Dritten zu Sprache kommen. Wie selbstverständlich regenerierte sich die alte Beziehung. Die Freundschaft wurde von der Frau als eine wichtige Lebensepisode gesehen, in der sie viel gelernt habe über Treue und Liebe.

## *Bestandsaufnahme*

Wie steht es mit meiner Weisheit (s. S. 119–122)?

… Tapferkeit (s. S. 122–124)?

… Gerechtigkeit (s. S. 124–126)?

… Besonnenheit (s. S. 126–131)?

… Geduld (s. S.131–134)?

… Toleranz (s. S. 134–138)?

… Alterozentrierung (s. S. 138–147)?

… Hilfsbereitschaft (s. S. 147–153)?

… Fähigkeit zum Vertrauen (s. S. 153–159)?

… Realisierung von Idealen in Werten (s. S. 159–165)?

… Treue (s. S. 165–169)?

… Diskretion (s. S. 169–172)?

… Authentizität (s. S. 172–175)?

… »Hohen Minne« (s. S. 175/176)?

… Liebe (s. S.176–178)?

… Großmut (s. S. 178–180)?

Welche dieser Tugenden spielen in meinem Leben eine bestimmende Rolle?

Welche dieser Tugenden fehlen mir fast völlig?

In welchen Situationen zeigen sich meine Stärken?

In welchen Situationen zeigen sich meine Schwächen?

Will ich etwas ändern?

Was gewinne ich, wenn ich mich ändere?

Was kann ich dabei verlieren?

Wie kann ich es ändern?

Wie will ich vorgehen?
Erster Schritt wäre …

Der zweite Schritt könnte sein …

Als dritten Schritt nehme ich mir vor …

# 3. Weitere Charaktermerkmale, die Lebenserfolg bedeuten können

**Es gibt kein Patentrezept**

Sicherlich beantworten die Primärtugenden und die ihnen unmittelbar zugeordneten Charaktermerkmale nicht alle Fragen nach dem Lebenserfolg oder (bei ihrem Fehlen) dem Misserfolg eines Menschenlebens, die uns unser Thema aufgibt. Daher sollen hier noch einige Charaktermerkmale genannt werden, die für die Beantwortung unserer Frage, ob Charakter ein Handicap sei oder nicht, erheblich sind. Dabei muss jedoch stets bewusst bleiben, dass eine vollständige Aufzählung unmöglich ist. Bewusst bleiben muss aber auch, dass sich alle »Tugenden«, die hier eine Rolle spielen, von Mensch zu Mensch, von Situation zu Situation anders darstellen können und müssen. Wie alle »Tugenden« sind sie formal zu verstehen. Das bedeutet, dass ihre Übersetzung in konkreten Anwendungsfällen sehr unterschiedlich ausfallen kann und muss. Eine Interaktion, die in einem Fall einer lebensfördernden »Tugend« gehorcht, kann in einem anderen personales Leben bei allen Beteiligten mindern.

## Die Demut

**Sich selbst annehmen**

Die Antike kennt keine Tugend der *Demut*. Erst im apostolischen Zeitalter bezeichnete das Wort *Demut* eine Tugend. Erst durch Immanuel Kant erhält *Demut* eine auch profane Bedeutung. Sie ist das »Bewusstsein und Gefühl der Geringfügigkeit seines moralischen Wertes in Vergleichung mit dem Gesetz.« Sie kennt keinen Hochmut, der z. B. im Vergleich mit anderen Personen oder gar im Versuch, sie zu übertreffen, aufkommen könnte. Sie ist die Selbsteinschätzung der eigenen inneren Würde als sittliches Wesen.[55]

Wir wollen hier *Demut* verstehen als die Bereitschaft und Fähigkeit, sich selbst in seinem So-Sein mit allen Möglichkeit und Grenzen anzu-

---

55 AA VI, 435.

nehmen. Das soll nicht bedeuten, dass man auf das Weiten von Grenzen, insoweit dieses möglich ist, verzichtet. Demut weiß von den eigenen Möglichkeiten und Fähigkeiten, die es zum eigenen und fremden Nutzen zu entfalten gilt. Sie kennt aber auch die eigenen Charakterfehler (= Fehler, die man mit eigenen Mitteln nicht überwinden kann, wie etwa bei manchen Menschen Ehrgeiz, Habsucht, Trägheit) und versucht, sie aus interaktionellem Geschehen fernzuhalten. Allein die Demut verhindert, dass das Selbstkonstrukt realitätsabgelöst gebildet wird. Insoweit ist die Demut das Gegenteil von Hochmut und Arroganz. Die Demut zeigt sich im interaktionellen Geschehen oft – wenn auch nicht ausschließlich – als

- Bescheidenheit. Sie erscheint bei Immanuel Kant als »Mäßigung in Ansprüchen, das ist freiwillige Einschränkung der Selbstliebe eines Menschen«[56]. So sei sie auch hier verstanden. Sie setzt einen reifen Narzissmus voraus. Das Verzichten-Können als freiwillige Beschränkung der Selbstliebe setzt voraus, dass Selbstliebe auch ein Übermaß kennt, auf das verzichtet wird. Dabei ist nicht der generelle Verzicht auf die Selbstliebe gemeint, denn Selbstliebe gehört zur Voraussetzung jeder Fähigkeit, andere zu lieben. Gemeint ist vielmehr eine Selbstliebe, die das Ego in den Mittelpunkt alles Geschehens stellt. Wenn sich bei einem Menschen die Einstellung breit macht, dass *wohlerworbene Besitzstände unantastbar sind*, wenn ein Mensch nicht mehr bereit ist zu teilen, auch etwas von sich selbst mit anderen zu teilen, dann hat die Selbstliebe – nicht selten vorgestellt als Bescheidenheit – perverse Gestalt angenommen.

**Cargo-Kult**
- Verzichten-Können. Das Verzichten-Können auf Dinge, die man leicht erwerben könnte, ist eine wichtige Voraussetzung, um nicht zum Sklaven von Macht, Ansehen, Reichtum, Konsum zu werden. In unserer Konsumgesellschaft ist sie mitunter verpönt. Nicht nur weil sie – privat wie volkswirtschaftlich gesehen – die Konsumquote mindert, sondern weil sie sich gegen den allgemeinen Trend wendet, der den Konsum zu einer Art Gott gemacht hat, der letztlich über das Glücken oder Missglücken eines Menschenlebens entscheidet. Der gilt als der Glücklichste, der, ohne Schulden zu machen, hemmungslos seinen Konsumwünschen folgen kann. Im Grunde frönen diese Menschen einem primitiven, früher nur in Melanesien explizit gelebten *Cargo-Kult*. Im 19. Jahrhundert fassten die Einwohner Melane-

---

56 Metaphysik der Sitten, Ethische Elementarlehre § 37. Im Gegensatz dazu behauptet J. W. von Goethe: »Nur die Lumpe sind bescheiden, Brave freuen sich der Tat.« Auch Arthur Schopenhauer ist der Meinung, Bescheidenheit komme nur dem Mittelmaß zu und sei bei dem Talentierten nichts als Heuchelei. Für Max Scheler ist Bescheidenheit nur das Ergebnis eines Wettlaufes zwischen Eitelkeit und Scham, bei dem die Scham siegt.

siens die verlockenden Schiffsladungen, *Cargos*, der Weißen als Gaben auf, die ihnen von den Ahnen zugedacht und durch die jetzigen Eigentümer heimtückisch vorenthalten würden. Ein ähnliches Anspruchsdenken ist heute an der Tagesordnung. Nur wenige Menschen können noch verzichten. Sie sind schon stolz, wenn sie etwa während der Fastenzeit keinen Alkohol trinken. Das soll nicht heißen, dass ein solcher Verzicht nicht anerkennenswert sei. Aber das hier angesprochene Verzichten-Können geht weiter: Es betrifft nicht irgendwelche außergewöhnlichen Situationen, sondern eine Grundeinstellung zum Haben. Wer nicht verzichten kann, wird in aller Regel von den Sachverhalten, auf die er nicht verzichten kann, besessen.

- Anspruchslosigkeit. Die Anspruchslosigkeit richtet sich nicht so sehr auf das Verzichten, sondern geht diesem noch voraus. Der Anspruchslose verzichtet nicht, weil er seine Ansprüche an Macht, Ansehen, Reichtum, Konsum nicht zu Wort kommen lässt. Er entwickelt erst gar nicht derartige Bedürfnisse. Man könnte das fälschlich – wegen der Ähnlichkeit der Symptome – auf eine ausgeprägte »Bedürfnisfaulheit« zurückführen oder gar als Mangel an gesunder Eigenliebe verstehen. Beides aber wird der Anspruchslosigkeit nicht gerecht. Diese wurzelt vielmehr in der Überzeugung, dass Ansprüche, die das Lebensnotwendige erheblich überschreiten, sich vor allem bei solchen Menschen entwickeln, deren Selbstdefinition vom Haben her geschieht, die an Mindergefühlen leiden, die unfähig sind, ihr Eigenbild vom kindlichen übergroßen Selbstideal abzulösen.

### Fallbeispiele

**Alles auf sich beziehen**  ✳ Eine schon ans Pathologische grenzende Eigenliebe finden wir nicht selten bei Menschen, bei denen Dummheit und Arroganz ständige Hochzeit feiern. Ich erinnere mich an einen Vorstand eines großen deutschen Unternehmens, dessen Eigenliebe so ausgeprägt war, dass er jede kritische Bemerkung auf sich selbst bezog und entsprechend reagierte. Man hätte diese Reaktion auf eine überstarke Identifikation mit dem Kritisierten beziehen können. Das war aber nicht so. Als ich einmal einen ganz offensichtlichen Fehler der Unternehmensleitung, den er gar nicht zu verantworten hatte, zur Sprache brachte, reagierte er, als hätte ich ihn einen Betrüger genannt. Andererseits plante er, das Unternehmen aus einem nicht gekündigten Vertrag heraus zu verlassen. Solche Formen der Fehlbeziehung von Kritik, die in einem Übermaß an Selbstliebe wurzelt, finden sich keineswegs selten. Hier wird der Mangel an Bescheidenheit zu einem offensichtlichen Handicap, das den Betroffenen unter Geschehnissen leiden lässt, die ihm gar nicht zugerechnet werden.

**Leben auf kleinerem Fuß**

✱ Einem Unternehmer war das Verzichten zur charakterlichen Selbstverständlichkeit geworden, ohne dass sie etwa im Geiz wurzelte. Bei aller Großzügigkeit des Gebens verzichtete er auf eine große Wohnung, als die Kinder flügge geworden waren. Statt acht Zimmern bewohnte er nur noch zwei. Statt eines großen Mercedes mit Fahrer fuhr er einen Mittelklassewagen ohne Fahrer. Statt seinen Urlaub in fremden Ländern zu verbringen, reiste er mittels öffentlicher Verkehrsmittel in den Schwarzwald, um zu wandern. Statt Steaks zu essen, fand er Gefallen an Salaten und Schnitzeln … Im Gegensatz zu seinem früheren Leben, das von Verzicht nichts wissen wollte, wurde er zu einem physisch, psychisch und sozial gesunden Menschen, der sich noch am Gesang der Vögel freuen konnte und am Wind, der durch die Wipfel der Bäume rauschte. Sein Charakter war ihm nicht mehr Handicap, sondern Hilfe zu einem menschlichen Leben geworden.

**Fehler der anderen hinnehmen**

✱ Ein Geschäftsführer eines größeren Unternehmens war in einer ihm selbstverständlichen Weise so anspruchslos geworden, dass er nicht mehr unter den Fehlern seiner Mitarbeiter (wie Unpünktlichkeit, Unsauberkeit, Unzuverlässigkeit …) litt, sondern sich mit der konkreten, eigenen und fremden, menschlichen Natur versöhnt hatte, die nun einmal nicht ohne Fehleinstellungen zu haben ist. Menschen sind keine Roboter, sondern haben ihre in Gewohnheit oder Charakter wurzelnden Grenzen. Als er sich im Verlauf eines therapeutischen Coachings seiner eigenen Grenzen bewusst wurde und sich mit diesen Grenzen angenommen hatte, fiel es ihm nicht sonderlich schwer – nach einer Zeit der Eingewöhnung –, sich auch mit den vielleicht anders gearteten Grenzen seiner Mitarbeiter abzufinden, wenn sie nicht in bösem Willen oder Gleichgültigkeit wurzelten. Es gelang ihm, ein Betriebsklima wechselseitigen Vertrauens aufzubauen, das auch den ökonomischen Erfolg sicherte.

## Die Menschenführung

**Führen ist eine Dienstleistung**

Das Führen von Menschen bringt drei Elemente zu einer dialektischen Einheit: den Führenden, die Geführten und eine von beiden zu lösende eigen- oder fremdgestellte Aufgabe. Gut führt jeder, dem es gelingt, funktional und personal zu optimieren. Funktional optimiert der, der Aufwandsgrößen (psychische, soziale, zeitliche, finanzielle) mindert. Personal führt gut, wer in den Führungsinteraktionen – im Sinne der

Biophilie-Maxime – eigenes wie der Geführten personales Leben eher mehrt als mindert. In jedem Fall aber ist Führen eine Dienstleistung, die den Geführten erbracht wird. Wer sich als »Chef« oder »Boss« versteht und nicht die von ihm gegenüber seinen Mitarbeitern zu erbringenden Dienstleistungen in den Vordergrund nicht nur seines Interesses, sondern auch seiner Handlungen und Entscheidungen stellt, ist zum Führen ungeeignet. Die Qualität dieser Dienstleistung allein legitimiert die mit dem Führen verbundene Autorität.

Nun ist Führen unter uns Menschen eine verbreitete Tätigkeit: Eltern führen ihre Kinder, Lehrer ihre Schüler, Vorgesetzte ihre Mitarbeiter, Unteroffiziere ihre Rekruten, Bergführer ihre Seilschaften. Neben dieser ausdrücklichen Art des Führens kennen wir eine solche, die über gruppendynamische Prozesse entsteht. Diese erzeugen ein oder mehrere Alpha-Typen, denen innerhalb der Gruppe eine fast durchgehend zu verteidigende, weil stets in Frage gestellte Dominanz zugestanden wird. Führen verlangt die Begabung, subjektive Neigung und objektive Begabung zusammenzubringen. Der, dem die Führung von Menschen anvertraut ist, wird also versuchen, diese beiden Komponenten zusammenzubringen. In einem Wirtschaftsunternehmen wird er vor allem die eigene soziale und fachliche Leistung und die seiner Mitarbeiter zu mehren suchen. Im Prinzip gilt folgende Regel:

Das Führen von Menschen hängt ab von den sozialen, emotionalen, fachlichen … Begabungen des Führenden wie von denen der Geführten vor dem Anspruch einer zu lösenden Aufgabe. In jedem Fall jedoch ist erfolgreiches Führen nur möglich in einem Vertrauensfeld, in dem der Geführte wie der Führende stehen. Charakter – und der Aufbau eines Vertrauensfeldes ist nicht eine beherrschbare oder erlernbare Technik, sondern Ausdruck einer charakterlichen Fähigkeit – ist alles andere als ein Handicap.

### Fallbeispiele

**Erfolgreicher Chef, Typ I** ✳ Ich kenne eine außerordentlich erfolgreiche Führungspersönlichkeit, die nahezu führt wie ein UvD auf dem Kasernenhof. Und dennoch gelingt es ihm, um sich herum ein Vertrauensfeld aufzubauen. Die Mitarbeiter sind bereit, für ihn durchs Feuer zu gehen. Bei einer Stichprobenbefragung waren es weniger als 10 % seiner ca. 800 Mitarbeiter, die nicht von ihm begeistert waren. Die Interaktionskosten lagen in seinem Bereich deutlich unter dem Durchschnitt. Sein Erfolg beruhte keinesfalls auf einer Angstbesetzung (etwa vor Tadel oder Entlassungen), sondern allein auf dem Vertrauen, er werde für seine Mitarbeiter eintreten, selbst wenn sie erhebliche Fehler gemacht hätten.

**Erfolgreicher Chef, Typ II**

❋ Eine andere Führungspersönlichkeit führte in der genau entgegengesetzten Weise – also in Koordination. Wenn ich an einer Sitzung teilnahm, war es aus der Art des Miteinander-Umgehens unmöglich festzustellen, wer hier der Chef war. In diesem Unternehmen gab es keine Stechuhren oder andere Weisen der Anwesenheitskontrolle. Für Akquisitionen war jeder verantwortlich, der für ein Unternehmen einen Auftrag erfüllte und ihn präsentierte. Der Führende, in unserem Fall ein Geschäftsführer, hatte ausschließlich die Aufgabe, Verträge (Werkverträge mit Kunden, Anstellungsverträge mit Mitarbeitern) zu unterschreiben – ansonsten war er einer von ihnen. Manchen Führungskräften alten Stils werden sich bei diesem Bericht die Haare sträuben – aber das Unternehmen war deutlich erfolgreicher als seine Mitbewerber.

## *Bestandsaufnahme*

Wie steht es mit meiner Demut (s. S. 183–186)

_____

_____

Wie steht es mit meiner Menschenführung (s. S. 186–188) ?

_____

_____

Welche dieser Tugenden spielt in meinem Leben eine bestimmende Rolle?

_____

_____

Welche dieser Tugenden fehlt mir fast völlig?

_____

_____

In welchen Situationen zeigen sich meine Stärken?

_____

_____

_____

In welchen Situationen zeigen sich meine Schwächen?

_____

_____

_____

Will ich etwas ändern?

Was gewinne ich, wenn ich mich ändere?

Was kann ich dabei verlieren?

Wie kann ich es ändern?

Wie will ich vorgehen?

Erster Schritt wäre …

Der zweite Schritt könnte sein …

Als dritten Schritt nehme ich mir vor …

# Worte zum Schluss

Natürlich kennen wir alle Beispiele von Menschen, die ihren ökonomischen, politischen, sozialen, kulturellen Erfolg ihrer Charakterlosigkeit verdanken. Die vorgestellten Texte und Beispiele verfolgen nur den Zweck aufzuzeigen, dass solche »Schweine« eine Menge an Erfolgen haben können, die in Ängsten – ihren eigenen wie denen der anderen – gründen. Leider berichten manche Medien vor allem von solchen entarteten Weisen, mit anderen Menschen umzugehen – wenn sie denn schon vorübergehenden Erfolg hatten.

Wie wäre es, wenn wir deutlicher zwischen *Führungskräften*, die durchaus solche »Schweine« sein können und unter erschwerten Umständen zu solchen werden können, und *wahren Führungspersönlichkeiten* unterschieden?

Nun hält sich vermutlich jede Führungskraft für eine solche Führungspersönlichkeit – und lügt sich so in die eigene Tasche, um die Selbstachtung nicht zu verlieren. Doch über dieses Thema handelt mein nächstes Buch, das zum Thema jene Form der maskierten Unredlichkeit haben wird, die Menschen dazu bringt, um ihrer Selbstachtung willen sich selbst zu belügen und ihren Trog mit einer Festtafel zu verwechseln.

# Literatur

*Wolfgang Detel,* Macht, Moral, Wissen. Suhrkamp Verlag Frankfurt/Main 1998

*Eugen Gürster:* Macht und Geheimnis der Dummheit. Artemis Verlag Zürich und Stuttgart 1967

*Immanuel Kant:* Gesammelte Schriften. Hrsg. von der Königlich Preussischen Akademie der Wissenschaften. Reimer Verlag (u. a.) Berlin 1900 ff. (= AA)

*Eckart Klobe:* Wahrnehmung, Werte und die Dynamik von sekundären Tugenden. 1998

*Rupert Lay:* Führen durch das Wort. Langen-Müller Verlag München 1978

–: Die Macht der Moral. Econ Verlag Düsseldorf 1990

–: Nachkirchliches Christentum. Econ Verlag Düsseldorf 1995

–: Weisheit für Unweise. Econ Verlag Düsseldorf 1997

*Claude Lévi-Strauss:* Strukturale Anthropologie. Suhrkamp Verlag Frankfurt/Main 1992

*Stanley Milgram,* Das Milgram-Experiment. Rowohlt Verlag Reinbek 1982

*Robert Musil:* Über die Dummheit. Alexander Verlag Berlin 1999

*Ludwig Wittgenstein:* Tractatus logico-philosophicus. Suhrkamp Verlag Frankfurt/Main 1999